Regionen im Vergleich

AF884623

KSPW: Transformationsprozesse

Schriftenreihe der Kommission
für die Erforschung des sozialen und politischen Wandels
in den neuen Bundesländern e.V. (KSPW)

Herausgegeben vom Vorstand der KSPW:
Hans Bertram, Hildegard Maria Nickel,
Oskar Niedermayer, Gisela Trommsdorff

Band 22

Die Veröffentlichungen der Kommission zur Erforschung des sozialen und politischen Wandels in den neuen Bundesländern (KSPW) umfassen folgende drei Reihen:

- Berichte zum sozialen und politischen Wandel in Ostdeutschland
- Beiträge zu den Berichten
- Reihe „Transformationsprozesse"

Hans Bertram (Hrsg.)

Regionen im Vergleich

Gesellschaftlicher Wandel in Ostdeutschland am Beispiel ausgewählter Regionen

Leske + Budrich, Opladen 1996

ISBN 978-3-8100-1772-7 ISBN 978-3-322-95800-6 (eBook)
DOI 10.1007/978-3-322-95800-6

© 1996 Leske + Budrich, Opladen

Das Werk einschließlich aller seiner Teile ist urheberrechtlich geschützt. Jede Verwertung außerhalb der engen Grenzen des Urheberrechtsgesetzes ist ohne Zustimmung des Verlages unzulässig und strafbar. Das gilt insbesondere für Vervielfältigungen, Übersetzungen, Mikroverfilmungen und die Einspeicherung und Verarbeitung in elektronischen Systemen.

Redaktion: Marina Hennig
Satz/Layout: Ulrich Schmedes

Editorial

Der vorliegende Band präsentiert die Ergebnisse eines *Projekts aus der zweiten Forschungs- und Förderphase* der Kommission für die Erforschung des sozialen und politischen Wandels in den neuen Bundesländern e. V. (KSPW).

Die KSPW, Ende 1991 auf Anregung des Wissenschaftsrates gegründet und aus Zuwendungen des Bundesministeriums für Bildung, Wissenschaft, Forschung und Technologie (BMBF) sowie des Bundesministerium für Arbeit und Sozialordnung (BMA) finanziert, hat es sich zur Aufgabe gemacht,

- den sozialen und politischen Wandel in den neuen Bundesländern zu erforschen bzw. seine Erforschung zu fördern,
- damit auch die empirischen und theoretischen Grundlagen für politische Handlungsempfehlungen zu verbessern sowie
- angesichts des Umbruchs der Sozialwissenschaften in den neuen Bundesländern das sozialwissenschaftliche Wissenschaftler/innen-Potential und den Nachwuchs dort zu unterstützen.

In einer *ersten Forschungs- und Förderphase (1992)* wurden 176 sogenannte „Kurzstudien“ vergeben (Antrags-Eingänge: rund 1.700), von denen rund 150 Forschungsberichte als Graue Reihe (alte Folge) der KSPW veröffentlicht wurden. Die Kurzstudien sollten sozialwissenschaftliche Analysen anregen, das im Umbruch befindliche sozialwissenschaftliche Potential in Ostdeutschland unterstützen sowie empirische Daten der ostdeutschen Sozialwissenschaft sichern helfen. Ausgewählte Forschungsergebnisse der ersten Phase wurden zudem in den Bänden 9-29 der Reihe *„KSPW: Transformationsprozesse“* im Verlag Leske + Budrich vom Vostand der KSPW herausgegeben.

In der *zweiten Forschungs- und Förderphase* (1993-1994) förderte die KSPW vor allem 60 größere Projekte zum ostdeutschen Transformationprozeß (Antrags-Eingänge: rund 250), wovon ausgewählte in den Bänden 9-29 der Reihe *„KSPW: Transformationsprozesse“* veröffentlicht wurden.

Die *dritte Forschungs- und Förderpase* macht – über die Arbeit von 6 Berichtsgruppen – die sozialwissenschaftliche Berichterstattung über den

Transformationsprozeß zur zentralen Aufgabe der Kommissionstätigkeit. Neben der laufenden Berichterstattung in Publikationen, Konferenzen und Beratungen wurden die Ergebnisse der gesamten Forschungsanstrengungen zu thematischen Berichten zusammengefaßt, deren Konzepte 1993 entwickelt wurde, deren Realisation ab Mitte 1994 begonnen hat und die in 6 *„Berichten zum sozialen und politischen Wandel in Ostdeutschland"* mit dazugehörigen 28 Bänden mit *„Beiträgen zu den Berichten"* Ende 1996 publiziert werden.

Der vorliegende Band der Reihe *„KSPW: Transformationsprozesse"* ordnet sich in die eingangs genannten Ziele der Kommission ein: Zum einen finden interessierte Leser aus der Wissenschaft, der politischen Administration sowie aus der sozialen und politischen Praxis Materialien, Analysen und anwendungsbezogene Konzeptionen, die für die tägliche Auseinandersetzung mit dem und im Transformationsprozeß genutzt werden können; zum anderen gibt er Sozialwisenschaftler/innen Gelegenheit, die Ergebnisse ihrer Forschung hier zu präsentieren.

Halle, im Juni 1996

Hans Bertram
Vorsitzender des Vorstandes

Kommission für die Erforschung des sozialen und politischen Wandels
in den neuen Bundesländern e. V.

Inhalt

Verzeichnis der Tabellen in der Anlage

Vorwort

Die Uckermark hat knapp 8 % ihrer Einwohner seit 1995 verloren, der Saale-Örler-Kreis dagegen weniger als 2 %. In diesem Kreis kommen auf 1 000 Einwohner fast 70 Unternehmen, die Kammermitglied sind, in der Uckermark sind es nicht einmal 40. Kaufkraft und Arbeitslosigkeit sind auch in diesem südlichen Kreis der früheren DDR sehr viel günstiger als in jenem östlichen Kreis. 6 Jahre nach der Wiedervereinigung zeigt sich immer deutlicher, daß sich die Lebensbedingungen in den neuen Bundesländern trotz einer gemeinsamen Geschichte, gemeinsamer Probleme und einer gleichen Behandlung durch die Bundesregierung zunehmend ausdifferenzieren, ebenso wie die wirtschaftlichen Entwicklungschancen und die Attraktivität für die Bevölkerung dieser Regionen.

Diese regionale Vielfalt hat sicherlich teilweise Gründe, die nur mit der geographischen Lage der jeweiligen Regionen erklärt werden können. Umlandgemeinden von Berlin profitieren eben in ganz anderer Weise von der wirtschaftlichen und kulturellen Entwicklung Berlins, als Regionen die an der deutsch-polnischen Grenze liegen. Auch Regionen, die direkt an die alten Bundesländer angrenzen entwickeln sich aufgrund dieser geographischen Nähe anders, als die weit abgewandten Regionen. Doch sind die unterschiedlichen Entwicklungen nicht allein auf die geographische Lage der jeweiligen Regionen zurückzuführen, sondern hängen teilweise auch damit zusammen, daß unterschiedliche kulturelle Traditionen und wirtschaftliche Erfahrungen in den verschiedenen Regionen zu unterschiedlichen Entscheidungen der Individuen beitragen, die sich dann auch auf Dauer in den unterschiedlichen Entwicklungsperspektiven der jeweiligen Regionen dokumentieren. Das sächsische Unternehmertum einschließlich der angrenzenden Regionen Sachsen-Anhalts hat gegenüber dem sehr ländlich durch große landwirtschaftliche Betriebe geprägten Vorpommern und der Uckermark, eine historische Tradition die weit bis in das vorige Jahrhundert hineinreicht und die jetzt das Entwicklungstempo der einzelnen Regionen wieder mit bestimmt.

Will man daher die Entwicklung der neuen Bundesländer begreifen, wird man genauso wie in den alten Bundesländern nicht einfach von den neuen Bundesländern sprechen dürfen, sondern muß diese unterschiedlichen geographischen Lagen und regional kulturellen Traditionen mit berücksichtigen.

Die Kommission für die Erforschung des sozialen und politischen Wandels in den neuen Bundesländern e. V. war von Anfang an der Auffassung, daß sich diese regionale Vielfalt auf Dauer auch in den neuen Bundesländern ähnlich wie in den alten Bundesländern entfalten wird. Genauso wie in den alten Bundesländern kaum jemand auf die Idee käme, daß Emsland dem Großraum München gleichsetzen zu wollen oder beide miteinander zu vergleichen, war die Kommission der Meinung, daß es von vorn herein erforderlich sei, diese unterschiedlichen kulturellen, sozialen und wirtschaftlichen Traditionen und Entwicklungen mit zu berücksichtigen.

Dies dokumentiert sich u.a. darin, daß einer der 6 Berichte der Kommission diese regionale Vielfalt zum Ausgangspunkt seiner Analysen macht. Neben diesem Bericht hat die Kommission von Anfang an versucht, möglichst viele Daten über die unterschiedlichen Entwicklungen in den einzelnen Regionen zu sammeln, weil sich 1990/91 kaum jemand für diese unterschiedlichen Entwicklungen interessiert hat. Die kurze Laufzeit der Kommission hat es jedoch unmöglich gemacht, diesen Ansatz so zu systematisieren, daß heute ein systematisches Indikatorensystem zur Verfügung steht, daß neben den wirtschaftlichen, geographischen und sozialen Indikatoren, die die amtliche Statistik erhebt auch bestimmte kulturelle Indikatoren, wie beispielsweise Wertorientierungen regional mit erfaßt. Trotz dieser Unzulänglichkeit hat sich die Kommission entschlossen jene Merkmale im Rahmen des vorliegenden Buches aufzubereiten, die die demographische, wirtschaftliche, soziale und kulturelle Situation der Bewohner zumindestens für diese ausgewählten Regionen deutlich machen.

Durch diese Dokumentation wird auch deutlich, daß soziale Unterschiede und soziale Ungleichheit nicht allein durch eine vertikale Schichtung anhand der Faktoren Einkommen, Bildungsniveau und Berufsgruppenzugehörigkeit erklärt werden kann, sondern daß die Pluralisierung der Lebensstile und die Individualisierung der Lebensführung in Ostdeutschland, ebenso wie in Westdeutschland dazu geführt hat, daß kulturelle Milieus regional sehr stark variieren und damit in erheblichem Umfange die Pluralisierung von Lebensstilen aber auch Lebenslagen mit erklären können.

Eine Totalerhebung aller Kreise der neuen Bundesländer erschien uns Anfang der 90er Jahre faktisch nicht durchführbar, weil zu jener Zeit die Statistischen Landesämter noch nicht voll funktionsfähig waren und damit eine Vielzahl von Informationen die heute wie selbstverständlich zur Verfügung stehen noch nicht vorhanden waren.

Daher haben wir uns damals entschlossen, den Vorschlägen der Bundesanstalt für Landesordnung und Raumkunde zu folgen und nur bestimmte

Zielregionen auszuwählen, in denen dann die Informationen teilweise vor Ort durch ausgewählte Arbeitsgruppen erfaßt wurden. Dabei wurde entsprechend des Raumordnungberichts von 1991 eine möglichst große Spannbreite von Regionstypen erfaßt:

- Industrieagglomerationen, Dienstleistungszentren und damit verbundene Landkreise,
- mittlere Verdichtungsräume,
- ländliche Räume,
- Regionen mit überdurchschnittlichem, durchschnittlichem, unterdurchschnittlichem bis stark unterdurchschnittlichem Entwicklungspotential.

Folgende Regionen wurden ausgewählt:

- Rostock Stadt-/ Landkreis,
- Neubrandenburg Stadt-/ Landkreis,
- Brandenburg Stadt-/ Landkreis,
- Görlitz Stadt-/ Landkreis,
- Bautzen Landkreis,
- Halle Stadtkreis,
- Bitterfeld Landkreis sowie den Landkreis Saalfeld,
- Chemnitz Stadt-/ Landkreis,
- Zwickau Stadt-/ Landkreis,
- Erfurt Stadt-/ Landkreis.

Diese Regionen, die auch den Vorschlägen des Raumordnungsberichts von 1991 entsprechen sind nun für den Zeitraum von 1989 bis 1993 auf folgende Entwicklungstendenzen hin untersucht worden:

- Bevölkerung,
- Ehe und Familie,
- Bildung,
- Sozialhilfe,
- Kaufkraft,
- Arbeitsmarkt,
- Wirtschaftsstruktur und ausgewählte Wirtschaftsindikatoren.

Entsprechend der Überlegung, daß die regionale Entwicklung, Lebenslagen, Lebensstile und Lebensführungen beeinflussen und neben den Ost- Westvergleich auch ein Regionalvergleich treten muß, haben wir dann auf der Basis der oben genannten Daten versucht, diese zu analysieren und deutlich zu machen, wie die Entwicklungslinien in den jeweiligen Themenbereichen regional verlaufen sind.

So beschäftigt sich der Beitrag von Kimberly Crow mit der Wohnversorgung in den ausgewählten Regionen zum Zeitpunkt der Vereinigung. Anhand von Zimmeranzahl, Wohnungsausstattung und Eigentumsformen an Wohngebäuden weist sie nach, daß es mit Ausnahme der sächsischen Regionen, keine Kumulierung besonders ungünstiger Wohnbedingungen gibt, sondern sich die Defizite an den jeweiligen Indikatoren festmachen. Dabei stellt sie die These auf, daß die Erhöhung des Wohnniveaus in den Regionen bedeutend häufiger vorkommen wird, in denen der Anteil des Privateigentums an Wohngebäuden relativ hoch ist und umgekehrt, daß sich dieser Prozeß in den hochverdichteten Ballungsgebieten mit einem hohen Anteil an genossenschaftlichen und kommunalen Wohneigentum langsamer vollziehen wird.

Anita Sternitzky und Monika Putzing kommen in ihrem Beitrag "Kollabiert die Kinderversorgung? - Soziale Einrichtungen im Wandel" zu der Erkenntnis, daß es seit 1989/90 in der Kinderbetreuung keinen totalen Zusammenburch gegeben hat, sondern, daß die Grundversorgung auch weiterhin auf relativ hohem Niveau gegeben ist, ja daß in einigen Regionen sogar Überkapazitäten existieren.

Ein grundlegendes Merkmal des Umbaus des Sozialbereiches Kinderbetreuung ist der "Wandel in den Eigentums- bzw. Trägerstrukturen", dabei kommt die Übernahme von Kindertagesstätten in freie Trägerschaften nur sehr schleppend voran. Eine Ursache dafür sehen die Autorinnen darin, daß die Kosten der angebotenen Betreuungsleistungen im Falle einer freien Trägerschaft in erster Linie von den Nutzern getragen werden müssen und nicht mehr subventioniert werden, was zu Unsicherheiten führt und als nicht lukrativ angesehen wird. Dabei vollzieht sich alber der Trägerwechsel offensichtlich in den südlichen Regionen der neuen Bundesländer unkomplizierter als in den mittleren und nördlichen Regionen.

Dietmar Dathe beschäftigt sich in seinem Beitrag mit dem wirtschaftlichen Strukturwandel in ausgewählten Stadtregionen der neuen Bundesländer. Er kommt zu dem Schluß, daß die Frage nach dem Aufholprozeß für Ostdeutschland zunehmend ihren Sinn verliert, und sie tendenziell abgelöst wird durch die Frage nach einer konvegenten oder divergenten Entwicklung von Regionen, wobei letzteres vor allem zu Lasten ländlicher Regionen und Randlagen geht. Ausgehend von der These einer Vorreiterfunktion, die größere Städte im wirtschaftichen Modernisierungsprozeß innehaben, untersucht Dathe den Wandel in der sektoralen Beschäftigungsstruktur der Stadtregionen Rostock, Chemnitz, Erfurt und Halle. Zwar haben die privaten Dienstleistungsbereiche deutlich an Bedeutung gewonnen, dadurch wurde aber die überragende Stellung öffentlicher Dienstleistungen für die Beschäftigungssicherung nur unwesentlich relativiert. Gleichzeitig kam es zu einem rapiden Bedeutungsverlust hinsichtlich der industriellen Funktionen in diesen städtischen Ballungszentren. Beide Tendenzen zusammen, ließen den Schluß zu, daß vom wirtschaftlichen Strukturwandel in diesen Stadtregionen bisher nur geringe Wachstumsimpulse auf die Umlandregionen ausgegangen sind.

Eine Ergänzung zu der Analyse von Dietmar Dathe stellt der Beitrag von Vera Dahms und Thomas Kunath "Regionale Arbeitsmarkt- und Beschäftigungsentwicklung- Treuhand und Extreuhandunternehmen" dar. Sie analysieren die Arbeitsamtbezirke in drei Bundesländer: Mecklenburg-Vorpommern, Sachsen und Thüringen. Durch die regelmäßigen Befragungen der Treuhand- und Ex-Treuhandunternehmen in den untersuchten Regionen konnten relativ genaue Informationen über den Verlauf des Anpassungsprozeßes insbesondere über das produzierende Gewerbe gewonnen werden.

Der umfangreichste Beschäftigungsabbau erfolgte in allen Regionen im Jahre 1991 und 1992, nämlich etwa um die Hälfte. Den stärksten Einbruch hatten die Treuhand- und Ex-Treuhandunternehmen in der monostrukturierten Region Bautzen. Eine ähnliche Entwicklung zeigt sich für die anderen Regionen, wobei Erfurt als Dienstleistungs- und Verwaltungszentrum als einzige Region zukünftig wieder von steigenden Beschäftigungszahlen ausgeht. Trotzdem die Unternehmen alle zur Verfügung stehenden arbeitsmarktpolitischen Instrumentarien nutzten, konnte letztlich nicht verhindert werden, daß eine hohe Zahl ausscheidender Mitarbeiter arbeitslos wurde. Der nunmehr von der Bundesanstalt für Arbeit eingeschränkte finanzielle Rahmen für arbeitsmarktpolitische Maßnahmen, läßt, so die Autoren, zum jetzigen Zeitpunkt kaum eine Entspannung der prekären Beschäftigungssituation erwarten.

Im zweiten Teil des Buches werden die Daten, die hier untersucht worden sind, tabellarisch der Öffentlichkeit zur Verfügung gestellt.

Wir sind uns bewußt, daß diese Arbeiten aufgrund der kurzen Zeit, die die Kommission arbeitete, nur teilweise beendet werden konnten und es eigentlich erforderlich wäre, die hier begonnene Arbeit fortzusetzen, um die eingangs erwähnte These, ob die Regionalentwicklung zunehmend zu einer solchen Differenzierung innerhalb der neuen Bundesländer führt, daß trotz Fortbestehen der Ost- Westunterschiede die regionalen Differenzierungen ebenso bedeutungsvoll wie die Ost- Westdifferenzierung sind oder möglicherweise diese an Bedeutung übertreffen, überprüfen zu können

Neben dieser auch für die Politik wichtigen Entwicklung müßte diese Arbeit aber auch deswegen fortgesetzt werden, um herauszufinden, ob nicht geographische und kulturelle Indikatoren bestimmter Regionen, die Lebenslage und Lebensführung der Bewohner ebenso stark beeinflussen können, wie die traditionell soziologischen Kategorien sozialer Ungleichheit (Einkommen, Bildung und Berufsposition).

Diese Fragestellung ist unter einer theoretischen Perspektive deswegen so bedeutungsvoll, weil in den Sozialwissenschaften Jahrzehnte lange davon ausgegangen worden ist, daß in modernen Industriegesellschaften die im wesentlichen auf Leistung und Leistungsdifferenzierung aufbauen, solch traditonelle Merkmale wie beispielsweise die regionale Zugehörigkeit an Bedeutung verlieren müssen.

Hierbei handelt es sich nicht um Merkmale die aufgrund der Leistungsfähigkeit des Einzelnen soziale Differenzierungen erklären, sondern um Merkmale, die dem Einzelnen ebenso zugeschrieben werden, wie beispielsweise die Geschlechtszugehörigkeit. Da die Bedeutung solcher askriptiven Merkmale in vielen modernen soziologischen Theorien insbesondere solchen, die die Entwicklung von Industriegesellschaften als Modernisierungsprozeß begreifen, nur einen sehr untergeordneten oder gar keinen Stellenwert haben, ist der Nachweis solcher Differenzierungen auch theoretisch von erheblicher Bedeutung, weil solche regionalen Variationen ähnlich wie geschlechtsspezifische Differenzierungen in einer Gesellschaft nur sehr schwer mit Konzepten sich modernisierender Gesellschaften zusammenpassen.

An dieser Stelle kann zu dieser theoretischen Fragestellung natürlich kein ausführlicher Beitrag geliefert werden, aber die ausgewählten Daten machen doch deutlich, daß trotz möglicher Modernisierungsprozesse in industriellen Gesellschaften historisch-kulturelle Traditionen sowie die geographische Lage von ganz entscheidender Bedeutung für die Lebenschancen, Lebenslagen und Lebensführungen von Menschen sein können.

Damit dokumentiert sich zumindestens, daß man mit generellen Theorien, die die Entwicklung moderner Gesellschaften als einen Modernisierungsprozeß und die Entwicklung in den neuen Bundesländern als einen nachholenden Modernisierungsprozeß beschreiben, sehr vorsichtig umgehen sollte, weil offensichtlich solche Prozesse auch immer eingebettet sind in die historische, kulturelle und geographische Lage der Regionen in denen Individuen leben.

Wenn es uns gelungen ist, in diesem Buch einerseits zu dokumentieren, wie unterschiedlich sich in den letzten 5 - 6 Jahren die Entwicklung in den neuen Bundesländern darstellt und wir gleichzeitig zeigen konnten, daß diese unterschiedlichen Entwicklungen nicht ganz zufällig sind, sondern auch in systematischer Weise mit bestimmten Regionen verknüpft werden können und wir damit auch eine Diskussion über die regionale Differenzierung innerhalb der neuen Bundesländer mit anregen können, dann hat dieses Buch schon seinen Sinn erfüllt, selbst wenn die vorgelegten Materialien in viellerlei Punkten unvollständig sind.

Dieses Buch wäre in der vorliegenden Form nie zustande gekommen, wenn Marina Hennig nicht mit großer Energie teilweise gemeinsam mit Dietmar Dathe die Autorinnen und Autoren dieses Buches immer wieder motiviert hätte, doch die zugesagten Beiträge zu liefern. Auch bei der Produktion der Tabellen hat sie mit großer Umsicht dafür Sorge getragen, daß entsprechende Vorarbeiten systematisiert und so aufbereitet wurden, daß wir hier auch aufbereitete Tabellen präsentiert können. Wenn wir hier nur ausdrücklich Marina Hennig erwähnen, so soll doch nicht unerwähnt bleiben, daß dieses ganze Projekt nur zustande kommen konnte, weil es im Laufe der Arbeiten der KSPW immer wieder möglich war, kleinere Projektgruppen zu motivieren diese Arbeit fortzusetzen, die ja auch immer wieder bedeutete in die jeweiligen Regionen zu fahren und diesen Vergleich zwischen verschiedenen Jahren durchzuführen. Daher sei allen Autoren dafür gedankt, daß sie neben dem Schreiben eines Textes auch alle bereit waren, sich die für ihre Texte erforderlichen Daten vor Ort zu besorgen.

Man darf dabei aber nicht vergessen, daß dies auch nur möglich war, weil in den jeweiligen Regionen entweder die im Aufbau befindlichen Statistischen Landesämter oder aber entsprechende Kreisämter trotz aller Schwierigkeiten die sie selbst mit dem Aufbau ihrer eigenen Infrastruktur hatten, bereit waren, hier mitzuwirken.

Dafür sei allen Beteiligten ausdrücklich gedankt und es bleibt zu hoffen, daß die Mühe, die alle Beteiligten in das Projekt gesteckt haben, sich als wissenschaftlich ertragreich erweist.

Berlin, Juli 1996 Hans Bertram

Die Wohnungsversorgung ausgewählter Regionen Ostdeutschlands zum Zeitpunkt der Vereinigung[1]

Kimberly Crow

1. Einleitung

Die Wohnungsproblematik ist eine der am nachhaltigsten vom Transformationsprozeß betroffenen gesellschaftlichen Teilbereiche. Sie unterliegt in zunehmendem Maße den in Westdeutschland üblichen Wohnungsmarktmechanismen. Der Wohnungsmarkt, der streng genommen in der DDR gar nicht existierte, ist seit der Vereinigung einer zunehmenden Pluralisierung und Flexibilisierung ausgesetzt und stellt die Betroffenen vor eine Vielzahl neuer Handlungsalternativen. Die Transformation des Wohnungswesens in den neuen Bundesländern von einer zentralstaatlich gelenkten Wohnungswirtschaft zu einem primär marktwirtschaftlich organisierten Wohnungsmarkt einerseits und die Erreichung des westdeutschen Wohnniveaus andererseits stellt sich als ein langwieriger Prozeß dar. Dies liegt sicherlich zum einen an der deutlich schlechteren Ausstattung und den augenfällig schlechteren Gebäudezuständen. Zum anderen aber ist das Tempo der Anpassung wesentlich bestimmt durch die Eigentumsstruktur und die z.T. nach wie vor bestehende Wohnungsknappheit. Ein weiterer Faktor, der sich entscheidend auf das Tempo der Transformation des ostdeutschen Wohnungswesens auswirkt, ist die besondere Stelle, die diese Frage im Einigungsvertrag eingenommen hat. Dieser gesellschaftliche Teilbereich wurde nicht dem freien Spiel der Kräfte der Marktwirtschaft überlassen, sondern unter die zentrale politische Steuerungskompetenz der Bundesregierung gestellt (vgl. Wielgohs 1995).

---

1 Dieser Beitrag ist im Zusammenhang mit einem von der Kommission für die Erforschung des sozialen und politischen Wandels in den neuen Bundesländern (KSPW) in Auftrag gegebenen und finanzierten Projekts (R-93-12.6) unter Leitung von B.Nauck entstanden.

Ohne Zweifel hat es in den ersten Jahren nach dem Fall der Mauer eine Fülle von Aktivitäten gegeben, die (sichtbar) zur Verbesserung der Wohnsituation beigetragen haben.[2] Daß der Wohnstandard in den neuen Ländern deutlich unter dem der alten Länder liegt, ist an sich nicht neu und war auch schon zu DDR-Zeiten bekannt. Um aber die regional differenzierten Problemlagen in Ostdeutschland einordnen zu können, ist es unerläßlich die Ausgangsbedingungen zu kennen. Denn dies hat nicht nur Konsequenzen für die allgemeine Lebensqualität in den Regionen, sondern auch hinsichtlich des Einsatzes von Förderprogrammen, die zur Erreichung gleichwertiger Lebensbedingungen beitragen sollen. In diesem Beitrag soll versucht werden, die Ausgangslage in sieben ausgewählten Regionen anhand der Angaben der amtlichen Wohnungsstatisitk der DDR von 199O darzustellen.

2. Die Regionen

Die Prozesse, die durch den gesellschaftlichen Umbruch in Ostdeutschland ausgelöst worden sind, vollziehen sich nicht für alle neuen Länder einheitlich, weder was das Tempo noch was das zu erreichende Niveau betrifft. Es ist davon auszugehen, daß der Umbruch in vielen Bereichen nicht zuletzt durch die Wechselwirkung mit regionalen Opportunitätsstrukturen bestimmt ist. Hinzu kommen noch die bereits regional differenzierten Ausgangslagen, die sich nicht unwesentlich auf die Entwicklung der Regionen auswirken. Region wird dabei als Merkmalsträger verstanden, der bestimmte geographische Gebiete anhand von sozialwissenschaftlich relevanten Eigenschaften und Indikatoren beschreibt. Anhand von sieben Regionen[3], die in typischer Weise vom gesellschaftlichen und wirtschaftlichen Umbau betroffen sind, wird die regional zum Teil sehr differenzierte Wohnsituation beschrieben. Es handelt sich dabei um Regionen, die sich zwar ähnlich sind, sich in ihren spezifischen Problemlagen aber unterscheiden. Jede Region besteht aus je einem Stadtkreis und einem Landkreis, z.T. aber auch aus zwei oder mehrere Landkreisen. Die Regionen stehen jeweils für eine bestimmte Ausgangssituation:

In *Rostock* dominiert eine Monoindustrie (Werft- und Motorenbau) sowie Landwirtschaft (und zunehmend Tourismus) das wirtschaftliche Geschehen.

---

2 Die veränderten Zugangs- und Partizipationsmöglichkeiten und die mit der Verbesserung verbundenen Kosten können an dieser Stelle nicht diskutiert werden.

3 Die Auswahl erfolgte in Anlehnung an die Typik der Bundesforschungsanstalt für Landeskunde und Raumordnung BfLR. Über die genaue Auswahl der Regionen s. Hauß 1992

Bei *Neubrandenburg* handelt es sich um eine dienstleistungs- und landwirtschaftsgeprägte Region. *Brandenburg* ist die „typisch" mischindustrielle Region mit ebenfalls hohem landwirtschaftlichem Anteil. *Halle*, *Bitterfeld* und der angrenzende *Saalkreis* sind monoindustrielle Regionen sowie dienstleistungsdominierte - allerdings mit einer vagen Zukunft, was die industriellen Kerne betrifft. *Erfurt* steht für den Dienstleistungsbereich und einen Landkreis mit einer eher landwirtschaftlichen vor allem aber kleinbetrieblichen Entwicklung. *Chemnitz* und *Zwickau* bezeichnen eine altindustrielle Mischlandschaft, in der die Landwirtschaft kaum eine Rolle spielt. Die Region *Görlitz-Bautzen* schließlich steht für eine randständige, altindustrielle Grenzregion.

Wie im folgenden zu zeigen sein wird, finden sich in den Regionen höchst unterschiedliche Ausgangssituationen - vor allem was die Eigentumsform des Wohnraums und dessen Standard betrifft. Es zeigt sich, daß zur Hebung des Wohnstandards, zur Wiederherstellung der Bewohnbarkeit und zur Linderung der Wohnungsnot regional ganz unterschiedliche Strategien notwendig sein werden, um den jeweiligen Gegebenheiten zu entsprechen.

3. Der Datenspeicher Wohnungspolitik

Grundlage der nachfolgenden Darstellung sind Daten aus der amtlichen Wohnungsstatistik der DDR, dem sogenannten Datenspeicher Wohnungspolitik. Dieser umfaßte eine Fülle von Einzelinformationen, die von einer kleinräumigen Erfassung der Gebäudezustände, über die Aufstellung, an wen Wohnungen vergeben worden waren (junge Ehepaare, Familien mit 3 und mehr Kindern, Bürger im Rentenalter, Bürger aus überbelegten Wohnungen), bis hin zu der Erfassung der Wohnungsausstattung reichte. Derart differenzierte Wohnungsdaten werden in der Bundesrepublik Deutschland bekanntermaßen nicht erhoben. Die bundesdeutsche Wohnungsstatistik sieht die Erfassung der Ausstattung seit Anfang der achtziger Jahre nicht mehr vor. Wohnungspolitische Vorgaben, die Ende der siebziger, Anfang der achtziger Jahre in der alten Bundesrepublik eingeführt und mit entsprechenden öffentlichen Maßnahmen flankiert wurden, führten dazu, daß bei Neubauten die Ausstattung vorgeschrieben wurde und Sanierungen an bereits bestehenden Gebäuden in dieser Richtung erforderlich wurden. Dadurch wurde (alt)bundesweit ein hohes Niveau an Innen-WC, Bad/Dusche und moderner Heizung erreicht. Dies hatte zur Folge, daß dort der Anteil von Wohnungen ohne Innen-WC und ohne Bad/Dusche im Jahre 1987 auf 0,8% zurückgegangen war (Stat. Bundesamt, 1992: 142f), so daß eine Fortführung der Erfassung der Ausstattung hinfällig geworden war. Betrachtet man jedoch im Vergleich dazu den Anteil der Wohnungen der DDR, die 1987 kein Innen-WC hatten, so lag dieser bei 30% (Stat. Bundesamt, 1992: 143). Die Angleichung der Erfassung und Fortschreibung amtlicher Wohnungsdaten an die Bundesstatisitk führt an einer Vielzahl von Stellen zu Lücken und Defiziten. Dies liegt zum einen an den wohnungspolitischen Zielen der DDR und der damit verbundenen Fortschreibungspolitik, zum anderen an den veränderten Fortschreibungsregeln seit der Vereinigung.[4]

Auf dem VIII. Parteitag der SED im Jahre 1971 wurde ein Beschluß gefaßt, wonach das Wohnungsproblem der DDR bis 1990 gelöst sein sollte. Dieser Beschluß hatte weitreichende Konsequenzen: Zum einen führte es dazu, daß in der Wohnungspolitik Neubauten an erster Stelle der Bemühungen standen und dringend notwendig Anstrengungen für Instandhaltungen eine deutlich untergeordnete Bedeutung zukam. Zum anderen sind Zweifel an der Qualität der Wohnstatistik angebracht, da die Planerfüllung nicht zuletzt von der Zählung der Wohnungen abhing. So entwickelte sich z. B. eine Praxis, Wohnungen, so lange sie als umbauter Raum galten, als Wohneinheit zu zählen, auch wenn sie nicht mehr bewohnbar waren. Im Gegensatz dazu scheint zu stehen, daß das dichte Netz der Gebäudewirtschaft, die die Wohnungen verwaltete, ein relativ genaues Abbild der Wohnungszustände wiedergeben konnte. Bei der Weitermeldung der Wohndaten an die übergeordneten Stellen kam es aber zu „Korrekturen" und zwar im Sinne der Erreichung des Planziels. Neben der Erfassung jeglichen umbauten (Wohn)raums führte eine weitgefaßte Klassifizierung bei der Zählung der Wohnungsausstattung ebenfalls zu Verzerrungen bei der Weitermeldung des erreichten Standards[5].

Dennoch sollte auf diese Wohnungsdaten nicht verzichtet werden, da sie zumindest einen „Maximalwert" darstellen dürften, der bei der Beschreibung der Regionen zwar unterschritten, nicht aber überschritten werden kann. Basis der Erhebungsdaten sind die Daten, die aus der letztmaligen Zählung des Datenspeichers Wohnungspolitik der DDR von 1989 zur Verfügung stehen. Neben all den Unwägbarkeiten und Unsicherheiten, die bei der Erfassung und

---

4 Dies betrifft insbesondere die Zählweise der Zimmerzahl. Im Unterschied zu der bundesdeutschen Wohnungsstatistik berücksichtigte der Datenspeicherwohnungspolitik der DDR bei der Wohnungsgröße keine Küchen. Bei den hier verwandten Zimmerangaben handelt sich um noch nicht auf bundesdeutsche Standards umgerechnete Angaben.

5 War z.B. eine Schrankbadewanne in der Wohnung vorhanden, gleich in welchem Raum, dann wurde diese Wohnung als Wohneinheit mit Bad/Dusche erfaßt.

Fortschreibung amtlicher Daten bestehen, bringt die Kreisgebietsreform von 1994 zusätzliche Umstellungs- und Vergleichsprobleme mit sich.

4. Die Wohnungsversorgung

Die regionalen Disparitäten, die innerhalb Ostdeutschlands zu beobachten sind, sind stellenweise recht verblüffend: Für 1989 zeigt sich bei der Wohnversorgung nicht nur ein zu erwartendes Stadt-Land-Gefälle, darüber hinaus bestehen auch eindeutige regionale Unterschiede. Im folgenden wird die Wohnsituation in den ausgewählten Regionen anhand der zur Verfügung stehenden Wohnfläche, der Zimmerzahl, der Wohnausstattung und der Eigentumsverhältnisse dargestellt und zusammengefaßt.

In den sieben Regionen von Rostock bis Görlitz standen jedem Einwohner durchschnittlich knapp 28qm Wohnfläche zur Verfügung. Diese schwankt zwar von knapp 22 qm in Neubrandenburg (Stadt) bis zu 32qm in Görlitz (Stadt), es zeigt sich jedoch weder ein Stadt-Land-Gefälle (27 bzw. 28qm) noch lassen sich deutliche Unterschiede zwischen den untersuchten nördlichen und südlichen Regionen ausmachen (26 bzw. 29qm). Verglichen mit dem gesamtdeutschen Durchschnitt (35qm) standen den Einwohnern der sieben Regionen ca. 20% weniger Wohnfläche zur Verfügung. Anders stellte sich die durchschnittliche Zimmerzahl in den verschiedenen Regionen dar.

Abb. 1: Anzahl der Zimmer in den Städten bzw. Landkreisen

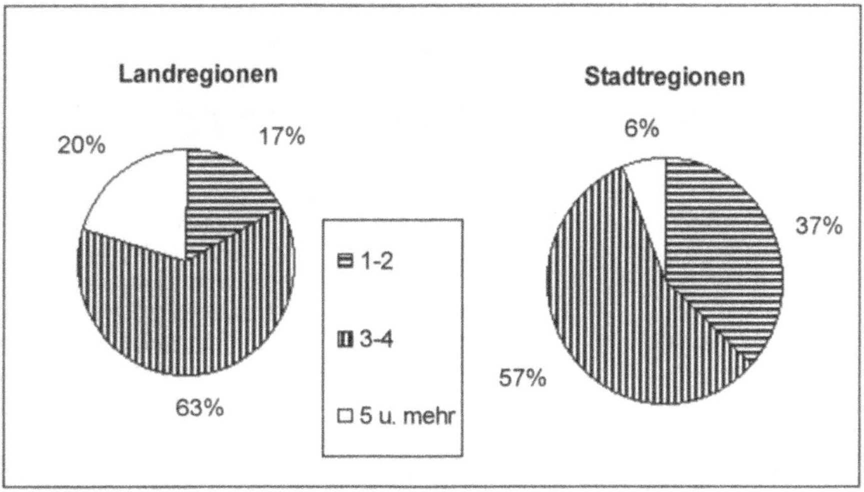

Quelle: siehe Tabelle 1 (Anhang)

Für alle Regionen zeigt sich ein deutlicher Schwerpunkt auf den 3-4 Zimmerwohnungen. Sie verteilten sich zu ca. einem Drittel auf die Landkreise, zu ca. zwei Drittel auf die Stadtkreise. Etwa 30% aller Wohnungen in den untersuchten Regionen waren 1-2 Zimmerwohnungen, wobei ca. 80% aller 1-2 Zimmerwohnungen in den Städten zu finden waren. Rund zwei Drittel aller Wohnungen mit fünf und mehr Zimmern befanden sich hingegen in den Landkreisen. Dies entspricht der zu erwartenden Verteilung in den städtischen bzw. ländlichen Gebieten.

Ganz wesentlich wird das Niveau der Wohnversorgung vom Vorhandensein grundlegender Ausstattungsmerkmale bestimmt. Innerhalb der sieben untersuchten Regionen fanden sich hierbei zum Teil beträchtliche Diskrepanzen. Der Ausstattungsgrad der Wohnungseinheiten, gemessen an Innen-WC, Bad/Dusche und moderner Heizung lag, wie bereits erwähnt, auf einem wesentlich niedrigeren Niveau als im Westen. Unterschiede zwischen den Städten und den Landkreisen zeichneten sich kaum ab, wohl aber ließ sich ein Nord-Süd-Gefälle zugunsten der nördlichen Regionen erkennen.

Abb. 2: Wohnungsausstattung

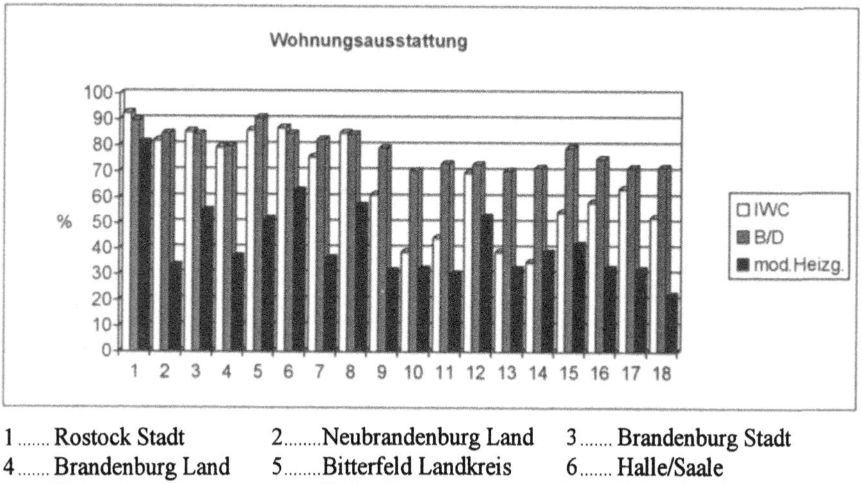

1 .... Rostock Stadt	2 .... Neubrandenburg Land	3 .... Brandenburg Stadt
4 .... Brandenburg Land	5 .... Bitterfeld Landkreis	6 .... Halle/Saale
7 .... Saalkreis	8 .... Erfurt Stadt	9 .... Erfurt Land
10 ..... Zwickau Stadt	11 ..... Zwickau Land	12 ..... Chemnitz Stadt
13 ..... Chemnitz Land	14 ..... Stollberg Landkreis	15 ..... Hohenstein-Ernstthal LK
16 ..... Bautzen	17 ..... Görlitz Stadt	18 ..... Görlitz Land

Quelle: siehe Tabelle 2 (Anhang)

Der Versorgungsgrad mit Innen-WC lag in den untersuchten nördlichen Regionen sowie der Region Erfurt bei ca. 80% und war damit höher als in den industriellen Ballungsräumen im Süden, in denen ein Innen-WC nur in ca. jeder zweiten Wohnung zu finden war. Im Durchschnitt der untersuchten Regionen kamen in knapp 80% aller Wohnungen ein Bad bzw. eine Dusche vor[6]. Die regional differenzierte Betrachtung zeigt wiederum für Sachsen eine wesentlich schlechtere und weit unter dem ostdeutschen Durchschnitt liegende Versorgung: in nur jeder dritten Wohnung war ein Bad bzw. eine Dusche eingebaut. Deutlich weniger als die Hälfte aller Wohnungen waren laut dem Datenspeicher Wohnungspolitik mit einer modernen bzw. Zentralheizung ausgestattet (40%), womit dieses Ausstattungsmerkmal am seltensten vorkommt. Auch hier lag der Freistaat Sachsen mit ca. 17% moderner Heizungen weit unter dem Durchschnitt aller untersuchten Regionen. Betrachtet man das Vorhandensein aller drei vorgestellten Indikatoren als Voraussetzung zur Erfüllung eines Mindeststandards bei der Ausstattung, dann wird sehr deutlich, daß die Wohnungsausstattung in den sächsischen Regionen zum Zeitpunkt der Vereinigung besonders defizitär war und es dort großer Anstrengungen bis zum Erreichen des „Mindeststandards“ bedarf.

Ein weiterer zentraler Aspekt bei der Untersuchung der Wohnsituation sind die Eigentumsverhältnisse. Sie wirken sich nicht nur auf die räumliche Mobilität, sondern auch auf die Bereitschaft Instandsetzungsarbeiten durchzuführen, aus. Zum Beobachtungszeitpunkt lagen die Angaben zur Eigentumsform lediglich für elf der zwanzig Kreise vor. Es zeigen sich jedoch erstaunliche Unterschiede bei der Eigentumsverteilung.

Der Anteil der kommunalen, vormals in der Regel volkseigenen Wohngebäude reichte von 12,7% im Landkreis Erfurt bis zu knapp 50% in der kreisfreien Stadt Rostock. Der genossenschaftliche Anteil lag in 7 der 11 Fälle bei ca. 25-35%. In den Landkreisen Erfurt und Brandenburg lag der genossenschaftliche Anteil jedoch bei ca. 5%, der private Anteil dagegen bei 82% bzw. 74%. Die kreisfreien Städte Rostock, Halle und Chemnitz hielten mit je ca. 15% den mit Abstand geringsten Anteil an Wohngebäuden, die sich im Privatbesitz befanden. Dies hat nicht zuletzt Konsequenzen für das Wohnraumangebot und die Mietpreisgestaltung auf dem freien Wohnungsmarkt. Darüber hinaus wirkt sich der zum Teil hohe kommunale Anteil an Wohngebäuden hinderlich auf die Ausführung (dringend) nötiger Instandhaltungs- und -setzungsarbeiten aus. Gerade in dieser Frage wirken sich die ungeklärten Eigentumsverhältnisse als sehr großes Hindernis aus. Der Wunsch, Wohneigentum zu erwerben, lag Ergebnissen aus Studien zufolge, die von den Stadtverwaltungen in Bautzen und Erfurt 1993 durchgeführt wurden, zwischen 20%

---

6 Zur Problematik der Zählweise s.o.

und 30%[7]. Ob und in welchem Ausmaß es zu einer Realisierung dieser Wünsche und zu einer eventuellen Entspannung des Wohnungsmarktes kommt, muß weiter abgewartet werden.

Abb. 3: Eigentumsformen an den Wohngebäuden

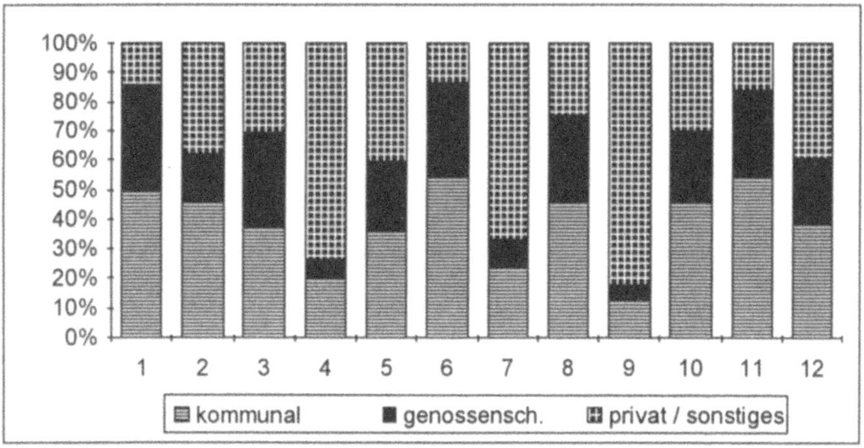

1 .... Rostock Stadt	2 .... Neubrandenburg Land	3 .... Brandenburg Stadt
4 .... Brandenburg Land	5 .... Bitterfeld Landkreis	6 .... Halle/Saale
7 .... Saalkreis	8 .... Erfurt Stadt	9 .... Erfurt Land
10..... Zwickau Stadt	11..... Chemnitz Stadt	12..... Bautzen Stadt

Quelle: siehe Tabelle 3 (Anhang)

Zusammenfassend läßt sich feststellen, daß die Defizite im Wohnbereich nicht in einer oder mehreren Regionen kumulieren und es so zu Regionen kommt, die besonders benachteiligt wären. Vielmehr zeigt sich für jeden der hier untersuchten Wohnindikatoren ein regional differenziertes Bild. Geht man davon aus, daß die Anzahl der Zimmer die Nutzungs- und Entfaltungsmöglichkeiten wesentlich beeinflussen, dann boten die dünn besiedelten Regionen Bautzen/Görlitz und Neubrandenburg zum Zeitpunkt der Vereinigung, mit einem sehr hohen Angebot an drei und mehr Zimmerwohnungen (knapp 90%), die beste Möglichkeit zur Verwirklichung der individuellen Lebensführungsmuster innerhalb der Wohnung. Die Befriedigung der primären und sekundären Bedürfnisse, die innerhalb der Wohnung stattfinden, hängen jedoch nicht nur von der Größe des Wohnraums ab, sondern auch, ganz maßgeblich, von der Ausstattung mit sanitären Einrichtungen und von den Heizmöglichkeiten. Hier nahmen die nördlichen Regionen eindeutig die bessere

7 Vgl. Stadtverwaltung Bautzen 1993; Statistisches und Wahlamt der Stadt Erfurt 1993

Position ein, vor allem gegenüber Sachsen. Die Wohnungen in den Städten haben zum Zeitpunkt der Vereinigung einen höheren Ausstattungsgrad als die in den Landkreisen. Dieses Ergebnis ist vor dem Hintergrund der DDR-Wohnungspolitik zu erwarten gewesen, konzentrierte sie sich doch in den 70er und 80er Jahren auf Neubauten in den Groß- und Bezirksstädten, die die technische Ausstattung am ehesten gewährleisteten. Altbauten, die 1989 die Hälfte der gesamten Bausubstanz der DDR ausmachten (vgl. Ostwald 1990), wurden dagegen kaum instandgehalten bzw. modernisiert, was nicht nur einen sehr geringen Ausstattungsgrad mit sich brachte, sondern auch dazu führte, daß viele Altbauten unbewohnbar wurden und es auch heute noch sind. Betrachtet man die zum Teil großen Unterschiede des Ausstattungsniveaus im Zusammenhang mit den Eigentumformen, dann laßt sich vermuten, daß sich dieser in Wohnungen in ländlichen Regionen, aufgrund des über 60%igen Anteils an Wohneigentum, schneller an das Westniveau anpassen wird als in den Städten. Die Eigentumsverteilung wirkt sich aber auch auf den Wohnungsmarkt aus, der in Städten wie Chemnitz oder Halle kaum existiert: bei einem ca. 15%igen Privatanteil kann ein marktregulierender Verteilungsmechanismus nur langsam wirksam werden.

5. Fazit

Die heterogene Verteilung der Wohnverhältnisse in den Modellregionen zum Zeitpunkt der Vereinigung macht deutlich, daß eine Vernachlässigung der regionalen Analysen des Transformationsprozesses bzw. dessen Ausgangslagen zu Verzerrungen und zu gravierenden Fehleinschätzungen führen kann. Dies zeigt sich z.B. auch daran, daß es, mit Ausnahme der sächsischen Regionen, keine Kumulierung besonders ungünstiger Wohnbedingungen gibt[8], sondern sich die Defizite an den jeweiligen Indikatoren festmachen. Die Auswertung der amtlichen DDR-Daten in bezug auf die objektive Darstellung der Wohnsituation hat also deutlich gemacht, daß das Ausmaß der Ungleichheiten je nach Indikator stark schwankt und von einer einheitlichen Versorgung nicht die Rede sein kann. In Anbetracht der Tatsache, daß diese Beobachtungen auf einem Territorium gemacht wurden, welches über vier Jahrzehnte hinweg egalitären Bestrebungen und Bemühungen unterlag, muß dieses so ausgeprägt regional differenzierte Bild bei der Wohnversorgung zu-

8 wobei es hier immer zu berücksichtigen gilt, daß selbst hohe Niveaus in Ostdeutschland niedriger ausfallen als im Vergleich mit Westdeutschland

nächst verwundern[9]. Dies relativiert sich jedoch vor dem Hintergrund, daß die Wohnungspolitik der DDR in starke funktionale Bezüge eingebunden war, die sich u.a. an Aspekten wie Betriebsstandorten, politischer Stabilität und Repräsentativität orientierte.

Da der Handlungsbedarf bzw. die -möglichkeiten und die Zufriedenheit in bezug auf das Wohnen von Faktoren wie z. B. Eigentümerstatus, Gebäudeart und Siedlungsstruktur abhängen (vgl. Böltken 1991) und diese wiederum regional differenziert verteilt sind, ist vermuten, daß die Bestandsbewegungen bzw. Erhöhung des Wohnniveaus in den Regionen bedeutender häufiger vorkommen wird, in denen der Anteil des Privateigentums an Wohngebäuden relativ hoch ist. Und umgekehrt ist zu erwarten, daß dieser Prozeß in den hochverdichteten Ballungsgebieten mit hohem Anteil an kommunalen und genossenschaftlichen Wohngebäuden langsamer vonstatten gehen wird. Dies würde das Gefälle zwischen Stadt und Land, so wie es sich in der DDR entwickelt hat, tendenziell umkehren und eventuell zu neuen sozialen Ungleichheiten führen. Vorteilig für das in der Regel selbstbewohnte Eigentum wirkt sich dabei sicherlich der günstigere Zugriff auf entsprechende Fördermittel sowie die restriktionsfreiere Verfügung über die jeweiligen Wohnungen bzw. Häuser aus. Kommunale und genossenschaftliche Wohngebäude hingegen sind durch die relative Gebundenheit der Mietpreise und die Nutzungsrechte der Mieter deutlich stärker eingeschränkt, was sich dann nicht zuletzt auf das Tempo der Verbesserung der Wohnversorgung auswirken wird.

Literatur

Böltken, F. (1991): Wohnbedingungen und ihre Bewertung in der Bundesrepublik Deutschland am Jahresende 1990. Ergebnisse eines Ost-West-Vergleichs. In: Informationen zur Raumentwicklung 5/6: 277-300.

Hauß, F. (1992): Berichtswesen in sieben Regionen der neuen Bundesländer. Projektantrag der Kommission zur Erforschung des sozialen und politischen Wandels in den neuen Bundesländern (KSPW), Halle.

Nauck, B. (1993): Regionale und sozialstrukturelle Differenzierung der Kindschaftsverhältnisse in Deutschland. In: Zeitschrift für Pädagogik 6.

9 Es zeigt sich jedoch auch in anderen Forschungsbereichen, daß es regional zum Teil sehr stark differierende Muster gab, So z.B. beim generativem Verhalten wo sich zeigen läßt, daß regionale Disparitäten auch unter dem Einfluß der einheitlichen sozialpolitischen Bemühungen der DDR nicht verschwanden (Nauck 1993).

Ostwald, W. (Hrsg.; 199O): Raumordnungsreport 90. Daten und Fakten zur Lage in den ostdeutschen Ländern, Berlin.

Stadtverwaltung Bautzen (1993): Endgültige Auswertung der Bürgerumfrage zur Wohnsituation, Bautzen.

Statistisches Bundesamt (Hrsg.; 1992): Datenreport 1992, Bonn.

Statistisches und Wahlamt Erfurt (1992): Wohnungs- und Haushaltserhebung 1992 - Erste summarische Auswertung, Erfurt.

Wielgohs, J. (1995): Transformationspolitik zwischen Liberalisierungsambitionen und Erfordernissen sozialer Stabilitätssicherung: Die Transformation des ostdeutschen Wohnungswesens. In: Wiesenthal, H. (Hrsg.): Einheit als Interessenpolitik. Studien zur sektoralen Transformation Ostdeutschlands, Frankfurt/M.

Anhang

Tabelle 1: Anzahl der Wohnräume (ohne Küche) am 31.12.1990 (in%)

Region	Quelle	1	2	3	4	5	6 u. m.
Rostock Stadt	2*	11,4	29,7	38,4	16,6	3,5	0,5
Rostock Land	1	2	6,9	21,4	34,2	22,4	13,1
Neubrandenburg Stadt	1	5,4	7,9	24,3	47,3	13	2,2
Neubrandenburg Land	1	2,1	8,8	28,1	36,9	16,5	7,6
Brandenburg Stadt	5	8,8	39,1	39,5	9,8	2,4	0,4
Brandenburg Land	5	4	20,4	34	24,4	11,8	5,4
Bitterfeld Landkreis	6	5,2	27,2	44,2	16,7	5	1,6
Halle/Saale	7	7,9	26,7	45,2	15,7	3,6	0,8
Saalkreis	6	4,3	25	36,5	23,3	8,4	2,7
Erfurt Stadt	9	11,2	29	42,9	12,4	3,6	0,9
Erfurt Land	8	2,7	18,7	30	24,3	15,5	8,7
Zwickau Stadt	10	2,2	7,7	36,3	39,6	11,2	3
Zwickau Land	10	1,4	10,9	30,8	34,2	15	7,7
Chemnitz Stadt	11	13,3	37,5	37,6	9,8	1,8°	-
Chemnitz Land	10	0,1	9,4	35,1	33,3	14,2	7,2
Stollberg Landkreis	10	1	11	31,7	37,4	13,6	5,6
Hohenstein-Ernstthal LK	10	0,8	10	29,9	37,9	14,8	6,5
Bautzen Landkreis	10	1,4	10,4	26,9	34,1	15,7	11,6
Görlitz Stadt	14	2	11,7	31,9	39	11,8	3,6
Görlitz Land	10	2,2	9,7	21,2	31,9	18,2	16,8

* 31.12.1991

° Fünf und mehr Zimmer

Quelle: Eigene Berechnungen nach den jeweiligen amtlichen Angaben (s. Verzeichnis der Quellenangabe)

Tabelle 2: **Wohnungsausstattung am 31.12.1990 (in %)**

Region	Quelle	Innen-WC	Bad/Dusche	mod.Heizg.
Rostock Stadt	2	92,4	89,4	81
Rostock Land	15*	83,4*	k.a.	k.a.
Neubrandenburg Stadt	15*	97,6*	k.a.	k.a.
Neubrandenburg Land	4	82	84,5	33,1
Brandenburg Stadt	5	85,5	84,4	54,9
Brandenburg Land	5	79,3	79,6	36,7
Bitterfeld Landkreis	6	85,9	90,6	51,5
Halle/Saale	6	86,9	84,6	62,6
Saalkreis	6	75,6	82,3	36,2
Erfurt Stadt	8	85	84,4	56,8
Erfurt Land	8	61,2	78,9	31,2
Zwickau Stadt	10	38,7	70,3	31,9
Zwickau Land	10	44,2	73	29,9
Chemnitz Stadt	10	69,6	72,7	52,4
Chemnitz Land	10	38,7	70,3	31,9
Stollberg Landkreis	10	34,8	71,5	38,5
Hohenstein-Ernstthal LK	10	54,4	79,2	41,5
Bautzen	10	58,1	74,9	32,2
Görlitz Stadt	10	63,4	71,4	31,8
Görlitz Land	10	52,2	71,6	22

* 31.12.1989

Quelle: Eigene Berechnungen nach den jeweiligen amtlichen Angaben (s. Verzeichnis der Quellenangabe)

Tabelle 3: Eigentumsform der Wohngebäude am 31.12.1990 (in %)

Region	Quelle	kommunal	genossensch.	privat/sonst.
Rostock Stadt	2*	49,6	36,4	14
Rostock Land	1	k.a.	k.a.	k.a.
Neubrandenburg Stadt	3***	k.a.	k.a.	7,6
Neubrandenburg Land	4***	45,9	16,3	37,8
Brandenburg Stadt	5**	37,1	32,4	30,5
Brandenburg Land	5**	19,8	6,4	73,9
Bitterfeld Landkreis	6	36,5	23	40,5
Halle/Saale	6	54,6	31,7	13,7
Saalkreis	6	23,9	9,1	66,9
Erfurt Stadt	8	46	29,4	24,6
Erfurt Land	8	12,7	4,9	82,4
Zwickau Stadt	12	46	24	30
Zwickau Land	10	k.a.	k.a.	k.a.
Chemnitz Stadt	11	54	29	16
Chemnitz Land	10	k.a.	k.a.	k.a.
Stollberg Landkreis	10	k.a.	k.a.	k.a.
Hohenstein-Ernstthal LK	10	k.a.	k.a.	k.a.
Bautzen Stadt	13	38,9	22,1	39
Görlitz Stadt	10	k.a.	k.a.	k.a.
Görlitz Land	10	k.a.	k.a.	k.a.

* 31.12.1991 ** 31.12.1992 *** 30.03.1993

Quelle: Eigene Berechnungen nach den jeweiligen amtlichen Angaben (s. Verzeichnis der Quellenangabe)

Verzeichnis der Quellenabgaben

1 .... Statistisches Landesamt Mecklenburg-Vorpommern 1992
2 .... Statistisches Jahrbuch der Hansestadt Rostock 1992
3 .... Amt für Statistik und Wahlen der Stadt Neubrandenburg
4 .... Landratsamt Neubrandenburg
5 .... Landesamt für Datenverarbeitung und Statistik, Brandenburg
6 .... Statistisches Landesamt Sachsen-Anhalt, Statistische Berichte, Wohnungswesen 199O
7 .... Kommunalstatistik der Stadt Halle/S, Heft 4/92
8 .... Statistisches Landesamt, Statistische Berichte; Wohnungsbestand der Städte und Gemeinden des Landes Thüringen am 31.12.90
9 .... Magistrat der Stadt Erfurt, Statistisches und Wahlamt
10 .... Statistisches Jahrbuch des Freistaates Sachsens 1992
11 .... Statistisches Jahrbuch der Stadt Chemnitz 1992
12 .... Amt für Statistik und Wahlen der Stadt Zwickau
13 .... Stadtverwaltung Bautzen Statistik
14 .... Stadtverwaltung Görlitz, Statistik
15 .... Bundesforschungsanstalt für Landeskunde und Raumordnung 1992

Ausgewählte Regionen und Kreise

Bundesland	Region	Region[10]	Kreiskennziffer[10]
Mecklenburg-Vorpommern	Region Rostock	Kreisfreie Stadt Rostock	1 3003
		Rostock Land	1 3031
	Region Neubrandenburg	Kreisfreie Stadt Neubrandenburg	13002
		Landkreis Neubrandenburg	13025
Brandenburg	Region Brandenburg	Kreisfreie Stadt Brandenburg	12001
		Landkreis Brandenburg	12071
Sachsen-Anhalt	Region Halle	Kreisfreie Stadt Halle	15002
		Landkreis Saalkreis	15035
		Landkreis Bitterfeld	15013
Thüringen	Region Erfurt	Kreisfreie Stadt Erfurt	16001
		Landkreis Erfurt	16018
Sachsen	Region Chemnitz-Zwickau	Kreisfreie Stadt Zwickau	14508
		Landkreis Zwickau	14058
		Kreisfreie Stadt Chemnitz	14001
		Landkreis Chemnitz	14018
		Landkreis Stollberg	14051
		Landkreis Hohenstein-Ernstthal	14033
	Region Bautzen-Görlitz	Bautzen Stadt	14014
		Kreisfreie Stadt Görlitz	14003

10 Gebietsstand vor der Kreisgebietsreform 1994

Kollabiert die Kinderversorgung? - Soziale Einrichtungen im Wandel

Anita Sternitzky, Monika Putzing

Die Stabilität des Sozialleistungssystems in Deutschland wird derzeit von zahlreichen Anpassungszwängen auf die Probe gestellt. Dies trifft in potenzierter Weise vor allem auf die neuen Bundesländer zu. Hier haben sich nicht nur die Rahmenbedingungen entscheidend geändert, vielmehr geht es in diesem Teil Deutschlands um den Wandel eines Systems, für das bislang völlig andere Rahmenbedingungen, Wertvorstellungen etc. gültig waren.

Der Wandel im ostdeutschen Sozialleistungssystem ist nicht nur eine Folge des Transformationsprozesses, sondern er wirkt auf denselben direkt zurück und beeinflußt ihn in entscheidender Weise. Es überrascht deshalb nicht, daß gerade in bezug auf diesen Vorgang viele Vorurteile und Befürchtungen aufkamen, die dem Wandlungsprozeß selbst nicht eben förderlich sind. Dies reicht von der Angst vor einem totalen Zusammenbruch des bis 1989 bestehenden DDR-Sozialsystems bis hin zu Hoffnungen auf wesentliche Verbesserungen und Vervollkommnungen eben dieses Systems, wobei zum Ausdruck gebracht wird, daß die in der Zeit vor der Vereinigung gemachten Erfahrungen berücksichtigt werden sollten.

Anliegen dieses Beitrags ist es, Hintergründe, Richtungen, Tendenzen und Probleme im bisherigen Verlauf des Wandels der sozialen Infrastruktur am Beispiel der Kinderbetreuung aufzuzeigen, die in öffentlichen Einrichtungen erfolgt. Bestimmend für die Wahl dieses Themas war die Überlegung, daß interessanterweise das System der Kinderbetreuung in der ehemaligen DDR - damals ein Aushängeschild ihrer „sozialen Errungenschaften" - seit einiger Zeit in den alten Bundesländern lebhaft diskutiert wird.

Der Darstellung der Entwicklung in ausgewählten Regionen wird eine generalisierende Einschätzung vor allem ökonomischer Rahmenbedingungen vorangestellt, um den Spielraum der Möglichketen auf dem Gebiet der Kinderbetreuungseinrichtungen zu umreißen.

1. Rahmenbedingungen für soziale Dienstleistungen

Maßgebend für den im Gang befindlichen Umbau des Sozialsystems ist die soziale Problemlage auf der einen und die Finanzierbarkeit von kompensierenden und präventiven Vorhaben auf der anderen Seite. Beide Faktoren bestimmen nachhaltig Richtung und Tempo des Wandels und markieren die Gestaltungsspielräume und Lösungsmöglichkeiten für die aus dem Umbau sich ergebenden Probleme.

Hinsichtlich der wirtschaftlichen und damit auch finanziellen Rahmenbedingungen, sind u.E. die folgenden Momente von Bedeutung:

1. Die zur Umgestaltung erforderlichen Handlungsspielräume sind durch die derzeitige konjunkturell bedingte Wachstumsschwäche der deutschen Wirtschaft stark begrenzt[11]. Abnehmende Wirtschaftsleistung bedeutet aber Verringerung von Einkommen und damit von Finanzierungsquellen und disponiblen Mitteln sowohl für private als auch für die öffentlichen Haushalte. Spürbar sind die Konsequenzen dieser Situation schließlich für den sozialen Bereich: in einer Zeit, in der finanzielle Mittel und Ressourcen immer knapper werden, steigt parallel dazu der Bedarf der sozialen Sicherungssysteme.[12]
2. Diese mißliche Koinzidenz belastet derzeit die neuen Bundesländer besonders stark: Der Bedarf an Sozialleistungen bzw. an entsprechenden Dienstleistungen ist hier besonders hoch. Da der Rechtsanspruch auf soziale Leistungen gegeben ist, müssen in großen Maße Umverteilungen zwischen den einzelnen Sozialhaushalten vorgenommen werden, nicht zuletzt bewirkt dies Umverteilungen zwischen dem westlichen und dem östlichen Bundesgebiet. In diesem Zusammenhang wird üblicherweise von einem West-Ost-Transfer gesprochen. Ob dies politisch opportun ist,

---

11 1992 erreichte die Produktion des Bergbaus und Verarbeitenden Gewerbes in Westdeutschland lediglich 95 vH des Vorjahrsniveaus. 1993 hat sich dieser zyklische Abwärtstrend weiter fortgesetzt. So lag Mitte des Jahres die Produktion erneut um 5,8 vH unter den Ergebnissen des Vergleichszeitraumes im Vorjahr. Von besonderer Bedeutung ist dabei, daß insbesondere die innovativen und demzufolge wachstums- und wertschöpfungsintensiven Zweige der westdeutschen Industrie, wie die Investitionsgüterindustrien, der Maschinenbau, der Straßenfahrzeugbau, die Elektroindustrie, die Datenverarbeit oder die Feinmechanik/Optik in besonders starkem Maße von diesem Produktionsrückgang betroffen sind.

12 An dieser Stelle ist auch darauf hinzuweisen, daß die soziale Komponente schließlich auch einen unmittelbaren Bezug zur Diskussion um den "Standort Deutschland" hat. Von Interesse ist in diesem Zusammenhang vor allem die Frage, welche Konsequenzen der Erhalt bzw. die Revitalisierung des Wirtschaftsstandortes Deutschland am Übergang zum 21. Jahrhundert für die Ausgestaltung des sozialen Sicherungssystems hat.

mag dahingestellt bleiben. Das deutsche Sozialversicherungssytem beruht seit fast 100 Jahren auf dem Solidargedanken, und zwar dergestalt, daß das System - basierend auf der individuellen Beitragszahlung - die Risiken an der Stelle kompensiert, wo sie auftreten. Insofern gehört die Umverteilung seit je zum Wesensmerkmal der sozialen Absicherung. Sie findet ganz allgemein bei Risikolagen, bei Notlagen von Personengruppen, der Unterentwicklung von Regionen etc. Anwendung. Und bei diesem Umverteilungsprinzip wird es höchstwahrscheinlich auch bleiben, weil eine gleichmäßige Verteilung von Risiken wohl kaum eintreten dürfte.

Von diesen Prinzipien darf nicht abgewichen werden, obwohl sie in der politischen Debatte bereits zur Disposition gestellt wurden (Steuerfinanzierung statt Beitragsfinanzierung).

Dennoch dürfen - unbeschadet der bis dato unbezweifelt gültigen Rechtslage und der unveränderten Gültigkeit des Sozialversicherungsprinzips - in unserer Betrachtung die erschwerenden wirtschaftspolitischen Faktoren nicht unerwähnt bleiben, die sich in den vergangenen Jahren für Ostdeutschland ergeben haben:

- Die krisenhafte Entwicklung in der ostdeutschen Wirtschaft ist noch nicht gestoppt. Der Prozeß der Deindustrialisierung setzt sich in den NBL weiter fort. Die Gefahr des weiteren Zusammenbruchs „industrieller Kerne" ist noch immer nicht gebannt.
- Die Anpassung der ostdeutschen Wirtschaft an marktwirtschaftliche Bedingungen vollzieht sich nur mühsam. Das betrifft insbesondere die Herausbildung entsprechender Wirtschaftsstrukturen und Kooperationsbeziehungen wie auch die nach wie vor unzureichende Wettbewerbsfähigkeit einer großen Anzahl von Unternehmen. Insbesondere die mittelständischen Industrieunternehmem stehen vor gravierenden Problemen. Mit einer durchgreifenden Besserung ist für die nächste Zeit kaum rechnen (Binus/Kowalski 1992).
- Wie unterentwickelt die wirtschaftliche Leistungskraft der neuen Bundesländer noch ist, läßt sich daran ablesen, daß bei bei einem rund 20% Anteil der ostdeutschen Bevölkerung an der Gesamtbevölkerung der Bundesrepublik in Ostdeutschland weniger als 10% des bundesdeutschen Produktionsergebnisses erzeugt werden.[13]

---

13 Auf detaillierte Angaben zur wirtschaftlichen Entwicklung in den neuen Bundesländern wird an dieser Stelle aus Platzgründen verzichtet. Den interessierten Leser verweisen wir insbesondere auf die Konjunkturberichterstattung des Instituts für Wirtschaftsforschung Halle.

- Zwangsläufige Folge dieser Prozesse ist die Eskalation der Arbeitslosigkeit in Ostdeutschland. Derzeit gibt es in Ostdeutschland etwa 1,3 Millionen offiziell registrierte Arbeitslose (BAA lfd.). Massen- und Dauerarbeitslosigkeit sind in den neuen Bundesländern alltägliche Realität. Nach Berechnungen des Instituts für Wirtschaftsforschung Halle (IWH) existiert in den neuen Bundesländern ein Arbeitsplatzdefizit in Höhe von 2,3 Millionen Stellen - die sogenannte „stille Reserve" eingeschlossen, wird dieses Minus an Arbeitsplätzen sogar auf 3,3 Millionen geschätzt (IWH 1993: 33).
- Die Landesbehörden, insbesondere aber die Kommunen, vermögen aus Mangel an Finanzen nicht zu einer Entlastung der gegenwärtig herrschenden Situation beizutragen. Die öffentlichen Kassen sind nahezu erschöpft, die Möglichkeiten der Verschuldung sind stark eingeschränkt.[14] Zwar liegt die Schuldenlast je Einwohner in den neuen Bundesländern noch weit unter dem bundesdeutschen Durchschnitt[15], aber angesichts nur sehr geringer Steuereinnahmen einerseits und der Belastung mit den nach der Wende neu auf sie zugekommenen wirtschaftlichen und sozialen Aufgaben andererseits, ist kurzfristig mit einer raschen Vergrößerung der Schuldenlast bei den ostdeutschen Länder- und Kommunalhaushalten zu rechnen.[16] Ein Posten von besonderer Gewichtigkeit werden die von den Kommunen aufzuwendenden Finanzmittel für Sozialhilfe sein. Um aus aus ihren finanziellen Kalamitäten herauszukommen, beschreiten die Kommunen vielfach den Weg, sich von bisherigen sozialen Aufgaben und Pflichten zu entlasten, wie beispielsweise dadurch, daß kommunale Kindertageseinrichtungen geschlossen oder bestehenden Personal- und Platzkapazitäten stark reduziert werden.

---

14 Die kommunalen Haushalte unterliegen in der Bundesrepublik besonderen rechtlichen Bestimmungen. Im Gegensatz zu Bund und Ländern dürfen sich die Kommunen nur soweit verschulden, daß der Schuldendienst aus den laufenden Einnahmen gedeckt werden kann.

15 Nach Angaben des Bundesministeriums für Finanzen betrugen die Landesschulden je Einwohner per Juni 1993 in Mecklenburg-Vorpommern 582 DM, in Sachsen 1.660 DM, in Thüringen 1.740 DM, in Sachsen-Anhalt 2.269 DM, in Brandenburg 2.448 DM. In Westdeutschland wies Bayern mit 2.470 DM die geringste und Bremen mit 24.484 die höchste pro-Kopf-Verschuldung auf.

16 Zu den neuen Zuständigkeiten der Kommunen gehören beispielsweise Erhalt und Entwicklung der kommunalen Infrastruktur. Allein der Investitionsbedarf für die kommunale Abwasserbeseitigung wird dabei auf insgesamt 160 Mrd. DM geschätzt. Das entspräche einer jährlichen Investitionsleistung von ca.. 11 Mrd. DM. 1992 konnten die ostdeutschen Kommunen für Ausbau und Sanierung ihrer Kanalnetze und Kläranlagen lediglich 1,5 Mrd. DM aufwenden. (Stelter 1993: 8)

Wie sich bereits anhand dieser Indikatoren zeigt, gestalten sich die wirtschaftlichen Rahmenbedingungen für den Wandel des Sozialleistungssystems in den neuen Bundesländern nicht wenig kompliziert. Aus dieser Feststellung allerdings abzuleiten, daß die Rahmenbedingungen generell ungünstig wären und demzufolge der soziale Bereich in Ostdeutschland nur eine eingeschränkte Entwicklungschance habe, ist in jedem Fall nicht zutreffend. Wie wir zeigen werden, schlagen die skizzierten Rahmenbedingungen auf den Bereich der Kinderversorgung nicht in dem Maße durch, wie das bei anderen Bereichen zu beobachten ist. Folgende gegenläufige Trends sind erkennbar:

Erstens: Die gesetzlich fixierte Verantwortung von Bund, Ländern und Kommunen für den sozialen Bereich.

Die Bundesrepublik Deutschland als moderner Industriestaat verfügt über ein vergleichsweise hochentwickeltes soziales Sicherungssytem. Seit der Vereinigung wird die bundesdeutsche Sozialgesetzgebung - wenn zeitweilig auch mit bestimmten Modifizierungen - uneingeschränkt auch in Ostdeutschland angewendet. Die Bevölkerung in den neuen Bundesländern fällt somit nicht in ein „soziales Loch“.

Aufgrund der gesetzlichen Bindungen können sich die verschiedenen Gebietskörperschaften auch in Zeiten konjunktureller bzw. struktureller Krisen nicht ihren sozialen Pflichten entziehen. Zur Debatte steht lediglich die Frage der konkreten Gestaltung der vorhandenen Bewegungsmöglichkeiten in den einzelnen Sphären des sozialen Bereichs.

Zweitens: Der durch die wirtschaftliche Entwicklung jeweils gesetzte Handlungs- und Gestaltungsspielraum läßt sich durch politisches Handeln zusätzlich beeinflussen.

Die konkrete Richtung dieser Einflußnahme hängt dabei nicht nur von der tatsächlichen Problemlage, sondern vor allem auch von den Anschauungen, Absichten sowie Interessenlagen der jeweils dominierenden politischen Kräfte, aber auch von dem vorhandenen Potential politischen Gegendrucks ab. Wie bedeutsam diese Kräftekonstellation ist, zeigt sich beispielsweise an den stets intensiven - und derzeit wieder sehr aktuellen - Diskussionen um die finanzielle Ausstattung des Sozialetats auf sämtlichen politischen Ebenen und auch an der Debatte um die Einführung einer Pflegeversicherung.

Ein konkretes Beispiel dafür, wie Politik auf vorhandene Interessenkonstellationen reagiert, ist u.a. die Verabschiedung eines Gesetzes, das ab 1996 den Rechtsanspruch auf einen Kindergartenplatz bundesweit fixiert.[17] Eine

---

[17] Dieser rechtliche Anspruch ist im novellierten Kinderhilfegesetz, de facto einem Begleitgesetz zur Neuregelung des Abtreibungsrechts, festgelegt. Darin heißt es u.a.: "Ein

vergleichbare und sogar bereits rechtskräftige Regelung gibt es bereits in mehreren ostdeutschen Bundesländern.[18]

Dies macht deutlich, daß es auf regionaler Ebene - in diesem Falle der Landesebene - durchaus eigenständige Gestaltungsmöglichkeiten für das soziale Netz gibt, von denen sich spezifische regionale Merkmale seiner Ausprägung ableiten lassen.

Drittens: Engagement von Persönlichkeiten im Sozialbereich.

So wie in anderen Bereichen auch, erfordert die Durchsetzung sozialer Ziele und Belange Ideenreichtum, Initiative und Engagement sowie Überzeugungskraft bzw. Durchsetzungsvermögen von Einzelpersönlichkeiten.

Bei den Recherchen in den ausgewählten Regionen Ostdeutschlands trafen wir mehrfach mit Menschen zusammen, die es sich zur Aufgabe gemacht hatten, den Transformationsprozeß im Sozialbereich mitzugestalten, die ihn als eine Chance begriffen und die sich entsprechend initiativ verhielten. Vor dem Hintergrund der Erfahrungen, die über die zwei unterschiedlichen sozialen Systeme vorliegen, treten sie dafür ein, frühere Fehlentwicklungen oder Defizite konstruktiv zu überwinden. Diese im Sozialbereich aktiven Personen zeigten sich willens, Neues auszuprobieren, sozialpolitische Experimente zu wagen sowie nicht zuletzt engagiert um die erforderliche Finanzierung zu streiten. In einigen Fällen wurden selbst neue Finanzierungsmodelle zur Debatte gestellt.

Die Aktivität dieser einzelnen Persönlichkeiten hat auf die Entwicklung von Elementen des sozialen Sicherungssystems einen bestimmten Einfluß ausgeübt, ja selbst auf klein- bzw. kleinstregionaler Ebene hat dieses Wirken zu Modifizierungen in der Ausgestaltung des sozialen Netzes beigetragen.

Viertens: Intakte soziale Infrastrukturen üben Anziehungskraft auf Investoren aus.

Bei der globalen Betrachtung einer Region wird häufig in nur unzureichendem Maße beachtet, daß das jeweils vorhandene Netz sozialer Leistungen und Dienstleistungen in seiner Quantität und vor allem seiner Qualität einen entscheidenden Standortfaktor darstellt. Soziale Einrichtungen entsprechender Qualität bestimmen maßgeblich den Wohn- und Freizeitwert von Regionen mit und beeinflussen mehr oder weniger direkt Ansiedlungs- und Investitionsentscheidungen der Wirtschaft.

Kind vom vollendeten dritten Lebensjahr an hat bis zum Schuleintritt Anspruch auf den Besuch eines Kindergartens."

18 Ein KITA-Gesetz, das eben diesen Rechtsanspruch regelt, ist beispielsweise im Freistaat Sachsen und im Land Brandenburg verabschiedet worden. In Brandenburg besitzt es bereits seit 01.07.1992 Rechtsverbindlichkeit.

Auf der anderen Seite muß man bei der Betrachtung dieser Sphäre berücksichtigen, daß das in einer Region bestehende Angebot an sozialen Diensten und Einrichtungen einen eigenständigen Wirtschaftsfaktor darstellt. Durch ihn werden zahlreiche Güter und Leistungen auch anderer Wirtschaftsbereiche umgesetzt. Zudem erarbeiten sich die hier Beschäftigten ein eigenes, Kaufkraft repräsentierendes Einkommen und stellen damit eine wirtschaftliche Größe dar.

2. Kindertagesstätten in Ostdeutschland: Kein Zusammenbruch der Versorgung

Die vorliegenden Daten belegen, daß, abgesehen von regionalen Differenzierungen, der Umbau des Sozialsystems in Ostdeutschland überall in gleicher Weise erfolgt. Diese einheitlichen Entwicklungstendenzen bei den sozialen Dienstleistungen werden im folgenden am Beispiel der Kinderbetreuung thesenartig vorgestellt.

2.1 Allgemeine Entwicklungsstendenzen bei den Angeboten im Kindertagesstättenbereich

Seit der politischen Wende 1989 hat sich das Angebot im Bereich Kindertagesstätten deutlich verringert. Die Reduzierung bezieht sich sowohl auf die Anzahl der Kindertagesstätten insgesamt als auch auf die bereitgestellten Plätze und auf das in ihnen beschäftigte Betreuungs- und Erziehungspersonal.

- 1989 gab es auf dem Gebiet Ostdeutschlands 21.252 Einrichtungen für Kinder im Vorschulalter (7.800 Kinderkrippen und 13.452 Kindergärten).
- Bis 1991 hatte sich die Zahl dieser Einrichtungen auf 12.561 verringert (Kinderkrippen: 4.492; Kindergärten: 8.069). Hinzu kamen allerdings 3.827 Kitas, womit die Gesamtzahlen der Einrichtungen im genannten Jahr 16.388 ausmachte. Damit verringerte sich der Bestand an Tageseinrichtungen für Kinder im Vorschulalter auf 77 % gegenüber 1989.
- Um knapp 20 % verringerte sich die Zahl der in den Kindereinrichtungen verfügbaren Plätze, das entspricht einer Reduzierung von ehemals (1989) 1.239.675 Plätzen in Kinderkrippen und Kindergärten auf 998.083 Plätze im Jahre 1991 (Statistisches Bundesamt, 1993).

Ein Vergleich des Kapazitätsabbaus in den untersuchten Regionen zeigt, daß die Reduzierung im personellen Bereich offensichtlich am höchsten war, gefolgt vom Abbau bei den Plätzen und der Anzahl der Einrichtungen selbst (vgl. auch Tab. 1).

Parallel zum Kapazitätsabbau wurde ein Wandel in den *Organisationsstrukturen* vollzogen. Bis 1989 war die streng getrennte Betreuung nach Altersgruppen die Regel (Kinder unter 1 bis zu drei Jahren wurden in den Krippen, Kinder ab 3 Jahren wurden bis zum Schuleintritt in den Kindergärten versorgt). Die sogenannten Kinderkombinationen, in denen alle Altersgruppen der im Vorschulalter befindlichen Kinder betreut wurden, bildeten demgegenüber eher eine Ausnahme, obwohl ihre Bedeutung in den 80er Jahren zugenommen hatte. Organisatorisch und verwaltungsmäßig wurden die Bereiche Kinderkrippe und -garten jedoch getrennt geführt.

Allem Anschein nach werden Rolle und Bedeutung der verschiedenen Arten von Kindertageseinrichtungen im Laufe der jetzigen Entwicklung einer Wandlung unterliegen. Die Daten aus den einzelnen Untersuchungsregionen lassen die Schlußfolgerung zu, daß Kinderkrippen und Kindergärten zunehmend an Bedeutung verlieren werden, während die Tageseinrichtungen, in denen verschiedene Altersgruppen gleichzeitig betreut werden, seit 1989/1990 bereits erheblich zugenommen haben und weiter zunehmen werden. Der ausschlaggebende Grund für diese Entwicklung ist ganz offensichtlich darin zu sehen, daß kombinierte Kindereinrichtungen wirtschaftlich effizienter zu führen sind.

Die beobachtenden strukturellen Verschiebungen zwischen den einzelnen Typen von Einrichtungen zeigen deutlich, daß zunächst die Kinderkrippen ihre frühere Rolle einzubüßen beginnen. Die Gründe hierfür sind die rückläufige Zahl der Geburten, die Verlängerung des Erziehungsurlaubs von einem Jahr zu DDR-Zeiten auf nunmehr drei Jahre sowie ganz ohne Zweifel die zunehmende Erwerbslosigkeit von Frauen.

Für die ehemalige DDR war bis 1989 ein sehr hoher, deutlich über dem Niveau der Bundesrepublik liegender *Grad der Versorgung* hinsichtlich Kindertagesstätten gegeben. Es war ein flächendeckender Versorgungsgrad erreicht. So haben 1989 in der DDR 56% der Kleinkinder in den entsprechenden Einrichtungen Aufnahme gefunden (BfLR 1991). Viele Familien nahmen diese Möglichkeit jedoch erst ab dem zweiten Lebensjahr ihrer Kinder in Anspruch. Die Mütter entschieden sich zumeist für das sogenannte „Babyjahr", das ihnen einen 70% Lohnausgleich für die häuslich-individuelle Pflege ihrer Sprößlinge gewährte.

Anders war die Situation bei den Kindergärten. Bis 1989 war landesweit eine 100% Deckung des Bedarfes gewährleistet, teilweise existierten sogar Überkapazitäten. Dieses Versorgungsniveau stand in Übereinstimmung mit dem von der SED politisch motivierten Status der Frau, in dem ihr eine Doppelrolle zugedacht war - als Mutter und gleichzeitig als volkswirtschaftlich erwünschte Arbeitskraft. Schließlich konnte nur so die gesellschaftspolitisch propagierte und von der Mehrheit der Frauen zweifellos auch tatsächlich gewollte Berufstätigkeit bei gleichzeitiger Erfüllung des Kinderwunsches realisiert werden.

Wie aus Tabelle 5 ersichtlich ist, stehen heute in den untersuchten Regionen für mindestens jedes zweite Kind entsprechende Betreuungsmöglichkeiten zur Verfügung. Es besteht also nach wie vor ein relativ dichtes Angebot an diesbezüglichen Leistungen in diesem Bereich (vgl. Tab. 5).

Wie die festgestellte derzeitige Versorgung für die Zukunft zu bewerten ist, läßt sich durch eine Abschätzung der voraussichtlichen künftigen *Nachfrage* nach Plätzen für die Kinderbetreuung verdeutlichen. Tatsache ist, daß parallel zur Verringerung des Platzangebots ein Rückgang in der Anzahl der zu betreuenden Kinder festgestellt werden kann. Die aus der Region Chemnitz-Zwickau vorliegenden Daten zeugen davon, daß die Verringerung des Platzangebots seit 1989/1990 nicht zwangsläufig einen „Versorgungsnotstand“ zur Folge hatte (vgl. Tab. 2). Es ist - zumindest hypothetisch - davon auszugehen, daß der starke Geburtenrückgang sowie die hohe Frauenarbeitslosigkeit diejenigen Faktoren sind, die generell für Ostdeutschland mittelfristig Defizite bei den Kapazitäten den Betreuungseinrichtungen nicht entstehen ließen. Wir haben folglich gegenwärtig die Situation, daß - trotz dieser Entwicklungen, die in diesem Maße nicht vorhersehbar waren und die außerdem mit der inzwischen ebenfalls vorgenommenen Verringerung des Angebots zusammentrafen - insgesamt die Versorgung in ausreichendem Umfang gewährleistet blieb.

Ein grundlegendes Merkmal des Umbaus des Sozialbereichs Kinderbetreuung ist der *Wandel in den Eigentums- bzw. Trägerstrukturen*, der die Veränderungen in diesem Bereich in besonderer Weise prägt.

Ein pluralistisch zu nennendes Angebot an sozialen Leistungen hat es in der DDR nur in sehr eingeschränktem Maße gegeben. Das Gros der Kindertagesstätten befand sich in Trägerschaft der Kommunen und war den Bereichen Gesundheitswesen (Kinderkrippen) bzw. Sozialwesen (Kindergärten) unterstellt oder den Betrieben, Institutionen und Landwirtschaftlichen Produktionsgenossenschaften zugeordnet.

Wohlfahrtsverbänden war die Betätigung in der DDR nur partiell möglich. Die Arbeiterwohlfahrt und der Paritätische Wohlfahrtsverband waren staatlicherseits nicht zugelassen. Caritas und Diakonie konnten im Rahmen kirchlicher Sozialarbeit nur begrenzt aktiv werden. So unterhielt das Diakonische Werk der Evangelischen Kirche in Deutschland Ende der 80er Jahre in der DDR 275 Kindergärten und Kinderhorte. Der Deutsche Caritasverbandes betrieb zum Januar 1990 17 Säuglings- und Kinderheime, 140 Kindergärten und 9 Kinderhorte. Das stellt nur einen Bruchteil der zu DDR-Zeiten insgesamt vorhanden gewesenen Einrichtungen dar (Gutschik 1992: 12f.).

Zu den als vorrangig angesehenen politischen Aufgaben nach der Wende gehört die Reduzierung der bis dahin überproportional großen Staatsbeteiligung auch im sozialen Bereich . Angestrebt wird eine Angleichung der neuen an die alten Bundesländer hinsichtlich der institutionellen und sozialen Infrastruktur, wobei die Verbände der Freien Wohlfahrt eine tragende Rolle spielen sollen.[19] Diese Strukturanpassung verlief bisher allerdings sehr schleppend: die Überführung von Kindereinrichtungen in freie Trägerschaft stellt zur Zeit immer noch die Ausnahme dar.

Eine einschneidende Folge bei diesen sich wandelnden Trägerschaften sind fundamentale *Veränderungen in der Finanzierung der sozialen Infrastruktur*. Sie richtet sich heute verstärkt nach marktwirtschaftlichen Erfordernissen. Mit der radikalen Kürzung staatlicher Subventionen[20] einerseits sowie infolge der sich verändernden Kostenstrukturen[21] andererseits ist das Problem der Deckung der Kosten und ihrer finanziellen Absicherung zur gravierendsten Frage überhaupt geworden.

Die nunmehr verlangte Kostenbeteiligung stellt für die meisten Familien eine bedeutende Belastung des Haushaltsbudgets dar. Sie beläuft sich pro Kind auf mehrere hundert DM. Bei einem Arbeiter- und Angestelltenhaushalt in den neuen Bundesländern im zweiten Halbjahr 1991, der über ein durchschnittliches Haushaltseinkommen in Höhe von 2.940 DM (Ebert 1993: 330) monatlich verfügt, stellt ein Kostenbeitrag von rund 200 DM für die vorschulische Betreuung eines Kindes bereits fast 7 % des Monatseinkommens der Familie dar.

---

19 Es handelt sich hier um deren Spitzenverbände wie die Arbeiterwohlfahrt, das Diakonische Werk der Evangelischen Kirche in Deutschland, den Deutschen Paritätischen Wohlfahrtsverband, den Deutschen Caritasverband, das Deutsche Rote Kreuz sowie die Zentralwohlfahrtsstelle der Juden in Deutschland.

20 Für Betreuungsleistungen in Kindereinrichtungen der DDR wurde den Nutzern ein monatlicher "Einheitspreis" pro untergebrachtes Kind in Höhe von 30 Mark abverlangt, was de facto lediglich als "symbolisch" anzusehen war. Die Plätze wurden staatlicherseits demzufolge nicht kostendeckend, sondern zu einem stark subventionierten Preis angeboten. Die Unterbringung der Kinder in den Tageseinrichtungen war für die Familien damit deutlich billiger als die häusliche Versorgung.

21 Dabei sind insbesondere die wesentlich gestiegenen Mieten und Betriebskosten sowie Arbeitskosten zu berücksichtigen.

Verändert hat sich ebenfalls die zu DDR-Zeiten geltende Pauschalisierung der finanziellen Beteiligung an den Aufwendungen. Heute wird der Bereich der Kinderbetreuung weitgehend durch Angebot und Nachfrage reguliert. Dem entsprechen die Möglichkeiten der Preisgestaltung.[22]

Angesichts veränderter Finanzierungsmodalitäten unterliegen aber auch die Anbieter zunehmend dem Zwang zum „Kostendenken". Eine Folge davon ist die verstärkt kostendeckende Preisgestaltung. Zugleich verlangen die veränderten Finanzierungsmodalitäten vom Träger eine ständige Überprüfung und Verbesserung seiner Wirtschaftlichkeit. Dies findet in den neuen Bundesländern seinen konkreten Ausdruck vor allem in einer *Effektivierung des Leistungsangebots*.

Gegenwärtig ist festzustellen, daß man allgemein bestrebt ist, die vorhandenen Kapazitäten effizienter zu nutzen:

- In den hier untersuchten Regionen ist zu beobachten, daß ausnahmslos die *Platzkapazitäten pro Einrichtung* erhöht werden.
- Parallel dazu wurde die Anzahl des Betreuungspersonals verringert.
- Daraus ergibt logischerweise , daß auf die einzelne Betreuungsperson eine größere Anzahl zu versorgender Kinder entfällt.

Angesichts dieser Entwicklung stellt sich die Frage nach der gegenwärtigen Qualität der Kinderbetreuung: Findet in den Tagesstätten zunehmend „Massenabfertigung" statt? Ist das Personal auf die Dauer überlastet, leidet schließlich die Erziehungs- und Bildungsarbeit, und läßt sich letztendlich das pädagogische Niveau halten?

2.2 Regionaler Entwicklungsstand in der Kinderbetreuung

Entwicklung von Angebot und Nachfrage

Der Abbau der Kapazitäten bei Einrichtungen, Plätzen und Personal vollzieht sich in sehr unterschiedlicher Weise. Am Beispiel von unmittelbar benachbarten Kreisen des Regierungsbezirks Chemnitz läßt sich dieser Vorgang verdeutlichen.

---

[22] Daher gehört es heute vielfach zur Normalität, daß es ein regional differierendes Preisgefüge gibt. Beispiele belegen, daß es dabei sogar zu ganz erheblichen Preisunterschieden kommt, nicht selten lassen sich Preisspannen bis zu 200 DM für die Unterbringung eines Kindes bei gleichem Betreuungsniveau feststellen. Damit steht außer Frage, daß die gegenwärtige Preisgestaltung einen nicht unerheblichen Einfluß auf die Entwicklung der Nachfrage nach diesen Leistungen, insbesondere unter regionalen Gesichtspunkten, hat.

Tabelle 1: Prozentualer Abbau von Kapazitäten in Kindertagesstätten ausgewählter Kreise im Regierungsbezirk Chemnitz

Regionen	Abbau von Kapazitäten (in %)		
	Einrichtungen auf	Plätze auf	Personal auf
Landkreis Zwickau (1990-1992)	80	52	60
Stadt Zwickau (1990-1992)	70	94	k.A.
Landkreis Stollberg (1990-1992)	58	73	40
Landkreis Chemnitz (1990-1992)	85	82	71
Stadt Chemnitz (1990-1992)	79	73	57

Quelle: berechnet nach Angaben der jeweiligen Kreisverwaltungen

Dieser relativ heterogen verlaufende Kapazitätsabbau läßt den Schluß zu, daß es vor allem die klein- und kleinstregionalen Faktoren sind, die diese Entwicklung beeinflussen.

Nach den vorliegenden Daten zu urteilen, unterliegen ländlich geprägte und zumeist dünn besiedelte Regionen, die in einiger Entfernung zu städtischen und industriell entwickelteren Standorten liegen, in verstärktem Maße dem Zwang, ihre Kapazitäten effektiver zu gestalten.

Die differenziert verlaufende Kapazitätsentwicklung ist naturgemäß an die Entwicklung der Nachfrage gekoppelt. Anhaltspunkte diesbezüglich lassen sich durch eine Gegenüberstellung der Zahl der verfügbaren und der tatsächlich nachgefragten Plätze gewinnen. Angaben hierzu liegen für die Stadt Chemnitz sowie den Stadt- und Landkreis Zwickau vor.

Für die Region Chemnitz-Zwickau wird deutlich, daß sich das Angebot im wesentlichen der verringerten Nachfrage angepaßt hat. Eine der wesentlichsten Ursachen ist der starke Rückgang der Geburten in den Jahren 1990 bis 1992. Dies allein erklärt allerdings noch nicht die regionalen Unterschiede in der Nachfrageentwicklung. Münz und Ulrich konstatieren, daß Unterschiede in der Fruchtbarkeit zwischen den Regionen bereits in der Vergangenheit deutlich ausgeprägt waren. Der starke Rückgang der Fruchtbarkeit im genannten Zeitraum vollzog sich jedoch in den verschiedenen Regionen weitgehend parallel. Im Zusammenhang mit den Migrationsprozessen hingegen sind deutliche regionale Unterschiede festzustellen (Münz/Ulrich 1993: 123). Die unterschiedlichen Wanderungsbewegungen nach der Vereinigung haben die Nachfrage nach Plätzen in Kindertagesstätten zurückgehen lassen.

Tabelle 2: **Verfügbare Plätze (1), angegemeldete Kinder (2) sowie Auslastung der Kindereinrichtungen (3) in Chemnitz und Zwickau**

Region/Typ	Zeitpunkt	1	2	3 (in %)
Landkreis Zwickau				
Kinderkrippe	1990	826	718	87
Kinderkrippe	1992	193	177	92
Kindergarten	1990	3376	2496	74
Kindergarten	1992	531	502	95
KITAS	1991	1302	956	73
KITAS	1992	2438	2277	93
Stadt Zwickau				
Kinderkrippe	1990	2084	2088	100
Kinderkrippe	1992	1805	1950	108
Kindergarten	1990	5024	4528	90
Kindergarten	1992	4446	4474	101
KITAS	1993	1985	1912	96
Stadt Chemnitz				
Kinderkrippe	1990	5048	4986	99
Kinderkrippe	1992	24	17	71
Kindergarten	1990	13502	13045	97
Kindergarten	1991	2368	2279	96
KITAS	1991	12379	12326	100
KITAS	1992	13580	12921	95

Quelle: berechnet nach Angaben der jeweiligen Kreisverwaltungen

Unsere Analysen haben zudem ergeben, daß bis in die jüngste Zeit noch immer gewisse Überkapazitäten existierten. Beim Vergleich der Auslastung zwischen Stadt- und Landkreisen wird erkennbar, daß nicht genutzte Kapazitäten vorrangig in ländlichen Regionen anzutreffen sind. Wenn man bedenkt, daß hier der Abbau relativ stark war, aber andererseits der größte Anpassungsbedarf existierte, dann ist zu ermessen, wie groß der Rückgang der Nachfrage gewesen ist.

Diese Vorgänge lassen sich auf die Tatsache zurückführen, daß die ländlich strukturierten Regionen von der ostdeutschen Transformationskrise besonders betroffen worden sind (Putzing/Schiemann 1993: 7ff.; Dahms/Putzing/Schiemann 1994: 16ff.). Eine entscheidende Rolle spielte dabei das Faktum, daß die für ländliche Regionen der DDR spezifischen Sozialisierungsformen mit der Wende weggebrochen sind. Mit der Umgestaltung der landwirtschaftlichen Produktion haben auch die in der DDR existierenden Landwirtschaftsbetriebe in ihrer früheren Form zu bestehen aufgehört, und ihre frühere für die Region wichtige soziale Funktion verlor damit den erforderlichen gesellschaftlichen Träger. Eine der Folgen dieser tiefgreifenden Veränderungen war, daß die ehemals LPG-eigenen und nahezu ausnahmslos in den Dörfern existierenden Kindertagesstätten vielfach von einem Tag auf den anderen geschlossen wurden; in anderen Fällen sind sie in wesentlich reduziertem Umfang weitergeführt worden.

Aber auch zwischen einzelnen städtischen Gebieten lassen sich Unterschiede feststellen. So werden zwischen Zwickau und Chemnitz gewisse Differenzierungen in der Anpassung der Kapazitäten an den sich verändernden Bedarf deutlich. Diese Aussage erhärtet sich, wenn man als weitere Vergleichsregion die Entwicklung in der Stadt Halle betrachtet (vgl. Tab. 3).Im Vergleich zu den oben genannten Städten ist hier am ehesten noch eine optimale Auslastung der Kindertagesstätten zu verzeichnen.

Tabelle 3: Verfügbare Plätze (1), angegemeldete Kinder (2) sowie Auslastung der Kindereinrichtungen (3) in der Stadt Halle am 30.09.1992

Typ	1	2	3 (in %)
Kinderkrippen	1.118	1.096	98,0
Kindergärten	5.185	4.708	90,8
Kinderkombinationen	8.831	8.068	91,4
darunter: Kinderkrippen	2.992	2.702	90,3
Kindergärten	5.839	5.366	91,9
Kindertagesstätten	1.639	1.546	94,3
Kinderwochenheim	78	86	110,3
Gesamt	15.851	15.504	97,8

Quelle: zusammengestellt nach Angaben der Stadtverwaltung Halle

Ganz offenbar existiert ein Zusammenhang zwischen den jeweiligen städtischen Wirtschaftsstrukturen und der konkreten Nachfrage. Im Detail zu recherchieren bleibt daher, welche Momente bei industrieell monostrukturierten Regionen - jeweils in Beziehung gesehen zu deren Grad der Betroffenheit in der Anpassungskrise -, bei „gemischten“ Industriebranchen sowie bei (im Falle unterschiedlicher Gewichtungen) einzelnen Wirtschaftsbereichen in diesem Geschehen eine Rolle spielen.

Organisationsstrukturen

Tabelle 4: Entwicklung der Anzahl und Anteile (in Klammern) der einzelnen Typen von Kindereinrichtungen in der Region Chemnitz-Zwickau (in %)

	Anzahl und Anteil der Kindereinrichtungen		
Regionen	Kinderkrippen	Kindergärten	Kitas
Landkreis Zwickau			
1990	17 (26)	48 (74)	0 (0)
1991	10 (17)	35 (60)	13 (22)
1992	6 (12)	14 (27)	32 (62)
Stadt Zwickau			
1989	34 (38)	55 (62)	0 (0)
1990	31 (37)	52 (63)	0 (0)
1991	28 (35)	51 (65)	0 (0)
1992	27 (35)	51 (65)	0 (0)
1993	11 (19)	29 (50)	18 (31)
Landkreis Stollberg			
1990	22 (35)	40 (65)	0 (0)
1991	4 (10)	19 (46)	18 (44)
1992	1 (3)	15 (42)	20 (56)
1993	1 (3)	19 (53)	16 (44)
Landkreis Chemnitz			
1990	17 (31)	38 (69)	0 (0)
1991	17 (32)	34 (64)	2 (4)
1992	6 (13)	18 (38)	23 (49)
1993	1 (2)	2 (4)	44 (94)
Stadt Chemnitz			
1990	91 (39)	142 (61)	0 (0)
1991	14 (6)	38 (17)	167 (76)
1992	1 (1)	12 (7)	171 (93)

Quelle: berechnet nach Angaben der jeweiligen Kreisverwaltungen

Ungeachtet des festgestellten generellen Trends zu kombinierten Kindereinrichtungen, bleibt zunächst die Tatsache festzuhalten, daß insgesamt der Prozeß der Strukturanpassung sehr unterschiedlich verläuft. So lassen sich Kreise in den untersuchten Regionen identifizieren (z.B. der Stadt- und Landkreis Chemnitz), in denen die Anpassung der Strukturen bereits nahezu vollständig vollzogen worden ist. Daneben gibt es andere Regionen, in denen die neuen

Strukturen zwar dominieren, wo aber alte Strukturelemente (streng nach Altersgruppen organisierte Einrichtungen) einbezogen bleiben. Das ist beispielsweise für die Landkreise Zwickau und Stollberg typisch. Es lassen sich aber auch Kreise ausmachen, in denen die bisherigen Strukturen noch teilweise weiterexistieren (z.B. Stadt Zwickau).

In diesem Zusammenhang wäre es interessant, wenn man Voraussagen darüber machen könnte, ob diese unterschiedlichen Muster auf Dauer weiter bestehen bleiben, und inwiefern es in den einzelnen Regionen gelingt, aus der DDR-Zeit überkommene Organisationsstrukturen unter den neuen Bedingungen effektiver zu gestalten.

Hierbei sollte auch hinterfragt werden, welche Rolle sozialpolitische Konzepte bei der Wahl des jeweiligen Entwicklungsweges gespielt haben und schließlich auch, welchen Einfluß vorherrschende Anschauungen und politische Konzepte darauf ausüben.

Stand der Versorgung bei Betreuungseinrichtungen

In den untersuchten Kreisen lassen sich deutliche Unterschiede hinsichtlich der Versorgungsquote[23] feststellen. Die Werte liegen zwischen 519 bis 847 Plätzen pro 1000 Kinder der betreffenden Altersjahrgänge (vgl. Tab. 5).

Tabelle 5: Versorgungsquoten in Stadt- und Landkreisen 1991 (pro 1000 anspruchsberechtigte Kinder)

Region	Quote
Stadt Rostock	765,5
Landkreis Rostock	519,1
Stadt Neubrandenburg	871,6
Landkr. Neubrandenburg	737,1
Stadt Halle	720,6
Landkreis Saalkreis	750,2
Landkreis Bitterfeld	702,2
Landkreis Bautzen	847,5
Stadt Zwickau	748,1
Landkreis Zwickau	601,7
Stadt Chemnitz	749,6

Quelle: berechnet nach Angaben der jeweiligen Kreisverwaltungen

[23] Dabei handelt es sich um die verfügbaren Plätze in Kindertageseinrichtungen pro 1000 Kinder im Alter unter 1 bis unter 7 Jahren.

Mit Ausnahme der Region Halle/Saalkreis bieten Stadt- und unmittelbar benachbarte Landkreise ein unterschiedliches Bild. In den meisten Fällen sind die Großstadtkreise mit Kindereinrichtungen besser versorgt als die Landkreise. Erstere haben „ihr“ Umland offensichtlich mitzuversorgen. Andererseits existieren aber auch eigenständige Landkreise, deren Versorgungsniveau in etwa dem der Stadtgebiete entspricht (z.B. Landkreis Bitterfeld) bzw. deren Quote sogar noch übertrifft (z.B. Landkreis Bautzen).

Rolle der freien Trägereinrichtungen

Die Übernahme von Kindertagesstätten in freie Trägerschaften kommt nur sehr schleppend voran. Im Vergleich zur Entwicklung im Alten- und Pflegebereich oder beim Aufbau von Sozialstationen verläuft dieser Prozeß hier weitaus langsamer und diskontinuierlicher.[24]

Die Ursachen für die relativ geringe Marktpräsenz freier Anbieter im Sektor Kindertagesstätten sind vielfältig. Von erheblichem Einfluß ist der unterschiedliche Finanzierungsmodus im Vergleich zu den Senioreneinrichtungen. Bei letzteren ist die Finanzierung der angebotenen Leistungen im wesentlichen gesichert (nicht zuletzt durch die Absicherung über Pflegesätze sowie gegebenenfalls durch zu erbringende Beitragspflichten seitens der Sozialhilfe).

Auf andere Weise müssen sich dagegen die freien Träger im Kinderbetreuungsbereich finanzieren. Sie sind weitgehend dem „freien Spiel der Marktkräfte“ ausgesetzt. Die Kosten der angebotenen Betreuungsleistungen werden heute nicht mehr subventioniert, sondern müssen in erster Linie von den Nutzern selbst getragen werden. Die aktuelle zahlungsfähige Nachfrage sowie die Abschätzung der mittel- bzw. langfristigen Nutzerbeteiligung entscheidet somit darüber, ob eine Übernahme von Kindereinrichtungen in freie Trägerschaft stattfindet. Der bisherige Verlauf zeugt offenbar davon, daß ein Wechsel vom finanziellen Gesichtspunkt aus betrachtet vorerst als nicht gesichert und demzufolge als nicht lukrativ angesehen wird.

Ohne es an dieser Stelle im Detail mit konkreten Daten und Fakten belegen zu können - in Expertengesprächen konnte man den Eindruck gewinnen, daß sich der Trägerwechsel im Süden Ostdeutschlands im allgemeinen unkomplizierter zu vollziehen scheint als in den mittleren Regionen.

---

24 Gänzlich unkompliziert verlief der Aufbau von Sozialstationen in freier Trägerschaft. Bis Ende 1992 wurden in den neuen Bundesländern insgesamt über 1.000 solcher Einrichtungen geschaffen. Dies wurde vor allem durch die Bereitstellung einer staatlichen Anschubfinanzierung in Höhe von 32 Mio. DM ermöglicht (vgl. Gutschik 1992: 15).

Offensichtlich werden die Rahmenbedingungen für das Wirken freier Träger im südlichen Raum günstiger eingeschätzt. Diese Vermutung läßt sich durch folgendes stützen: Zum einen ist in Rechnung zu stellen, daß es in den neuen Bundesländern in bezug auf die Besiedelungsdichte eine beträchtliches Süd-Nord-Gefälle gibt. So betrug die Besiedelungsdichte am Ende 1991 in Mecklenburg-Vorpommern 80, in Brandenburg 88, in Sachsen-Anhalt 138, in Sachsen 258 und in Thüringen 158 Einwohner pro Quadratkilometer. Freie Träger verfügen damit im Süden über eine quantitativ wesentlich größere Klientel. Zum anderen ist zu berücksichtigen, daß es gleichfalls ein wirtschaftliches Entwicklungsgefälle zugunsten des Südens gibt. Dort ist der Industrialisierungsgrad höher, und die Wirtschaft ist in wesentlich stärkerem Maße durch eine heterogene Zweig- und Bereichsstruktur geprägt. Dies kann sich positiv auf die Bewältigung der Transformationskrise in dieser Region auswirken, was sich dann vor allem auf die zahlungsfähige Nachfrage nach Gütern und Leistungen, nicht zuletzt nach sozialen Diensten stimulierend auswirken dürfte.

In den Gesprächen vor Ort wurde deutlich, daß der Prozeß des Übergangs in freie Trägerschaft in nicht unerheblichem Maße von einer Vielzahl subjektiver und traditionsbedingter Einflußfaktoren bestimmt wird. So erweisen sich beispielsweise das Verhältnis der Einwohner zur Kirche und deren konfessionelle Gebundenheit als bedeutsam für die Akzeptanz und die Forcierung der Etablierung kirchlicher Träger.In diesem Zusammenhang wurde erkennbar, daß in den südlich gelegenen Untersuchungsregionen Sachsens und Thüringens seitens der Sozial- und Jugendämter ein unkomplizierteres Verhältnis zu den Verbänden der freien Wohlfahrt besteht, als das in den nördlichen Regionen der Fall ist. Dies äußert sich u. a. darin, daß zwischen den kommunalen Entscheidungsträgern und den entsprechenden Verbänden sofort nach der Vereinigung Kontakte entwickelt wurden und ein arbeitsteiliges Vorgehen bei der Absicherung der sozialen Betreuung in Gang gesetzt wurde.

Ein ebenfalls bedeutender Faktor für die Institutionalisierung pluralistischer Trägerstrukturen ist der organisatorische Aufbau der kommunalen Verwaltungen sowie das persönliche Engagement kommunaler Entscheidungsträger im sozialen Bereich. Ein typisches Beispiel dafür, welche Wirkungen von den Aktivitäten einzelner ausgehen können, haben wir im Saalkreis gefunden. Hier stehen Sozial-, Gesundheits- und Jugendamt unter Leitung eines Dezernenten, was den Überblick über das vorhandene Netz sozialer Einrichtungen und Leistungen sowie diesbezüglicher Entwicklungen wesentlich erleichtert. Hinzu kam, daß der Leiter dieses Dezernats durch seine frühere Tätigkeit als Beauftragter der evangelischen Kirche für Sozialbelange im Saalkreis über ausgezeichnete Kenntnisse sowie Kontakte zu den kirchlich getragenen Verbänden der Freien Wohlfahrt verfügte. Diese Voraussetzungen erleichterten erheblich die Konstituierung freier Trägerschaften in diesem Kreis.

3. Regionaler Versorgungsbedarf - eine Abschätzung

Die künftige Abschätzung des Bedarfs ist das grundlegende Problem für das zu gestaltende Angebot im Sozialbereich Kindertagesstätten. Nachfolgend die wichtigsten Einflußfaktoren für die Bedarfsermittlung:

1. Die entscheidende Größe für die Ermittlung des Bedarfs stellt die *Entwicklung des wirtschaftlichen Umfeldes* in der jeweiligen Region dar. Da diese nicht nur für die neuen Bundesländer in ihrer Gesamtheit, sondern auch auf regionaler Ebene nur sehr schwer abzusehen und mit einer ganzen Reihe von Unwägbarkeiten behaftet ist, lassen sich zur Zeit weder kurz- noch mittel- und langfristige Trends der wirtschaftlichen Entwicklung abschätzen.

2. Die *Beschäftigungssituation* ist unmittelbar abhängig von der wirtschaftlichen Entwicklung der Region. Gegenwärtig hat die Arbeitslosigkeit in den neuen Bundesländern - wenn auch regional sehr differenziert - einen sehr hohen Stand erreicht. Zweistellige Quoten sind gegenwärtig die Regel. Voraussichtlich wird sich an dieser Situation in kurzer Frist nichts entscheidend verändern.

Besonders betroffen von Arbeitslosigkeit sind die Frauen. Ihr Anteil an der Zahl der Arbeitslosen beträgt inzwischen über 60%, in einzelnen Regionen sind es bereits mehr als 80%. Die Wiedereingliederungschancen in das Erwerbsleben sind überdies für Frauen meist wesentlich schlechter als für Männer.

Die zur Zeit bestehenden wirtschaftlichen Prämissen deuten darauf hin, daß der Grad der Berufstätigkeit der Frau nicht wieder das vor der Wende bestehende Niveau erreichen wird. Die Frage ist, ob sich in den neuen Bundesländern auf die Länge gesehen die in Westdeutschland gängigen Modelle der Frauenerwerbstätigkeit durchsetzen werden. Auf welchem Niveau wird sich die Erwerbstätigkeit von Frauen im Osten in der Perspektive einpendeln? Für wie lange werden junge Mütter im Durchschnitt ihre berufliche Tätigkeit zugunsten der häuslichen Kinderbetreuung unterbrechen? Welche Rolle werden hierbei die Möglichkeiten für Teilzeit- bzw. Vollzeitarbeit spielen? Und welcher Bedarf leitet sich daraus letztlich für die Kinderbetreuung in öffentlichen Einrichtungen ab?

Diese und ähnliche Fragen können heute noch nicht eindeutig beantwortet werden. Aber es sollte mitbedacht werden, daß die Berufstätigkeit der Frau in Ostdeutschland eine jahrzehntelange Tradition besitzt, sie ist zu einer essentiellen Form der Sozialisation und Selbstverwirklichung der Frauen geworden. Es besteht bei der Mehrzahl der Frauen - relativ unabhängig vom Alter - weiterhin der Wunsch fort, auch unter den veränderten gesellschaftlichen Bedingungen einer beruflichen Tätigkeit nachzugehen. Die Vorstellung, „Nur"-Mutter oder „Nur"-Hausfrau zu sein, und das während eines relativ langen Lebensabschnitts, wird in Ostdeutschland nach wie vor von der Mehrzahl der Frauen nicht präferiert.

3. Aufgrund des niedrigeren *Einkommensniveaus* in Ostdeutschland sehen sich viele Frauen gezwungen, bei sich bietenden Möglichkeiten ihren Beitrag zum Familieneinkommen zu leisten.

Zum gegenwärtigen Zeitpunkt läßt sich noch nicht einschätzen, wie sich das Lohn- und Gehaltsniveau im östlichen Bundesgebiet entwickeln wird. Bekanntlich ist die Angleichung des Einkommensniveaus an westdeutsche Verhältnisse politisch sehr umstritten.

4. Die Einkommenssituation wiederum tangiert in starkem Maße die Familienplanung und -entwicklung. Seit 1990 ist die Geburtenrate rapide abgesunken, im Durchschnitt der neuen Länder auf unter 50%, regional teilweise noch wesentlich stärker.

5. Für die *demographische Entwicklung* im Osten stellt die Abwanderung junger Menschen aus den Regionen nach der Wiedervereinigung einen spürbaren Einschnitt dar. Die Altersstruktur der ortsansässigen Bevölkerung hat sich verändert. Sie stellt sich je nach Region unterschiedlich dar. Faktoren wie Angebot von Arbeitsplätzen, Wohn- und Freizeitwert einer Region u.ä. üben hierbei einen bestimmenden Einfluß aus.

6. Die unmittelbare Nachfrage nach Betreuungsleistungen wird nicht zuletzt davon abhängen, welche *Kosten* von den Nutzern zu tragen sein werden. Sollten die Preise die Familien finanziell überfordern, ist damit zu rechnen, daß nach Alternativen der Versorgung gesucht wird. Man wird sich wieder stärker auf die Möglichkeit der Hilfe durch Familieangehörige besinnen, insbesondere durch die Einschaltung der Großmütter, die als Früh- bzw. als Altersrentnerinnen für diese Aufgabe neu „entdeckt" würden.

7. Schließlich ist zu bedenken, daß in den neuen Bundesländern die Betreuung von Kindern in Tageseinrichtungen jahrzentelang die *dominierende Form der Sozialisation* war. Die heutigen Eltern wurden in ihrer Kindheit zumeist auf diese Weise betreut und erzogen. Es ist anzunehmen, daß die gesammelten Erfahrungen vielfach auch die heutige Einstellung hinsichtlich Nutzung oder Ablehnung dieser Einrichtungen prägen.

Angesichts der komplizierten, mittel- bis langfristig derzeit kaum vorausschaubaren Situation gestaltet sich die perspektivische Bedarfsabschätzung mithin als sehr schwierig. Es ist daher ratsam, verschiedene Varianten der möglichen Bedarfsentwicklung zu erarbeiten. Außerdem sollte diese Aufgabe nicht als ein einmaliger Akt der Festschreibung von benötigten Kapazitäten begriffen werden. Vielmehr gilt es, die Bedarfsabschätzung im Kontext mit der Entwicklung der besprochenen Einflußfaktoren immer wieder der aktuellen Lage anzupassen.

4. Fazit

Im Ergebnis dieser Analyse zur Situation der Kinderbetreuung im Vorschulalter kann festgestellt werden:

Wesentliche Anpassungsschritte des Sozialleistungssystems an die veränderten Gegebenheiten sind bereits erreicht. Dabei vollzieht sich der Transformationsprozeß in den neuen Bundesländern jedoch nicht gleichförmig, sonderen regional differenziert. Die jeweils konkreten ökonomischen, sozialen, politischen, soziokulturellen u.a. Bedingungen üben einen nicht unwesentlichen Einfluß auf Dynamik, Ausgestaltung, Probleme sowie den gesamten Verlauf des Transformationsprozesses in diesem Bereich aus.

Als wichtig erscheint uns die Feststellung, daß es seit 1989/1990 in der Kinderbetreuung keinen crash-artigen Zusammenbruch gegeben hat. Eine Grundversorgung ist auch weiterhin auf relativ hohem Niveau gegeben. In einigen Regionen existieren sogar Überkapazitäten.

Zu einem späteren Zeitpunkt zu initiierende Untersuchungen zur Entwicklung der sozialen Infrastruktur sollten verstärkt qualitative Aspekte sozialer Versorgung berücksichtigen. So sollte u.a. der Frage nachgegangen werden, inwieweit sich solche Prozesse wie Kapazitätsabbau und Veränderung der Organisationsstruktur auf die Qualität der Kinderbetreuung auswirken.

Obwohl, wie bereits festgestellt, mit der bisherigen Entwicklung wichtige Schritte zur Einordnung bzw. Anpassung dieses Bereichs an die Verhältnisse in der alten Bundesrepublik getan worden sind, weist das ostdeutsche Sozialleistungssystem dessen ungeachtet bestimmte Spezifika auf. In einer Ost- und Westdeutschland vergleichenden Analyse wäre Antwort auf Fragen zu geben nach:

- den möglichen Besonderheiten in der weiteren Entwicklung der ostdeutschen sozialen Infrastruktur,
- deren temporärem bzw. längerfristigem Charakter,
- den Ursachen differenzierter Entwicklungen in Ost und West und
- nach deren Konsequenzen.

Literaturverzeichnis

Ebert, E. (1993): Probleme der Einkommensentwicklung, -differenzierung und -verwendung im Transformationsprozeß. In: Berliner Journal für Soziologie 3: 319-341

Binus, G./Kowalski, R. (1992): Innovative Unternehmen und ihre Förderung in zwei ausgewählten Regionen der neuen Bundesländer, SÖSTRA-Berichte und Informationen (2) 8

Bundesanstalt für Arbeit (BAA) (lfd.): Amtliche Arbeitsmarktstatistik, Nürnberg

Bundesforschungsanstalt für Landeskunde und Raumordnung (BfLR) (1991): Raumordnungsreport, Bonn

Dahms, V./Putzing, M./Schiemann, F. (1994): Frauen auf dem Lande. Das regionale Bedingungsgefüge - ein Kriterium der Standortauswahl für Beschäftigungsinitiativen, SÖSTRA-Berichte und Informationen (3) 13

Deutsches Institut für Wirtschaftsforschung (1993): Wochenbericht (49) 60

Görlich, R. et al. (1993): Die wirtschaftliche Entwicklung in Deutschland in den Jahren 1993/94. In: WSI-Mitteilungen (46) 11: 689-708

Göschel, A./Kunert-Schrot, H./Mittag, K. (1992): Revision der sozialen Infrastruktur - Ein Rückblick auf die 80er Jahre, Berlin

Gutschik, D. (1992): Freie Wohlfahrtspflege in den neuen Bundesländern. In: Soziale Arbeit (1) 41: 9-17

Institut für Wirtschaftsforschung Halle (IWH) (1993): Konjunkturbericht 10

Münz, R./Ulrich, R. (1993): Regionale Bevölkerungsentwicklung in den neuen Bundesländern am Beispiel der KSPW-Modellregionen: Analysen, Prognosen und Szenarien. KSPW-Forschungsbericht (unveröff.), Halle/Berlin

Putzing, M./Schiemann, F. (1993): Strukturwandel im ländlichen Raum der neuen Bundesländer. Stand - Probleme - Perspektiven. Dargestellt am Beispiel der Landkeise Gransee und Neuruppin, SÖSTRA-Berichte und Informationen (3) 5

Statistisches Bundesamt Wiesbaden (1993): Statistisches Jahrbuch, Wiesbaden

Statistisches Bundesamt Wiesbaden (1993): Vierteljahrsschrift (11), Wiesbaden

Statistisches Bundesamt Wiesbaden (1993): Wirtschaft & Statistik 9, Wiesbaden

Stelter, M. (1993): Wenn das Geld in den Kommunen knapp ist. In: Die Wirtschaft (42) 48

Wirtschafts- und sozialwissenschaftliches Institut des DGB (1993): WSI-Mitteilungen 11

Der wirtschaftliche Strukturwandel in ausgewählten Stadtregionen der neuen Bundesländer in den Jahren 1989 bis 1993/94

Dietmar Dathe

1. Das Konzept der Entwicklungsregionen in den neuen Bundesländern

Die regionalwirtschaftliche Ausgangssituation in der ehemaligen DDR beschrieben Klemmer/Schrumpf (1990) als durch erhebliche räumliche Disparitäten (Süd-Nord-Gefälle und das Problem der Grenzgebiete an Oder und Neiße) einerseits, geringen sektoralen und betriebsgrößenmäßigen Diversifikationsgrad andererseits, gekennzeichnet. Die in der DDR erfolgte weitgehende Konservierung überkommener räumlicher Industrialisierungsdisparitäten und der erhebliche räumlichen Konzentrationsgrad einzelner Branchen, verbunden mit einer hohen Transportkostenintensität, bei gleichzeitiger Vernachlässigung ländlicher Räume in der staatlichen Territorialplanung der DDR, lasse für die Zukunft eine starke strukturelle und konjunkturelle Krisenanfälligkeit erwarten.

Angesichts dieser Ausgangslage wies die Schaffung gleicher Lebensverhältnisse zwischen Ost und West von Anfang an eine sehr starke räumliche Dimension auf. Klemmer (1991) sprach in diesem Zusammenhang von der Notwendigkeit einer wachstumsverstärkenden regionalen Strukturpolitik, da allein die Marktkräfte nicht ausreichen würden, um den Anschluß an das Wohlstandsniveau der alten Bundesländer zu erreichen.

Nicht zuletzt wegen der Größenordnung der für die Schaffung gleichwertiger Lebensbedingungen in allen Teilräumen der Bundesrepublik zu veranschlagenden Mittel, war die Debatte um die Übertragbarkeit regionalpolitischer Konzepte auf die neuen Bundesländer davon geprägt, einen Kompromiß zwischen Wachstums- und Ausgleichspolitik zu finden. Das vom Bundesministerium für Raumordnung, Bauwesen und Städtebau im Sommer

1991 vorgelegte raumordnerische Konzept für den Aufbau in den neuen Ländern sah in den „Entwicklungsregionen" ein derartiges raumordnungspolitisches Instrument (Bundesministerium für Raumordnung, Bauwesen und Städtebau 1991a).

Mit den „Entwicklungsregionen" wurde an das Wachstumspolkonzept angeknüpft (Wienert 1990): Die Ballung im Zentrum bündele die Nachfrage und senke die Informations-, Infrastruktur- und Transformationskosten. Der räumliche Konzentrationseffekt bewirke zwar zunächst ein regionale Polarisierung, diese Polarisierung rufe aber im Laufe der Zeit eine Gegenkraft in Form von „trickling down"-Effekten hervor. Demnach profitieren die zuerst benachteiligten (peripheren) Regionen von der Ansiedlung solcher Branchen, die für Zulieferungen und die Weiterverarbeitung der in den Wachstumspolen vertretenen Branchen notwendig sind, darüber hinaus bildet die in den Wachstumspolen entstehende Kaufkraft die Grundlage für die Ansiedelung von Unternehmen, die diesen konsumtiven Bedarf abdecken. D.h., ein sich sich selbst tragender regionaler Wachstumsprozeß, über das Zentrum hinaus, wird initiiert.

Selke (1991) führte als Regionen mit relativ günstigen Voraussetzungen, um als solche Wachstumspole bzw. Entwicklungsregionen wirken zu können, neben Berlin, die Räume Halle/Leipzig, Dresden, den Thüringer Zentralraum (Erfurt, Jena) und Magdeburg an.

Im Sinne eines räumlich ausgewogenen Neuaufbaus seien weiterhin Schwerin, Neubrandenburg, Cottbus und Chemnitz als Kernstädte von Entwicklungsregionen in Betracht zu ziehen und, für Stärkung der Leistungskraft der Grenzregionen, die Städte Stralsund/Greifswald und Frankfurt (Oder).

Das Erfordernis zu räumlicher Ausgewogenheit bei der Auswahl der Entwicklungsregionen hatte zur Konsequenz, daß ein Potentialgefälle zwischen den genannten Entwicklungsregionen existierte. Gleichzeitig fielen die regionalen Entwicklungspotentiale, entlang dieses Gefälles, keineswegs homogen aus bzw. Entwicklungspotentialen auf der einen Seite, standen Entwicklungsengpässe auf der anderen Seite gegenüber (Irmen/Sinz 1991): [25]

---

[25] Irmen/Sinz bestimmen als Entwicklungspotentiale bzw. -enpässe "solche Faktoren, deren Vorhandensein oder Nichtvorhandensein für eine potentiell vielseitige wirtschaftliche Entwicklung förderlich oder hinderlich ist ..." (Irmen/Sinz 1991: 756), wozu Agglomerationsgrad, Wirtschaftsstruktur, Lagegunst/Infrastruktur, Qualifikationsstruktur und Innovationskraft zählen. Deren Vorhandensein bzw. Nichtvorhandensein wird anhand der Abweichung der regionalen Werte vom Mittelwert (1989) der neuen Länder bemessen. Die räumliche Abgrenzung der Entwicklungsregionen bezieht sich auf die Raumordnungsregionen lt. Raumordnungsbericht1991 (Bundesministerium für Raumordnung, Bauwesen und Stäftebau 1991b).

- Überdurchschnittliche Entwicklungspotentiale wiesen die Räume Halle/Leipzig, Dresden sowie Rostock bezüglich Qualifikation (Anteil der Beschäftigten mit akademischer Ausbildung) und Innovation (Anteil der in der Forschung und Entwicklung Beschäftigen) auf. Die größten Engpässe stellten vor allem die Infrastrukturausstattung und veraltete Industriestrukturen dar.
- Die mittleren Verdichtungsräume (Magdeburg, Frankfurt/Oder, Thüringer Zentralraum, Chemnitz) wiesen durchschnittliche Potentialwerte auf, den größten Engpaß stellte wiederum die Infrastrukturausstattung dar.
- Auf die ländlichen Räume (Stralsund/Greifswald, Schwerin, Neubrandenburg) entfielen zumeist unterdurchschnittliche Potentiale, größte Engpaßfaktoren waren das Bevölkerungspotential sowie Qualifikationsstruktur und das Innovationspotential.

Die Überlegungen zur Bestimmung möglicher Perspektiven ostdeutscher Regionen folgten mehrheitlich der *Drei-Sektoren-Hypothese*[26], wie sie sich mit dem Namen von Fourastie verbindet. Angesichts einer im Vergleich zur Bundesrepublik und anderen westlichen Industriestaaten zu verzeichnende „Überindustrialisierung" der DDR-Wirtschaft und damit einhergehender Unterentwicklung des Dienstleistungssektors, war ein Bedeutungsgewinn des Dienstleistungsbereiches, als wirtschaftsstrukturelle „nachholenden Modernisierung", vorgezeichnet. In dieser Perspektive mißt sich wirtschaftliche Modernisierung letztlich am Strukturwandel privater Nachfrage: Nahrungsmittel - standardisierte Massenproduktion - höherwertige Industrieprodukte - gehobene Produkte des Dienstleistungsbereiches. Infolge der Produktivitätsschere zwischen primären, sekundären und tertiären Sektor ist der Strukturwandel der privaten Nachfrage mit einer Verlagerung der Erwerbstätigkeit hin zum tertiären Sektor verbunden. Der allgemeine technische Fortschritt, neue Produktions- und Fertigungsverfahren, die wachsende Bedeutung von Forschung und Entwicklung usw. lassen, neben den konsumorientierten Dienstleistungen, auch die Bedeutung unternehmensorientierter Dienstleistungen wachsen. Unternehmensorientierte Dienstleistungen kommt dabei die Rolle

26 Danach werden die Wirtschaftsbereiche eines Landes nach drei Sektoren unterteilt: Primärer Sektor (Land- und Forstwirtschaft, Fischerei), sekundärer Sektor (produzierendes Gewerbe bzw. Industrie und Baugewerbe), tertiärer Sektor (übrige Wirtschaftsbereiche). Die Zuordnung des Bergbaus erfolgt teilweise unterschiedlich. Einige Autoren ordnen ihn dem primären Sektor zu, weshalb zum sekundären Sektor dann nur das verarbeitende und das Baugewerbe zählen. Die in diesem Beitrag vorgenommene Aufteilung folgt der Gliederung des Statistisches Bundesamtes, wonach nur die Land- und Forstwirtschaft sowie die Fischerei zum primären Sektor zählen (vgl. Statistisches Bundesamt 1994).

eines „Motors" für Innovationen in den Unternehmen selbst zu (Häußermann/Siebel 1995), wofür eine vielfältige Industriestruktur wiederum die Voraussetzung bildet und beides zusammen den Aufbau mittelständischer Wirtschaftsstrukturen erleichtert.

Der folgenden Betrachtung des wirtschaftlichen Strukturwandels in ausgewählten „Kernstädten" möglicher Wachstumspole bzw. Entwicklungsregionen[27], geht davon aus, daß gerade den größeren Städten eine Vorreiterfunktion im wirtschaftlichen Modernisierungsprozeß, im Sinne des angesprochenen Tertiarisierungsprozesses, zukommt, da ein städtisches Umfeld und die hohe Erreichbarkeit und Zentralität der Stadtregionen besonders günstige Voraussetzungen für den Dienstleistungsbereich darstellen (Bundesanstalt für Landeskunde und Raumordnung 1993).

Von der *sektoralen* Tertiarisierung ist die *funktionale* Tertiarisierung, innerhalb des sekundären Sektors, zu unterscheiden, wonach ein wachsender Teil von Beschäftigten innerhalb der Produktionsbetriebe ebenfalls Dienstleistungstätigkeiten ausübt. In Hinblick auf die „Drei-Sektoren-Hypothese" weist die Tendenz zur funktionalen Tertiarisierung nach Häußermann/Siebel zumindest zwei Konsequenzen auf: Zum einen kann sich die sektorale Tertiarisierung als ein statistischer Artefakt erweisen, insoweit sie nur aus der Verlagerung von intern erbrachten produktionsorientierten Dienstleistungen hin zu jetzt extern erbrachten unternehmensorientierten Dienstleistungen resultiert; zum andern bietet das Vordringen neuartiger Kommunikations- und Informationstechniken die Möglichkeit auch innerhalb der produktions- bzw. unternehmensorientierten Dienstleistungen verstärkt Rationalisierungsstrategien zu verfolgen. Beide Tendenzen zusammen können dazu führen, daß die Tertiarisierung der Wirtschaft keineswegs dazu führt, daß der Abbau von Industriearbeitsplätzen in ausreichendem Maße vom Dienstleistungssektor zu kompensieren ist.

2. Typisierung der Stadtregionen

Folgende Stadtkreise sind Gegenstand der Analyse:
- Rostock,
- Chemnitz,
- Erfurt,
- Halle (und die entsprechende Umlandregion Saalkreis).

---

[27] Eine Ausnahme bildet die Region "Saalkreis" als Umlandregion der Stadt Halle.

Die ausgewählten Stadtkreise gehören gleichzeitig zu jenen sieben Zielregionen, wie sie dem von der Kommission zur Erforschung des sozialen und politischen Wandels in den neuen Bundesländern (KSPW) aufgebauten regionalen Berichtswesen zugrunde liegen.[28]

Eine entscheidende Einschränkung bezüglich der einzubeziehenden Regionen stellen die Gebietsreformen in den neuen Bundesländern dar, wodurch Entwicklungsvergleiche ab dem Jahr 1993 deutlich eingeschränkt bzw. ganz unmöglich geworden sind. Mit Ausnahme von Rostock betraf dies alle anderen hier zu untersuchenden Stadtkreise, weshalb bezüglich Erfurt auf eine Datenfortschreibung nach 1993 verzichtet wurde. Für die übrigen Kreise hielten sich die mit den Gebietsreformen verbundenen Veränderungen der entsprechenden Territorialflächen in recht engen Grenzen, so daß die Vergleichbarkeit gewährleistet scheint.[29]

Nach der von Rudolph (1990), auf der Grundlage der DDR-Berufstätigenerhebung von September 1989, vorgenommenen Typisierung der DDR-Kreise, können o.g. Stadtkreise folgenden Kreistypen zugeordnet werden[30]:

a) Städtische Dienstleistungszentren (Rostock, Erfurt, Halle)
   - der Schwellenwert für Stadtkreise wurde mit mehr als 550 Einwohner/qkm festgelegt (die Wohndichte lag in den betreffenden Stadtkreisen zwischen 1.398 Ew/qkm in Rostock und 2.383 Ew/qkm in Halle),
   - im tertiären Sektor war die Mehrheit der Berufstätigen tätig (zwischen 50,9 % in Erfurt und 62,6 % in Rostock),
   - es existierte eine diversifizierte Industriestruktur (der Anteil des größten Industriezweiges an den Industriebeschäftigten insgesamt lag zwischen 31,8 % in Erfurt und 35,6 % in Halle).
b) Städtische Industriezentren mit Monostruktur (Chemnitz)
   - Wohndichte: 2.322 Einwohner/qkm,
   - auf den sekundären Sektor entfiel mit 52 % der größte Berufstätigenanteil,

---

28 Die statistischen Daten sind für den Zeitraum bis 1993 der regionalen Datenbank bei der KSPW entnommen. Die dort gespeicherten amtlichen Daten beruhen auf Angaben der entsprechenden Statistischen Landesämter.

29 Die Territorialfläche des Stadtkreises Chemnitz betrug zum 31.12.89 130 qkm und zum 31.12.93 142 qkm, für den Stadtkreis Halle reduzierte sich die Territorialfläche von 135 qkm auf 134 qkm (31.12.94) und für den Saalkreis vergrößerte sich die Territorialfläche von 618 qkm auf 628 qkm (31.12.94).

30 Die Regionstypen wurden anhand von absoluten und relativen Schwellenwerten bzgl. Wohndichte, den Beschäftigtenanteilen des primären, sekundären und tertiären Sektors, sowie der relativen Industriekonzentration (eine diversifizierte Industriestruktur liegt vor, wenn der größte Industriezweig weniger als 40 % der Industriebeschäftigten insgesamt umfaßt) gebildet (vgl. Rudolph 1990: 481).

- die relative Industriekonzentration betrug 47,6 % (Maschinen- und Fahrzeugbau).

c) Umlandregionen mit Landwirtschaft und diversifizierter Industriestruktur (Saalkreis)
   - der Schwellenwert für Umlandregionen bezüglich der Wohndichte lag zwischen 101 bis 550 Ew/qkm (Saalkreis: 107),
   - der Landwirtschaftsanteil an den Berufstätigen betrug über 10 % (Saalkreis: 35,9 %),
   - die relative Industriekonzentration lag unter 40 % (Saalkreis: 34,4 %).

Auch bei Rudolph folgt die Typisierung der Drei-Sektoren-Hypothese: Angesichts der zu erwartenden Beschäftigungseinbußen im primären Sektor und in den durch industrielle Monostrukturen geprägten Industrieregionen, seien Impulse für die Schaffung neuer bzw. zusätzlicher Arbeitsplätze vor allem bei personen- und unternehmensorientierten Dienstleistungen zu erwarten. Die größten Entwicklungschancen würden demnach die städtischen Dienstleistungszentren aufweisen.

Insoweit stimmt die von Rudolph vorgenommene Typisierung mit der schon erwähnten Einschätzung der Bundesanstalt für Landeskunde und Raumordnung überein, daß den großen Städten eine Vorreiterfunktion im wirtschaftlichen Modernisierungsprozeß zukomme.

Trotz unterschiedlicher methodisch/räumlicher Typenbildung weist die Zuordnung möglicher Entwicklungschancen durch Rudolph einerseits und Irmen/Sinz andererseits, den genannten Stadtregionen gleichermaßen günstige Ausgangsposition zu, um sich dem radikalen Umbruch wirtschaftlicher Rahmenbedingungen anpassen zu können:

Betrachtet man die genannten Stadtkreise als „Kernstädte" möglicher Wachstumspole bzw. Entwicklungsregionen, so repräsentieren Rostock und Halle Regionen mit überdurchschnittlichen Entwicklungspotentialen, Erfurt und Chemnitz Regionen mit durchschnittlichen Entwicklungspotentialen.

Im folgenden Abschnitt sollen die eingetretenen wirtschaftstrukturellen Veränderungen in den genannten vier ostdeutschen Stadtkreisen und einem Umlandkreis anhand ausgewählter Indikatoren dargestellt werden.

3. Der wirtschaftliche Strukturwandel in den Stadtkreisen Rostock, Chemnitz, Erfurt, Halle und der Umlandregion Saalkreis

3.1 Erwerbstätigenanteile nach Wirtschaftssektoren, Beschäftigungsentwicklung und Arbeitsmarkt

Anhand der Anteilswerte in Tabelle 1a läßt sich für das Jahr 1990 noch einmal die Kreistypisierung von Rudolph nachvollziehen: Rostock, Erfurt und Halle als städtische Dienstleistungszentren, die Umlandregion Saalkreis als industriell und landwirtschaftlich geprägte Region. Neu zuzuordnen wäre dagegen der Stadtkreis Chemnitz, der im Unterschied zu 1989 jetzt ebenfalls dem Kreistyp „Städtisches Dienstleistungszentrum" zuzuordnen wäre.

Die bis 1993 eingetretenen Anteilsverschiebungen (siehe Tabelle 1b) bestätigen den vorausgesagten „Tertiarisierungsschub" für die ostdeutsche Erwerbstätigenstruktur zu Lasten des primären und des sekundären Sektors. Er fiel in den Stadtkreisen Rostock und Halle relativ gering aus, da hier der Dienstleistungssektor schon 1990 mehr als zwei Drittel der Erwerbstätigen erfaßte, im Unterschied zu den Kreisen Erfurt und Chemnitz, wo im sekundären Sektor 1990 40 bzw. 49 % der Erwerbstätigen beschäftigt waren. Im Ergebnis haben sich die Anteilsunterschiede zwischen den hier untersuchten Stadtkreisen stark nivelliert. Im Saalkreis kam es zu einer Marginalisierung des Landwirtschaftssektors, wovon der Dienstleistungssektor am stärksten profitierte, während der Anteil des sekundären Sektors sich nur unwesentlich veränderte.

In Tabelle 1b sind auch die Anteilswerte für des Kreistyp Kernstadt RTYP I und II in den alten Bundesländern aus dem Jahre 1989 ausgewiesen.[31]

Im Vergleich der ostdeutschen Kernstädte zu den Durchschnittswerten westdeutscher Kernstädte gleichen Typs lag der prozentuale Anteil der Erwerbstätigen im sekundären Sektor unter dem westdeutschen Niveau und dementsprechend der Beschäftigungsanteil des tertiären Sektors über dem

[31] Bei Typ I handelt es sich um Kernstädte in Agglomerationsräumen (Regionen mit einem Oberzentrum von mindestens 300.000 Einwohnern und/oder einer Bevölkerungsdichte von über 300 Ew/qkm) und bei Typ II um Kernstädte in verstädterten Räumen (Regionen mit i.d.R. einem Oberzentrum von über 100.000 Einwohnern und/oder einer Bevölkerungsdichte von über 150 Ew/qkm). Danach wären Halle und Chemnitz zu Typ I zu rechnen, Rostock und Erfurt zu Typ II (Bundesministerium für Raumordnung, Bauwesen und Städtebau 1993).

westdeutschen Niveau. Ohne die westdeutschen Strukturanteile schlechthin als „Richtwerte" interpretieren zu wollen, verdeutlicht die Gegenüberstellung aber das Tempo der Tertiarisierung im Untersuchungszeitraum.

Tabelle 1a: Erwerbstätige nach Wirtschaftssektoren im Jahre 1990 in Prozent (lt. Berufstätigenerhebung vom 30.11.1990; neue Bundesländer, einschl. Berlin-Ost, 2. Halbjahr 1990)

Kreis	Primärer	Sekundärer Sektor	Tertiärer
Rostock	3,0	29,2	67,8
Erfurt	2,8	40,3	56,9
Chemnitz*	0,6	49,0	50,4
Halle/S.	1,3	34,3	64,4
Saalkreis	27,7	40,5	31,8
Neue Bundesländer	8,1	44,9	47,0

* Jahresdurchschnittswerte

Quelle: Statistisches Bundesamt, KSPW-Regionaldatenbank und eigene Berechnungen

Tabelle 1b: Erwerbstätige nach Wirtschaftssektoren im Jahre 1993 in Prozent (Jahresdurchschnitt)

Kreis	Primärer	Sekundärer Sektor	Tertiärer
Rostock	1,2	27,2	71,6
Erfurt	1,5	28,6	69,9
Chemnitz	0,2	32,9	66,9
Halle/S.	0,5	30,2	69,3
Saalkreis	5,5	39,0	55,5
Neue Bundesländer	3,7	34,8	61,5
Alte Bundesländer	3,0	37,3	59,7
Kernstadt RTYP I	0,4	38,6	61,0
Kernstadt RTYP II	0,4	38,8	60,8

Quelle: Statistisches Bundesamt, KSPW-Regionaldatenbank, Informationen zur Raumentwicklung H. 11/12.1991 und eigene Berechnungen

Die Unterscheidung zwischen privaten und öffentlichen (sozialen) Dienstleistungen folgt der von Junkernheinrich/Skopp (1995) vorgenommen Unterteilung des tertiären Sektors. Inwieweit ostdeutsche Regionen als Wachstumspole charakterisiert werden können, ist nach Junkernheinrich/Skopp u.a. danach zu beurteilen, welche Potentiale für eine sich selbst tragende regionale

Wirtschaftsentwicklung erhalten bzw. neu entstanden sind, im Unterschied zu jenen Wirtschaftszweigen, deren Entwicklung demgegenüber als im wesentlich transferinduziert zu charakterisieren ist. Darunter wären u.a. das Bauwesen und die öffentlichen Dienstleistungen zu zählen [32].

Von der in allen untersuchten Kreisen feststellbaren Bedeutungszunahme des tertiären Sektors profitierte insbesondere der private Dienstleistungsbereich, der erwartungsgemäß im Jahre 1990 nur eine vergleichsweise geringe Rolle spielte (siehe Tabelle 2 a und b). Der Bereich öffentliche Dienstleistungen hat seinen Beschäftigtenanteil im wesentlichen behaupten können, obwohl hier eher ein Rückgang infolge der Dezentralisierung bzw. des Wegfalls administrativer Strukturen hätte erwartet werden können, eventuell mit Ausnahme von Erfurt als Landeshauptstadt von Thüringen.

Tabelle 2a: Erwerbstätige des tertiären Sektors nach Wirtschaftszweigen im Jahre 1990 in Prozent (lt. Berufstätigenerhebung vom 30.11.1990; Chemnitz: Jahresdurchschnittswerte; neue Bundesländer: 2. Halbjahr 1990)

Kreis	Anteil an Erwerbstätigen gesamt	Handel/ Verkehr	Private Dienstleistungen*	Öffentliche Dienstleistungen**
Rostock***	67,8	33,6	34,2	
Erfurt	56,9	23,2	10,3	23,4
Chemnitz	50,4	16,9	12,4	21,1
Halle/S.	64,4	23,5	11,2	29,7
Saalkreis	31,8	10,0	3,1	18,7
Neue Bundesländer	47,0	15,9	9,6	21,5

* Private Dienstleistungen: Kreditinstitute, Versicherungsgewerbe, sonst. Dienstl.
** Öffentl. Dienstl.: Gebietskörperschaften, Sozialversicherung, Org. o. Erwerbszweck
*** Private und öffentliche Dienstleistungen zusammen
Quelle: siehe Tabelle 1a

Zum einen ist hier darauf zu verweisen, daß die Allgemeinen Maßnahmen zur Arbeitsbeschaffung (ABM) in der Erwerbstätigenrechnung dem Wirtschaftszweig Gebietskörperschaften zugerechnet werden, es demzufolge zu einer gewissermaßen „künstlichen" Aufblähung des öffentlichen Dienstlei-

[32] Da die veröffentlichten Angaben der Statistischen Landesämter keine weitere Untergliederung des sekundären Sektors auf Kreisebene nach Erwerbstätigen gestatten, wird auf den Industriesektor noch gesondert eingegangen. Bezüglich der privaten Dienstleistungen wäre ein getrennter Ausweis nach unternehmens- und konsumorientierten Dienstleistungen für eine genauere Bewertung des sektoralen Wandels sicher notwendig.

stungssektors kommt, zum anderen darf nicht vergessen werden, daß der nur schrittweise mögliche Aufbau privater Trägerstrukturen für soziale u.a. Dienstleistungen hier ebenfalls „verzerrend" wirkt. Gravierend fällt der Anteilsrückgang im Wirtschaftszweig Handel/Verkehr im Stadtkreis Rostock aus, was vor allem auf den Bedeutungsverlust der „Hafenstadt" Rostock zurückzuführen ist.

Tabelle 2b: Erwerbstätige des tertiären Sektors nach Wirtschaftszweigen im Jahre 1993 in Prozent (Jahresdurchschnitt)

Kreis	Anteil an Erwerbstätigen gesamt	Handel/ Verkehr	Private Dienstleistungen*	Öffentliche Dienstleistungen**
Rostock	71,6	24,0	20,3	27,3
Erfurt	69,9	21,0	23,1	25,8
Chemnitz	66,9	21,4	21,5	24,0
Halle/S.	69,3	20,4	19,4	29,5
Saalkreis	55,5	23,7	13,4	18,4
Neue Bundesländer	61,5	18,1	17,6	25,8
Alte Bundesländer	59,7	19,3	20,6	19,8

Anmerkung: siehe Tabelle 2a
Quelle: siehe Tabelle 1a

Damit stellt sich die Frage, wieweit sich die Stärkung des Dienstleistungssektors mit einer Nachfrageverlagerung im privaten und Unternehmensbereich verbindet, also der Abbau von Arbeitsplätzen im sekundären Sektor mit einem Zugewinn im tertiären Sektor einherging, oder ob die relative Stärke der Dienstleistungen nur ein Ausdruck der örtlichen Strukturschwäche ist (Rudolph 1990)?

Bevor dieser Frage weiter nachgegangen wird, wäre zu klären, welcher Zeitpunkt für die Betrachtung der Beschäftigungsentwicklung als angemessen erscheint? Mit Ausnahme von Chemnitz, wo eine Erwerbstätigenrechnung auf der Basis von Jahresdurchschnittsangaben mit dem Jahr 1989 existiert, sind für die übrigen Kreise zwei Erhebungen von Relevanz: Die schon erwähnte Berufstätigenerhebung mit dem Berichtsstichtag 30.09.89 und die vom Statistischen Bundesamt durchgeführte Berufstätigenerhebung mit dem Berichtsstag 30.11.90 (Kusch/Lambert/Winter 1991).

Tabelle 3: Berufstätige bzw. Erwerbstätige je 1000 Einwohner am 30.09.89, 30.11.90 und im Jahr 1993

Kreise	30.09.89	30.11.90	1993	Erwerbstätige 1993 je 1000 Einwohner 1989
Rostock	609	581	515	484
Erfurt	638	563	630	582
Chemnitz*	678	650	584	543
Halle/S.	520	482	491	451
Saalkreis	430	322	273	264

* berechnet auf der Grundlage der Erwerbstätigenzahl im Jahresdurchschnitt

Quelle: Rudolph (1990), KSPW-Regionaldatenbank, Statistisches Landesamt Sachsen und eigene Berechnungen

Wie Tabelle 3 verdeutlicht, wird das Ausmaß des Beschäftigungsabbaus sehr stark von der Wahl des zeitlichen Ausgangspunktes beeinflußt. Naheliegend wäre demnach, die Berufstätigenerhebung vom 30.09.89 als Basiswert zu benutzen. Dagegen spricht vor allem, daß die Berufstätigenerhebungen in der ehemaligen DDR aus politischen Motiven heraus bestimmte Bereiche, wie Armee, Staatssicherheit, politische Parteien (der sogenannte X-Bereich mit ca. 700.000 Personen) ausschloß. Weitere nicht erfaßte Personengruppen stellten geringfügig Beschäftigte und Personen im „Babyjahr" dar [33]. Ein weiteres Problem ist die von der Bundesstatistik abweichende Klassifikation der Wirtschaftszweige.

In der Berufstätigenerhebung 1990 wurden demgegenüber alle Beschäftigten in Unternehmen erfaßt[34] und diese Angaben sind somit, auch hinsichtlich der zweiglichen Aufgliederung, am ehesten mit den Erwerbstätigenzahlen der folgenden Jahre vergleichbar[35].

Auf zwei weitere methodische Probleme soll noch hingewiesen werden: Einmal dürfte der Vergleich von Stichtagsangaben mit Jahresdurchschnitts-

33 Ursprünglich ebenfalls nicht enthalten waren Auszubildende, dieser Personenkreis ist von Rudolph nachträglich ergänzt worden.

34 "Als Beschäftigte gelten alle Voll- und Teilzeitbeschäftigten, die am Stichtag in einem Arbeitsverhältnis standen (Arbeitnehmer), einschließlich Tätiger Inhaber und unbezahlt mithelfender Familienangehöriger ... Zu den Beschäftigten gehören auch Mitarbeiter im Außendienst, Mütter im "Babyjahr", im Rahmen der Arbeitsbeschaffungsmaßnahmen (ABM) tätige Personen, Personal auf Bau- und Montagestellen sowie Heimarbeiter" (Kusch/Lambert/Winter 1991: 781).

35 Zu Erwerbstätigen zählen die Personen, die in einem Arbeitsverhältnis stehen (einschl. Soldaten und mithelfende Familienangehörige) oder selbständig ein Gewerbe oder einen Landwirtschaftsbetrieb betreiben oder einen freien Beruf ausüben.

werten zu einer Unterschätzung des Beschäftigungsabbaus führen, zum zweiten ist die Veränderung der Zahl der Erwerbstätigen je 1000 Einwohner nicht nur von den Erwerbstätigen her bestimmt. In der letzten Spalte der Tabelle 3 ist deshalb die Zahl der Erwerbstätigen zum Bevölkerungsstand, wie er zum 31.12. 89 gegeben war, als Vergleichsgröße angeführt. (Obige Ausführungen weisen auf mögliche Einschränkungen bei den folgenden Trenddarstellungen hin, insbesondere was das Ausmaß des Beschäftigungsabbaus betrifft, letztlich sehen sich aber alle vergleichbaren Untersuchungen denselben methodischen Problemen gegenüber.)

Tabelle 4a: Erwerbstätige je 1000 Einwohner nach Wirtschaftssektoren

Kreis	insgesamt	primärer	darunter: sekundärer Sektor	tertiärer
1990*				
Rostock	581	17	170	394
Erfurt	563	16	227	320
Chemnitz	650	4	319	283
Halle/S.	482	6	165	311
Saalkreis	322	89	130	103
Neue Bundesländer	503	41	226	236
1993**				
Rostock	515	6	140	369
Erfurt	630	10	181	439
Chemnitz	584	1	192	391
Halle/S.	491	2	148	341
Sallkreis	273	15	106	152
Neue Bundesländer	399	15	139	245
Alte Bundesländer	443	13	165	265

* Werte lt. Berufstätigenerhebung vom 30.11.1990, Chemnitz Jahresdurchschnitt, neue Bundesländer 2. Halbjahr 1990

** Jahresdurchschnittswerte

Quelle: siehe Tabelle 1a

Mit Ausnahme von Halle und der Region Saalkreis lag die Zahl der Erwerbstätigen je 1000 Einwohner in den Stadtkreisen Rostock, Erfurt und Chemnitz über dem entsprechenden Durchschnittswert für die neuen Bundesländer insgesamt (siehe Tabelle 4a). Dies war, mit Ausnahme von Chemnitz, vor allem Resultat des überdurchschnittlichen Dienstleistungsbesatzes in den betreffenden Stadtkreisen (letzteres trifft auch auf Halle zu). Nur in den Stadtkreisen Erfurt und Halle konnte der Erwerbstätigenbesatz gegenüber 1990 noch ausgebaut werden, basierend auf der Zunahme der Erwerbstätigen je 1000 Einwohner im Dienstleistungsbereich, die den Rückgang der Zahl der Erwerbstätigen im sekundären Sektor zu kompensieren vermochte. Im Stadtkreis Rostock ging demgegenüber der Dienstleistungsbesatz aus den genannten Gründen zurück, im Saalkreis war es der Rückgang des Landwirtschaftsbesatzes, der zu dieser Entwicklung geführt hat.

Die Veränderung der Zahl der Beschäftigten je 1000 Einwohner verlief außerordentlich differenziert (siehe Tabelle 4b): Für Rostock, Chemnitz und den Saalkreis nahmen die entsprechenden Werte deutlich ab, der Stadtkreis Erfurt weist eine zweistellige Zuwachsrate auf und im Stadtkreis Halle gelang es die Zahl der Erwerbstätigen je 1000 Einwohner stabil zu halten.

Der Stadtkreis Rostock war der einzige Kreis, wo der Strukturwandel auch mit einem Rückgang des Dienstleistungbesatzes einherging. Aufgrund der ehemals starken Prägung von Chemnitz durch die Industrie und des Saalkreises durch die Landwirtschaft, hat die dort eingetretene relative aber auch absolute Stärkung des Dienstleistungssektors den Arbeitsplatzverlust im sekundären bzw. im primären Sektor zu nicht kompensieren vermocht. Von der Stadtregion Halle ausgehende Beschäftigungsimpulse auf den Saalkreis sind demnach nicht nachweisbar.

Tabelle 4b: Veränderung der Zahl der Erwerbstätigen je 1000 Einwohner im Zeitraum 1990 bis 1993

Kreis	insgesamt		darunter:		
	in %	absolut	primärer	sekundärer Sektor	tertiärer
Rostock	-11,4	-6	-11	-30	-25
Erfurt	11,9	67	-6	-46	119
Chemnitz	-10,2	-66	-3	-127	64
Halle/S.	1,4	9	-4	-17	30
Saalkreis	-15,2	-49	-74	-24	49
Neue Bundesländer	-20,7	-104	-26	-87	9

Quelle: berechnet nach Angaben lt. Tabelle 4a

Damit unterscheidet sich der eingetretene strukturelle Wandel in Erfurt und Halle sowohl von der Entwicklung in Rostock, Chemnitz und dem Saalkreis, als auch von der in den neuen Bundesländern insgesamt, wo die relative Stärke des Dienstleistungssektors im wesentlichen ein Ausdruck des Niedergangs des sekundären Sektors ist. Das im Ergebnis positive Beschäftigungssaldo in Erfurt und Halle lassen den Schluß zu, daß der sektorale Strukturwandel in diesen beiden Stadtkreisen zumindest nicht nur das Resultat eines statistischen Artefaktes ist, d.h., es sich nicht nur um das Ergebnis einer „Umschichtung" aus dem sekundären in den tertiären Sektor handelt.

Die Tabellen 5a und b zeigen die entsprechende Entwicklung *innerhalb* des Dienstleistungssektors:

Tabelle 5a: Erwerbstätige des tertiären Sektors nach Wirtschaftszweigen je 1000 Einwohner

Kreis	Tertiärer Sektor insgesamt	Handel/ Verkehr	Private Dienstleistungen*	Öffentliche Dienstleistungen**
1990				
Rostock***	394	195	199	
Erfurt	320	124	55	141
Chemnitz	327	110	81	136
Halle/S.	311	102	91	118
Saalkreis	103	32	10	61
Neue Bundesländer	236	80	48	108
1993				
Rostock	369	123	104	142
Erfurt	439	132	145	162
Chemnitz	391	125	126	140
Halle/S.	341	107	95	139
Saalkreis	152	65	36	51
Neue Bundesländer	245	72	71	102
Alte Bundesländer	265	85	91	89

* Private Dienstleistungen: Kreditinstitute, Versicherungsgewerbe, sonst. Dienstl.
** Öffentl. Dienstl.: Gebietskörperschaften, Sozialversicherung, Org. o. Erwerbszweck
*** Private und öffentliche Dienstleistungen zusammen
Quelle: siehe Tabelle 1a

Im Vergleich zu 1990 haben private Dienstleistungen unter diesem Gesichtspunkt an Bedeutung gewonnen, am deutlichsten in den Stadtkreisen Erfurt und Chemnitz, wo die Steigerung des Dienstleistungsbesatzes zu rd. 75 bzw. 70 % aus der Erhöhung der Erwerbstätigenzahlen in diesem Bereich resultierte. Der Wirtschaftszweig Handel/Verkehr konnte, mit Ausnahme Rostocks, ebenfalls vom Strukturwandel profitieren, gleichzeitig sind es innerhalb des tertiären Sektors immer noch die öffentlichen Dienstleistungen, die den größten Teil der Erwerbstätigen im tertiären Sektor absorbierten.

Tabelle 5b: Veränderung der Zahl der Erwerbstätigen im tertiären Sektor nach Wirtschaftszweigen je 1000 Einwohner im Zeitraum 1990 bis 1993

Kreis	Tertiärer Sektor insgesamt	Handel/ Verkehr	Private Dienstleistungen*	Öffentliche Dienstleistungen**
Rostock***	-25	-72	47	
Erfurt	119	8	90	21
Chemnitz	64	15	45	4
Halle/S.	30	5	4	21
Saalkreis	49	33	26	-10
Neue Bundesländer	9	-8	23	-6

Anm.: siehe Tabelle 5a
Quelle: berechnet nach Angaben lt. Tabelle 5a

Im Stadtkreis Halle war, mit Ausnahme der öffentlichen Dienstleistungen, nur einen sehr verhaltenen Arbeitsplatzzugewinn in den übrigen Dienstleistungszweigen zu verzeichnen. Vor allem gegenüber Erfurt und Chemnitz hat Halle bezüglich privater Dienstleistungen (bezogen auf Erwerbstätige je 1000 Einwohner) deutlich an Boden verloren und der Arbeitsplatzgewinn fiel auch gegenüber dem Saalkreis geringer aus. Infolge der eher moderaten Veränderung im sekundären Sektors reichte aber der Zugewinn von 30 Erwerbstätigen je 1000 Einwohner aus, um insgesamt die Erwerbsquote gegenüber 1990 zu stabilisieren. Der Vergleichsweise moderate Beschäftigungsrückgang im sekundären Sektor dürfte auch die Ursache dafür sein, daß die Intensität des sektoralen Strukturwandels geringer als in den anderen untersuchten Kreisen ausfiel. Weiterhin kann nicht ausgeschlossen werden, daß die Zugehörigkeit zum sogenannten „Chemiedreieck" Bitterfeld-Halle-Merseburg, das zumeist als Krisenregion identifiziert wird, in Verbindung mit der Nähe zum (Konkurrenz-)Standort Leipzig, Halle als Ansiedlungsort von privaten Dienstleistungen eher unattraktiv erscheinen läßt.

Mit Blick auf den Dienstleistungsektor kann m.E. nicht uneingeschränkt von einer vor allem transferinduzierten Entwicklung in den untersuchten Kreisen gesprochen werden. Die Steigerung des Dienstleistungsbesatzes scheint zumindest teilweise auch das Ergebnis eines erfolgten Strukturwandels innerhalb der wirtschaftlichen Nachfrage zu sein, worauf die Bedeutungszunahme privater Dienstleistungen verweist. Gleichwohl ist die beschäftigungspolitische Bedeutung der öffentlichen Dienstleistungen zwar zurückgegangen, bezogen auf die Erwerbsquote bleibt dieser Zweig aber der wichtigste Bereich innerhalb des tertiären Sektors. Diese Entwicklung ist nicht nur als Ausdruck der eingetretenen wirtschaftlichen Verwerfungen zu werten, da traditionell gerade in Deutschland städtischen Kommunen Träger der meisten sozialen Dienste sind, dies gilt für Westdeutschland und, bedingt durch die zurückliegende vierzigjährige Entwicklung, in noch weit größerem Maße für die ostdeutschen Kommunen. Hinzu kommt die Einschränkung betrieblich erbrachter Sozialleistungen infolge des Beschäftigungsabbaus, woraus für die ostdeutschen Kommunen teilweise erhöhte Anforderungen an die Bereitstellung und Aufrechterhaltung entsprechender Dienstleistungen resultierten.

Tabelle 6: Arbeitslosenquote und Frauenanteil an Arbeitslosen

	1991	1992	1993	1994
Arbeitslosenquote				
Rostock	10,8	14,7	14,2	14,7
Erfurt	9,1	10,6	13,7	
Chemnitz	7,8	11,6	14,1	16,2
Halle/Saalkreis	14,1	13,2	13,3	13,3
Neue Bundesländer	10,3	14,8	15,8	15,0
Frauenanteil (in %)				
Rostock		58,0	59,7	62,1
Erfurt	59,6	60,7	62,1	
Chemnitz	61,3	65,2	65,6	66,5
Halle/Saalkreis	59,3	62,1	61,0	61,8
Neue Bundesländer	61,2	63,9	64,2	65,7

Rostock: ´91 Dienststellenbezirk, ab ´92 Stadtkreis; Frauenanteil ´92 im Dezember
Erfurt: ´91 Arbeitsamt, ab ´92 Stadt- und Landkreis; alle Angaben für Dezember
Chemitz: ´91 Stadt -und Landkreis, ab ´92 Arbeitsamtsbezirk
Halle/Saalkreis: ´91/92 Angaben für Dezember
Quelle: Statistisches Bundesamt und Landesämter

Der eingetretene Strukturwandel und die Veränderung der Ewerbstätigenzahlen erhält seine Relevanz nicht zuletzt durch seine Konsequenzen für die regionalen Arbeitsmärkte bzw. das Ausmaß an regionaler Unterbeschäftigung. Gleichzeitig existiert dieser Zusammenhang nur vermittelt: Die angeführten Erwerbstätigenzahlen werden nach dem „Arbeitsortprinzip" erfaßt, demgegenüber die Arbeitlosenzahlen nach dem „Wohnortprinzip", d.h., Erwerbstätigen- und Arbeitslosenzahlen können sich durchaus konträr zueinander entwickeln, eine Zunahme der Erwerbstätigenzahlen muß demzufolge nicht mit der Abnahme der Arbeitslosenzahlen einhergehen und umgekehrt. Weiterhin beeinflussen der Umfang arbeitsmarktpolitischer Aktivitäten und demographische Prozesse, hier vor allem Wanderungsbewegungen, den regionalen Arbeitsmarkt.

Obwohl durch die unterschiedlichen administrativen und Erfassungszeiträume ein direkter Vergleich zwischen den einzelnen Regionen nur mit Einschränkungen möglich ist, zeigt Tabelle 6, daß, unabhängig vom sektoralen Strukturwandel, Arbeitsmarktprobleme in allen Regionen von Relevanz geblieben sind. Auch Blien/Hirschenauer (1994) gelangen zu dem Schluß, daß zwischen der regionalen Arbeitslosenquote und der regionalen Beschäftigungsentwicklung kein besonders enger statistischer Zusammenhang besteht. Mit Ausnahme der Region Halle/Saalkreis war im Untersuchungszeitraum ein Ansteigen der Arbeitslosenquote zu verzeichnen und gleichzeitig näherten sich die Quoten zwischen den Regionen einander an. Mit Ausnahme von Rostock und Halle/Saalkreis (1991) und Chemnitz (1994) lag die Arbeitslosenquote aber unter dem Niveau in den neuen Bundesländern. Von Anfang an war der Frauenanteil außerordentlich hoch und hat sich auf diesem Niveau auch stabilisiert, mit Ausnahme von Chemnitz war der entsprechende Anteil an den Arbeitslosen aber immer etwas niedriger als im Gesamtdurchschnitt der neuen Bundesländer.

3.2 Die Entwicklung im Industriebereich

Ausgehend von der Exportbasis-Theorie, wonach das Potential für räumliche „Spillovers“ vor allem von der Fähigkeit eines Wirtschaftsraumes bestimmt wird, eine überregionale Nachfrage nach den in der Region hergestellten Gütern und Dienstleistungen zu attrahieren, kann eine regionale Wirtschaftsstruktur danach unterschieden werden, welchen Anteil jene Zweige aufweisen, die stärker auf die lokale Nachfrage ausgerichtet sind (Bauwesen, Handel, konsumbezogene private und soziale Dienstleistungen) und welchen

Anteil jene Zweige aufweisen, die potentiell eher auf einen überregionalen Absatz ausgerichtet sind, wie Industrie und unternehmensbezogene Dienstleistungen (Junkernheinrich/Skopp 1995). Der Deindustrialisierungsprozeß in den neuen Bundesländern, der auch innerhalb der Europäischen Union zu dem mit Abstand niedrigsten Industrialisierungsniveau führte (Maretzke 1994) [36], hat danach die Chancen für eine sich zukünftig selbst tragende wirtschaftliche Entwicklung in den neuen Bundesländern stark gemindert. Konsequenz dessen ist das immense Ungleichgewicht im „innerdeutschen" Handel und des dadurch mitverursachten hohen Transferbedarfs. Mit Ausnahme der privaten Dienstleistungen sind die stärker auf eine lokale Nachfrage ausgerichteten Wirtschaftszweige zum größten Teil auch diejenigen, die stärker transferabhängig sind. Diese Übereinstimmung resultiert daraus, daß die Nachfrage im Bereich soziale Dienstleistungen und im Bauwesen durch die öffentliche Hand gestützt wird. Dadurch können sich derartige Wirtschaftszweige relativ unabhängig von der regionalen Kaufkraft entwickeln.

Eine sich sukzessiv reduzierende Transferabhängigkeit kann demzufolge nur erreicht werden, wenn es gemäß der Exportbasis-Theorie gelingt, die regionsinterne Kaufkraft mittels der auf regionsexternen Märkten erzielten Einkommen zu stärken. Hier kommt der Industrie ein besondere Bedeutung zu, gleichzeitig bietet eine bestimmte industrielle Basis erst die Grundlage für eine entsprechende Nachfrage nach unternehmensbezogenen Dienstleistungen.

Die Werte in Tabelle 7 belegen die Dramatik des Schrumpfungsprozesses dem die ostdeutsche industrielle Basis unterlag, ohne daß hier der bereits eingetretene Rückgang im Vergleich zu den Jahren 1989/90 Berücksichtigung findet [37]. Das Ausmaß des Schrumpfungsprozesses korrespondiert dabei sehr eng mit dem ehemaligen Industrialisierungsniveau: Der Verlust an Industriearbeitsplätzen fiel um so höher aus, je stärker der entsprechende Kreis früher von der Industrie geprägt war. Der Einfluß des Konzentrationsgrades der Industriestrukturen (Mono- oder diversifizierte Industriestrukturen) auf den Rückgang des Industriebesatzes ist, mit der Ausnahme von Halle (die Industriekonzentration lag im Jahre 1989 unter 40 %), eher gering zu veranschlagen. Auch wenn ein direkter Vergleich des Rückgangs der Erwerbstätigen im

---

[36] Die EU-Mitgliedsstaaten Irland und Griechenland weisen 64 Industriebeschäftigte je 1000 Einwohner auf.

[37] Diese Entwicklung wird auch durch die Beschäftigungsentwicklung in Industrieunternehmen mit weniger als 20 Beschäftigten nicht relativiert. Deren Anteil an den Industriebeschäftigten lag nach Angaben des Statistischen Bundesamtes Ende September 1993 in den neuen Ländern und Berlin-Ost bei gerade einmal 1,2 %.

sekundären Sektor je 1000 Einwohner mit den Werten in Tabelle 6 nicht möglich ist, kann man davon ausgehen, daß der Beschäftigungsrückgang im sekundären Sektor vor allem den Industriebereich betraf. Legt man nur die Betriebe von Unternehmen mit 20 und mehr Beschäftigten zugrunde, so hat sich der Anteil der Beschäftigten in Industrieunternehmen gegenüber Betrieben des Bauhauptgewerbes im betrachteten Zeitraum (je 1000 Einwohner) in Rostock von 87 auf 73 % reduziert, in Erfurt von 91 auf 58 %, in Chemnitz von 90 auf 77 %, in Halle von 80 auf 66 % und im Saalkreis von 82 auf 58 %.

Die Angaben für das Jahr 1994 zeigen, daß in den Stadtkreisen Chemnitz und Halle der Deindustrialisierungprozeß noch nicht gebremst werden konnte [38].

Die weitere Entwicklung wird auch von folgenden zwei Faktoren beeinflußt werden: Erneuerung und Vergrößerung des Kapitalstocks einerseits und damit verbunden, eine lebhafte Gründungstätigkeit, als „Motor" von Umstrukturierungs- und Modernisierungsprozessen in einer Region andererseits (Lehmann 1994).

Tabelle 7: Beschäftigte in der Industrie je 1000 Einwohner (Betriebe von Unternehmen mit 20 u.m. Beschäftigten)

Kreis	1991	1993	Veränderung in %	1994
Rostock	104	43	-58,7	43
Erfurt	136	45	-66,9	
Chemnitz	167	62	-62,9	53
Halle/S.	74	52	-29,7	47
Sallkreis	81	35	-56,8	36
Neue Bundesländer	104	48	-53,9	43
Alte Bundesländer	117	104	-11,1	

Quelle: Statistisches Bundesamt und Landesämter sowie eigene Berechnungen

Tabelle 8 zeigt die Relation der über den Zeitraum 1991-1993 kumulierten Bruttoanlageninvestionen je Beschäftigten im Industriebereich im Verhältnis zu den in Gesamtdeutschland in diesem Zeitraum getätigten Investitionen. Erkennbar ist ein deutlicher Unterschied zwischen Halle und Saalkreis einerseits, Rostock und Chemnitz andererseits. Das Gefälle liegt somit zwischen den ehemals stärker industrialisierten Stadtkreisen und den schon zu „DDR-Zeiten" weniger industrialisierten Kreisen. Nur der Stadtkreis Halle und der

[38] Die veröffentlichten Daten der Statistischen Landesämter lassen eine tiefere Untergliederung des Industriebereiches auf Kreisebene nicht zu. Insbesondere Angaben über die Entwicklung des investitionsgüterproduzierenden Gewerbes, in seiner Bedeutung als Innovationsträger und für die Erschließung überregionaler Absatzmärkte, wären für eine differenziertere Analyse notwendig.

entsprechende Umlandkreis konnten annähernd das gesamtdeutsche Niveau erreichen, angesichts des angestauten Nachholebedarfs wär ein höheres Niveau aber sicher notwendig gewesen.

Tabelle 8: Bruttoanlageinvestititionen je Beschäftigten in der Industrie im Zeitraum 1991-1993

Kreis	Bruttoanlageinverstitionen je Beschäftigten	
	in DM	in %
Rostock	32.661	66,8
Erfurt*	17.432	105,8
Chemnitz	31.631	64,6
Halle/S.	44.611	91,2
Saalkreis	47.896	97,9
Deutschland	48.919	100,0

* Nur Angaben für das Jahr 1993

Quelle: Statistisches Bundesamt und Landesämter sowie eigene Berechnungen

Nach Tabelle 9 ist der „Gründungsboom" nach 1991 sehr schnell abgeklungen, als Folge sowohl der sinkenden Anmeldungen, als auch steigender Abmeldungen. Vor allem die Bereiche Handel, Gastgewerbe und sonstige Dienstleistungen haben diesen Trend bestimmt. Der anfängliche hohe Nachholebedarf hat hier eine hohe Gründungsaktivität begünstigt, vor allem aber bei konsumorientierten Dienstleistungen zu einem Überangebot in Relation zur privaten Kaufkraft geführt und im Zusammenhang mit mangelnden unternehmerischen Erfahrungen, zu geringer Kapitalbasis und schwierigerer Konkurrenzsituation eine Marktbereinigung hervorgerufen.

Tabelle 9: Saldo der Gewerbean- und -abmeldungen je 1.000 Einwohner 1991-1994

Kreis	Insgesamt				Industrie/Handwerk			
	1991	1992	1993	1994	1991	1992	1993	1994
Rostock	11,8	8,6	6,7	5,5	1,1	1,3	1,3	1,2
Erfurt	12,9	4,8	4,5		1,9	0,6	0,8	
Chemnitz	15,6	6,7	5,5	4,5	1,5	1,2	0,7	0,8
Halle/S.	10,7	7,8	3,6	2,1	0,9	1,1	0,9	0,5
Saalkreis	12,8	8,5	5,8	2,5	2,0	2,2	2,7	1,4
Neue Bundesländer	12,2	6,0	4,8	3,3		1,1	1,0	0,8

Quelle: Statistisches Bundesamt und Landesämter sowie eigene Berechnungen

Die für die einzelnen Kreise ausgewiesenen Werte zeigen, daß die Entwicklung in keinem der Kreise grundsätzlich vom allgemeinen Trend in den neuen Bundesländern (für das frühere Bundesgebiet wird keine vergleichbare Statistik erhoben) abgewichen ist. Eher stabilisierend hat der Bereich Industrie/Handwerk gewirkt. Unter Berücksichtigung der bei Gewerbeanmeldungen im Bereich Industrie/Handwerk mit erfaßten Ausgründungen (einschließlich von Arbeitsfördergesellschaften) und Zweigbetriebsgründungen, dürften bei den generell sehr niedrigen Gründungsraten „echte" Neugründungen kaum von größerer Relevanz gewesen sein. Insgesamt lassen die Salden aus Gewerbean- und abmeldungen für die Zukunft keine wesentlichen Beschäftigungsimpulse für den sekundären Sektor und den privaten Dienstleistungsbereich erwarten. Die von Lehmann festgestellte niedrigere Gründungsrate in den städtischen Zentren gegenüber ihrem Umland (als Ursache nennt Lehmann ungelöste Eigentumsfragen) im Zeitraum 1991/92 ist [39], bezogen auf die *Netto*gründungsrate, auch im Vergleich des Stadtkreises Halle mit dem Saalkreis nachweisbar. Ab dem Jahr 1994 ist dieses Gefälle aber fast verschwunden und im Vergleich zu den anderen Stadtkreisen hatte der Saalkreis nie eine Spitzenstellung inne.

4. Schlußbemerkungen

An die Stelle der zu Beginn des Transformationsprozesses anzutreffenden tendenziell eher optimistischen Einschätzungen über das Aufholtempo in den neuen Bundesländer sind, auch in bezug auf auf die regionalwirtschaftliche Entwicklung, heute eher *Divergenz-Szenarios* getreten (Blien/Hirschenauer 1995): Die Frage nach dem Aufholprozeß für Ostdeutschland verliere zunehmend ihren Sinn. Sie wird tendenziell abgelöst durch die Frage nach einer konvergenten oder divergenten Entwicklung von Regionen, letzteres vor allem zu Lasten ländlicher Regionen und Randlagen. Damit wird zugleich das Problem aufgeworfen, inwiefern sich das Wachstumspolkonzept für die Situation in den neuen Bundesländern als angemessen erwiesen hat?

Die Entwicklungsregionen in den neuen Bundesländern waren, wie Irmen/Sinz feststellen, von einer heterogenen Ausgangslage geprägt. Der industriell geprägte Süden wies zwar vergleichsweise hohe Entwicklungspotentiale auf, gleichzeitig war er infolge rückständiger Infrastruktur, hoher Umwelt-

---

39 Die niedrigeren Gründungsraten in den städtischen Zentren könnten auch eine Folge der erwähnten Aus- und Zweigbetriebsgründungen gewesen sein, die Lehmann nicht berücksichtigt.

belastungen, Arbeitsmarkt und Bevölkerungsentwicklung einem besonders hohen Problemdruck ausgesetzt. Dieses Süd-Nord-Gefälle sozialräumlicher Disparitäten führte umgekehrt dazu, daß z.B. Rostock geringere Defizite aufwies, aufgrund seiner Randlage und des wirtschaftlich schwachen Umlandes, dies als möglicher Standortvorteil nicht ausreichend zur Geltung kam.

Obwohl es keine Region in den neuen Bundesländern gab, die neben Entwicklungspotentialen nicht auch Entwicklungsengpässe aufwies, scheint die klare Dominanz der strukturbedingten gegenüber der standortbedingten Beschäftigungsentwicklung bemerkenswert. D.h., eventuelle Standortvorteile haben den Beschäftigungsabbau nur im geringen Maße modifizieren können, Standortnachteile den allgemeinen Trend nur noch bestärkt (Blien/Hirschenauer 1994).

Mit der Öffnung gegenüber den Weltmärkten und einer jetzt notwendigen „Neujustierung" im wirtschaftsgeographischen Raum innerhalb Deutschlands bzw. der Europäischen Union, erwies sich sowohl die interne Arbeitsteilung der DDR-Wirtschaft als auch die Arbeitsteilung innerhalb des sogenannten Rates für gegenseitige Wirtschaftshilfe (RGW) als obsolet bzw. wirtschaftlich als extrem disfunktional. Die dadurch notwendigen Anpassungsbemühungen wurden durch den mit der Währungsunion hervorgerufenen Aufwertungsschock in einer Größenordnung von 300 bis 400 % deutlich erschwert. Hinzu kam ein (im Vergleich zu den alten Bundesländern) um zwei Drittel niedrigeres Produktivitätsniveau je Erwerbstätigenstunde (Brinkmann 1995) [40].

Als Folge dieses radikalen Umbruchs der wirtschaftlichen Rahmenbedingungen kam es offensichtlich zu einer weitgehenden „Neutralisierung" von Standortfaktoren bzw. regionalen Entwicklungspotentialen. Neben den beschriebenen allgemeinen Tendenzen kamen auf regionaler Ebene noch weitere Faktoren hinzu, die eine Ausschöpfung endogener Ressourcen zusätzlich erschwerten:

Gerade für die industriellen Zentren im Süden scheint der Gedanke von den besonderen Anpassungshemmnissen altindustrialisierter Regionen und Ballungszentren zuzutreffen, wie sie Wienert beschreibt: Die durch einen

---

40 Solche Produktivitätsunterschiede existieren auch innerhalb der Europäischen Union, zeitigen dort aber, infolge entsprechender "Umtauschkurse", nicht die gleichen Effekte wie zwischen Ost- und Westdeutschland. Sie hätten nur vermieden werden können, wenn das Lohngefälle zwischen Ost und West dem Produktivitätsgefälle entsprochen hätte, eine für einen einheitlichen Wirtschafts- und Sozialraum nur schwer vorstellbare Lösung. Außerdem wären für einen "Trabant" selbst bei einem um zwei Drittel niedrigeren Preisen wohl kaum hörere Absatzchancen zu erzielen gewesen. Zudem konnten Blien/Hirschenauer (1994) nachweisen, daß Regionen mit einem erhöhten Arbeitlosigkeitsrisiko eher unterdurchschnittliche Arbeitseinkommmen aufweisen.

dominanten Produktzyklus geprägten Faktorbestände zeichnen sich durch eine geringe Polyvalenz bzw. eine hohe Affinität zum traditionellen Wirtschaftsbereich aus und in Folge der starken großbetrieblichen und sektoralen Spezialisierung kommt es zu einem Verlust an Anpassungsflexibilität.

Die Mobilisierung endogener Ressourcen für die Steigerung der Anpassungsflexibilität war weiterhin dadurch erschwert, daß, nach Auflösung der Kombinatsstrukturen, der Aufbau neuer regionaler und überregionaler Verflechtungsstrukturen sich außerordentlich schwierig gestaltete. Derartige Verflechtungsstrukturen setzen entwickelte innerregionale Absatz-, Liefer- und Kooperationsbeziehungen zwischen bestehenden (Groß-) Unternehmen und sich entwickelnden Kleinunternehmen voraus (Grabher 1992).

Unter den besonderen Bedingungen Ostdeutschlands, war die Reorganisierung von regionalen und überregionalen Verflechtungsstrukturen vor allem von exogenen Faktoren abhängig, da von den verbleibenden größeren Unternehmen derartige Impulse für den Mittelstand allein nicht zu erbringen waren. Nach Einschätzung des Instituts für Wirtschaftsforschung Halle wurden gerade bei der Übernahme von ostdeutschen Unternehmen die Liefer- und Absatzververflechtungen von den Muttergesellschaften übernommen und somit gewissermaßen „entregionalisiert". Dies gelte nicht nur für die Zulieferbeziehungen, sondern auch für beschäftigungsintensive produktionsorientierte Dienstleistungen (Institut für Wirtschaftsforschung Halle 1992).

Der Übergang von einem Wachstums - zu einem *Schrumpfungspol* (Wienert) kann nur dadurch verhindert werden, daß die schrumpfenden industriellen Funktionen der Ballungszentren durch wachsende Dienstleistungsfunktionen ersetzt werden. Gemessen an der sektoralen Veränderung der Erwerbstätigenzahlen scheint dieser Prozeß in den hier untersuchten Stadtkreisen auch eingesetzt zu haben. In den Stadtkreisen Erfurt und Halle konnte der Dienstleistungsbereich die Deindustrialisierung kompensieren, im Stadtkreis Chemnitz wäre ohne den Beschäftigungszuwachs im Dienstleistungssektor der Beschäftigungsrückgang doppelt so hoch ausgefallen, ebenso im Stadtkreis Rostock (hier galt es noch den Beschäftigungsrückgang im Bereich Handel/Verkehr zu „verkraften"). Insoweit waren positive Standorteffekte, in Gestalt der städtischen Konzentration von Verwaltungsaufgaben u.a. öffentlichen Dienstleistungen, durchaus zu verzeichnen, obgleich die Daten auch belegen, daß die Beschäftigungsentwicklung zwischen den Stadtkreisen durchaus differenziert verlief.

Wie schon ausgeführt wurde, sind diese Standorteffekte in erheblichen Maße durch entsprechende Transfers, letztlich durch außerökonomische Faktoren, bedingt gewesen. Gegen eine solche Betrachtungsweise kann mit einigem Recht eingewendet werden, daß das Argument von der Transferabhängigkeit generell auf den regionalen öffentlichen Dienstleistungsbereich zutrifft, soweit er aus Bundessteuern finanziert ist. Gerade dadurch sieht er sich nach Häußermann/Siebel erst in die Lage versetzt, eine Stabilisierungs- und Ausgleichsfunktion auszuüben. Ohne den von ihm gewährleisteten stabilen Sockel an Beschäftigung wären die regionalen Differenzierungen im Osten erheblich größer.

Trotzdem weist diese Entwicklung auch problematische Aspekte auf: Sowohl die aufgezeigte allgemeine Entwicklung in den neuen Bundesländern, als auch ein Vergleich der Erwerbstätigen- und Industriebeschäftigtenentwicklung zwischen Halle und seiner Umlandregion, verdeutlichen, daß der Verlust an industriellen Funktionen in den städtischen Agglomerationen weniger das Resultat von Suburbanisierungstendenzen sind, d.h., der Abbau von den städtischen Arbeitsplätzen ist nicht im gleichen Maße den peripheren Regionen zugute gekommen. Die vorhandenen Polarisierungstendenzen können aber auch nicht als Resultat eines „Entzuges" (von den Regionen in Randlage zum alten Bundesgebiet einmal abgesehen) von Wachstumsressourcen aus den unterentwickelten Regionen gewertet werden, zumindest was die industrielle Güterfertigung betrifft. Die Polarisierung ist somit Resultat eines, den industriellen Niedergang kompensierenden, „staatlicherseits" gewährleisteten Beschäftigungssockels, von dem gering verdichtete Regionen weniger profitieren. Die davon ausgehenden Nachfrageimpulse sind aber zu gering, um als Wachstumsimpulse für die benachteiligten Regionen nachhaltig wirken zu können.

Da realistischerweise davon ausgegangen werden muß, daß die Impulse für eine sich selbst tragende Wirtschaftsentwicklung zuerst von den Kernstädten ausgehen werden, hat dies zur Konsequenz, wie Junkernheinrich/Skopp betonen, das am Konzept einer *Stärkung räumlicher Wachstumspole* weiterhin festzuhalten ist.

Unter dem Aspekt eines ökologischen Umbaus könnte dies als Festhalten an der „Illusion einer nachholenden Entwicklung" (Brüggen 1992) gewertet werden. Der dahinter stehenden Gedanke, Ostdeutschland als Modellfall eines praktizierten ökologischen Umbaus aufzubauen, scheint insoweit fraglich, als ohne eine generelle ökologische Ausrichtung wirtschaftlicher Rahmenbedingungen (einschließlich der Vergaberichtlinien für regionaler Fördermittel), die Diskrepanz zwischen „ökologisch wünschenswert" und „ökonomisch effizient" auch in den neuen Bundesländer weiterhin existierte.

Literatur

Blien, U./Hirschenauer, F. (1994): Die Entwicklung regionaler Disparitäten in Ostdeutschland. In: Mitteilungen aus der Arbeitsmarkt- und Berufsforschung 4: 323-337

Blien, U./Hirschenauer, F. (1995): Weder Konvergenz noch Mezzogiorno - Zur Entwicklung regionaler Disparitäten in Ostdeutschland. In: Beschäftigungsobservatorium Ostdeutschland 16/17: 14-17

Brinkmann, Ch. (1995): Arbeitsmarktpolitik in Ostdeutschland: eine Zwischenbilanz nach fünf Jahren Transformation. In: Beschäftigungsobservatorium Ostdeutschland 16/17: 4-9

Brüggen, W. (1992): Den Osten entwickeln, den Westen umbauen. Die Entwicklungskrise im Osten - Widerschein der westlichen Strukurkrise. In: Schulz, W./Volmer, L. (Hrsg.): Entwickeln statt abwickeln: wirtschaftspolitische und ökologische Umbau-Konzepte für die fünf neuen Länder, Berlin: 94-144

Bundesanstalt für Landeskunde und Raumkunde (Hrsg.; 1993): Entwicklungsperspektiven für Stadtregionen. Materialien zur Raumentwicklung 58

Bundesministerium für Raumordnung, Bauwesen und Städtebau (Hrsg.; 1991a): Raumordnerisches Konzept für den Aufbau in den neuen Ländern. Bundesbaublatt 12: 791-798

Bundesministerium für Raumordnung, Bauwesen und Städtebau (Hrsg.; 1991b): Raumordnungsbericht 1991, Bonn

Bundesministerium für Raumordnung, Bauwesen und Städtebau (Hrsg.; 1993): Raumordnungsbericht 1993, Bonn

Grabher, G. (1992): Die verkaufte Wirtschaft: Bilanz ostdeutscher Privatisierungspolitik. In: Beschäftigungsobservatorium Ostdeutschland 3/4: 3-6

Häußermann, H./Siebel, W. (1995): Dienstleistungsgesellschaften, Frankfurt a. M.

Institut für Wirtschaftsforschung Halle (Hrsg.; 1992): Ostdeutschland 1992 und 1993: Zwischen Skepsis und Hoffnung. Herbstgutachten 1992, Halle/Berlin

Irmen, E./Sinz, M. (1991): Regionale Entwicklungspotentiale und -engpässe in den neuen Ländern. In: Informationen zur Raumentwicklung 9/10: 755-771

Junkernheinrich, M./Skopp, R. (1995): Wirtschaftliche Konvergenz und räumliche Wachstumspole: Zur regionalökonomischen Lage in Ostdeutschland. In: Pohl, R. (Hrsg.): Herausforderung Ostdeutschland: Fünf Jahre Währungs-, Wirtschafts- und Sozialunion, Berlin: 217-238

Klemmer, P. (1991): Übertragbarkeit regionalpolitischer Konzepte auf die neuen Bundesländer. In: Informationen zur Raumentwicklung 9/10: 611-621

Klemmer, P./Schrumpf, H. (1990): Probleme einer ökonomischen Umstrukturierung der DDR aus regionalpolitischer Sicht. In: RWI-Mitteilungen 41: 117-130

Kusch, H./Lambert, M./Winter, H. (1991): Erste Ergebnisse der Berufstätigenerhebung 1990 in den neuen Bundesländern. In: Wirtschaft und Statistik 12: 779-786

Lehmann, U. (1994): Regionale Aspekte des Betriebsgründungsgeschehens in den neuen Bundesländern 1991/92. In: Mitteilungen aus der Arbeitsmarkt- und Berufsforschung 4: 338-350

Maretzke, S. (1994): Deindustrialisierung ostdeutscher Regionen - eine bittere Realität! In: BfLR-Mitteilungen 3 (Juni): 1-3

Rudolph, H. (1990): Beschäftigungsstrukturen in der DDR vor der Wende. Eine Typisierung von Kreisen und Arbeitsämtern. In: Mitteilungen aus der Arbeitsmarkt- und Berufsforschung 4: 474-503

Selke, W. (1991): Raumordnungspolitische Aufbaustrategie für den Osten Deutschlands. Das raumordnerische Konzept für den Aufbau in den neuen Ländern. In: Informationen zur Raumentwicklung 9/10: 747-753

Statistisches Bundesamt (Hrsg.; 1994): Datenreport 1994. Zahlen und Fakten über die Bundesrepublik Deutschland, München

Wienert, H. (1990): Was macht Industrieregionen „alt"? - Ausgewählte sektorale und regionale Ansätze zur theoretischen Erklärung regionaler Niedergangsprozesse. In: RWI-Mitteilungen 41: 363-390

Regionale Arbeitsmarkt- und Beschäftigungsentwicklung - Treuhand- und Extreuhandunternehmen

Vera Dahms, Thomas Kunath

Der Beitrag untersucht für ausgewählte Regionen Umfang und Struktur des Beschäftigungsabbaus insbesondere in Treuhandunternehmen und Extreuhandunternehmen zwischen 1991 und prospektiv bis 1996 und zeigt den bestimmenden Einfluß dieses Bereichs auf die Strukturierung der Unterbeschäftigung.

Vorbemerkungen

Der Forschungsbereich „Arbeitsmarkt“ von SÖSTRA Berlin und I&T Software Berlin haben 1993 von der KSPW geförderte Regionalstudien erarbeitet, in denen sowohl die Angebote als auch die Nachfrageseite der Arbeitsmärkte folgender sieben ausgewählter Regionen widergespiegelt wird: Rostock, Neubrandenburg, Brandenburg/Havel, Halle/Bitterfeld, Erfurt, Bautzen/Görlitz und Chemnitz/Zwickau.

In dem vorliegenden Material wird in vier dieser Regionen eine Analyse der Beschäftigungs- und Arbeitsmarktentwicklung vorgenommen, unter berücksichtigung der Entwicklungstendenzen in Treuhandunternehmen und Extreuhandunternehmen. Grundlage der Untersuchungen waren die vom Forschungsbereich „Arbeitsmarkt“ von SÖSTRA Berlin in Zusammenarbeit mit I&T Software Berlin durchgeführten Befragungen zu den Beschäftigungsperspektiven in allen Treuhandunternehmen sowie aller bereits privatisierten ehemaligen Treuhandfirmen. Diese Erhebungen erfolgen seit 1991 zweimal jährlich im Auftrag der Bundesanstalt für Arbeit Nürnberg und der Treuhandanstalt Berlin. In die vorliegende Auswertung sind auch die Ergebnisse der Befragung von Oktober 1993 einbezogen worden.

Um die Kompatibilität zu Angaben der amtlichen Statistik zu gewährleisten, erfolgten alle Untersuchungen auf der Ebene des jeweiligen Arbeitsamtsbezirks, in dem die betreffende Region liegt.

1. Die Beschäftigungssituation der Regionen

1.1 Zur Auswahl der Regionen

Die Regionen sind so ausgewählt worden, daß die Arbeitsmarkt- und Beschäftigungssituation in unterschiedlichen Wirtschaftsgebieten der neuen Bundesländer charakterisiert werden kann.

- Arbeitsamtsbezirk Neubrandenburg .... ländliche Region
- Arbeitsamtsbezirk Bautzen .... monostrukturierte Region
- Arbeitsamtsbezirke Chemnitz und Zwickau ..... Industrieregion
- Arbeitsamtsbezirk Erfurt .... Dienstleistungs- und Verwaltungszentrum

Die genannten Regionen liegen in drei Bundesländern: Mecklenburg-Vorpommern, Sachsen und Thüringen. Sie sind durch unterschiedliche Wirtschaftsstrukturen geprägt und unterscheiden sich in ihrer naturräumlichen Ausdehnung.

1.2 Zur Einordnung der Regionen

Die Region Neubrandenburg liegt in Mecklenburg-Vorpommern, dem strukturschwächsten Gebiet Deutschlands. Vor der Wende arbeitete in Mecklenburg-Vorpommern jeder vierte Beschäftigte in der Industrie, jeder fünfte in der Land- und Forstwirtschaft. Der Arbeitsamtsbezirk Neubrandenburg ist noch stärker landwirtschaftlich orientiert als das in den Durchschnittsangaben für das Land insgesamt zum Ausdruck kommt. So waren in dieser Region 1989 mehr Arbeitsnehmer in der Land- und Forstwirtschaft (25,1% aller Beschäftigten) tätig als in der Industrie (22,6%). Der Arbeitsamtsbezirk Neubrandenburg zählt zu den am meisten benachteiligten Agrargebieten der Bundesrepublik: er ist dünn besiedelt.

Die Arbeitsamtsbezirke Bautzen, Chemnitz und Zwickau gehören zum Freistaat Sachsen, der das industrieell am stärksten entwickelte neue Bundesland darstellt. Vor der Wende waren 40% aller beschäftigten im verarbeitenden Gewerbe tätig und beispielsweise nur 6% in der Land- und Forstwirtschaft. Diese eigentlich günstige Ausgangssituation muß angesichts der konkreten Wirtschaftsstrukturen allerdings relativiert werden. Die Konzentrationen von Leicht- und Textilindustrie in den Regierungsbezirken Chemnitz und Dresden, Braunkohleförderung in Ostsachsen und im Leipziger Raum sind nämlich beleg für die Tatsache, daß es sich zum großen Teil im wiedervereinten Deutschland um nicht mehr konkurrenzfähige Branchen handelt. Diese Branchen prägten ganze Regionen. Als Beispiel für ein in hohem Maße monostrukturiertes Gebiet wurde der Arbeitsamtsbezirk Bautzen in den regionalen Vergleich einbezogen. Braunkohlenbergbau und Braunkohlenindustrie um Hoyerswerda sowie der Fahrzeugbau sind für diese Region charakteristisch. Die Braunkohle war zumindest im nördlichen Teil die Lebensader der Region und bestimmt sehr stark - auch noch heute - das wirtschaftliche Leben. Demgegenüber sind die beiden Arbeitsamtsbezirke Chemnitz und Zwickau, die als ein Gebiet betrachtet werden, ein traditionelles Industriegebiet, in der vor allem Textil- und Bekleidungsindustrie, aber auch Maschinenbau, Elektrotechnik/Elektronik und Kraftfahrzeugbau die wirtschafttliche Entwicklung prägten.

Die vierte ausgewählte Region ist der Arbeitsamtsbezirk Erfurt, der zum Freistaat Thüringen gehört. Flächenmäßig ist Thüringen eines der kleinsten Bundesländer Deutschlands. Vor der Wende spielte es wirtschaftlich keine unbedeutende Rolle. Im Thüringer Becken - gelegen zwischen Harz und Thüringer Wald - wurde intensiv Landwirtschaft betrieben. Stein- und Kalisalzförderung waren in Thüringen genauso zu Hause wie eine entwickelte Industrie in den Städten. Die industrieellen Schwerpunkte waren und sind Feinmechanik/Optik, Elektrotechnik, Textilindustrie, Maschinen- und Fahrzeugbau. Der innerhalb dieses Landes gewählte Arbeitsamtsbezirk Erfurt war und ist darüber hinaus in hohem Maße ein Verwaltungs- und Dienstleistungszentrum und spielt als Umland der thüringischen Landeshauptstadt somit eine Sonderrolle unter den ausgewählten Regionen.

Jede der Regionen hatte mithin zum Zeitpunkt der Wende eine grundsätzlich andere wirtschaftliche Ausgangssituation. Das Beschäftigtenpotential der Regionen war unter dem Gesichtspunkt der „verordneten" Vollbeschäftigung dennoch relativ ausgeglichen. Die Erwerbstätigenquote[41] schwankte in den einzelnen Regionen um 80%, d.h. vier von fünf Personen im arbeitsfähigen Alter gingen einer Erwerbstätigkeit nach. Dieser Anteil lag zum entspre-

[41] Unter Erwerbstätigenquote wird hier der Anteil der Erwerbstätigen an der Wohnbevölkerung im arbeitsfähigen Alter (15-65 Jahre) verstanden.

chenden Zeitpunkt in den alten Bundesländern mit 63% deutlich niedriger. Knapp die Hälfte der Erwerbstätigen waren Frauen. Dieses relativ undifferenzierte Bild zeigte sich mehr oder weniger unabhängig von den konkreten Wirtschaftsstrukturen in den vier ausgewählten Regionen.

1.3 Zur Wirtschaftsstruktur der Regionen

Die Wirtschaftsstrukturen der zu betrachtenden Reionen waren mithin zu Beginn der Einführung der Marktwirtschaft äußerst unterschiedlich. Die Ausgangssituation läßt sich anhand der Berufstätigenerhebung von 1989 sehr gut verdeutlichen[42]. Es liegen vergleichbare Beschäftigtenangaben für die ausgewählten Regionen Neubrandenburg, Bautzen, Erfurt und Chemnitz/Zwickau in einer Gliederung nach sieben Wirtschaftsbereichen vor: Land- und Forstwirtschaft; Industrie (einschließlich produzierendes Handwerk); Bauwirtschaft; Verkehr; Post- und Fernmeldewesen; Handel; sonstige produzierende Bereiche; nichtproduzierende bereiche (vgl. Tabelle 1).

Tabelle 1: Anteil der Berufstätigen an den Wirtschaftsbereichen 1989 (in Prozent)

Arbeitsamtsbezirk	a	b	c	d	e	f	g	h
Neubrandenburg	100	25,1	22,6	8,1	7,8	10,9	2,3	23,2
Bautzen	100	9,6	48,4	6,6	6,0	8,9	1,5	19,0
Chemnitz/Zwickau	100	4,9	50,8	6,2	6,6	9,7	3,7	18,1
Erfurt	100	9,8	41,4	7,0	7,2	10,3	3,1	21,2

a .... Insgesamt
b .... Land- und Forstwirtschaft
c .... Industrie
d .... Bauwirtschaft
e .... Verkehr, Post- und Fernmeldewesen
f .... Handel
g .... sonstige produzierende Bereiche
h .... nichtproduzierende Bereiche

Quelle: Berechnet nach Angaben der Statistischen Landesämter Mecklenburg-Vorpommern, Thüringen und Sachsen zur Berufstätigenerhebung vom 30.9.1989

Selbst diese grobe Einteilung nach Wirtschaftsbereichen vermittelt ein sehr differenziertes Bild über vorhandene Wirtschaftsstrukturen zu Beginn des Umstrukturierungsprozesses. Der Arbeitsamtsbezirk Neubrandenburg hat mit über 25% einen außerordentlich hohen Beschäftigtenanteil in der Land- und

[42] Der Vorteil der in der DDR jährlich durchgeführten Berufstätigenerhebungen besteht darin, daß es sich um eine auf einen Stichtag bezogene Totalerhebung handelte und damit sektoral und regional tief gegliederte Aussagen möglich waren. Ausgeklammert blieb jedoch der sogenannte X-Bereich. Letztmalig ist diese Erhebung in den neuen Bundesländern mit dem Stichtag 30.11.1990 durchgeführt worden.

Forstwirtschaft, der Anteil der in der Industrie Beschäftigten ist mit knapp 23% sehr niedrig. Demgegenüber dominiert in den Arbeitsamtsbezirken Bautzen, Chemnitz und Zwickau eindeutig die Industrie, in der etwa die Hälfte aller Beschäftigten tätig war. Der Landwirtschaftsanteil in Chemnitz/Zwickau betrug nur knapp 5%. Die Differenzierung in den Anteilen der Bauwirtschaft, von Verkehr, Post- und Fernmeldewesen; Handel und Dienstleistungsbereichenist in den betrachteten Arbeitsamtsbezirken weniger ausgeprägt.

Diese unterschiedlichen Ausgangssituationen bedingten auch einen zumindest teilweise differenzierten Verlauf des Prozesses der Anpassung an marktwirtschaftliche Bedingungen. Das wurde unmittelbar nach der Währungsunion durch die Einschnitte bei den Beschäftigten vor allem in der Land- und Forstwirtschaft und den Verbrauchsgüter produzierenden Bereichen spürbar. Der Nahrungsgütermarkt z.B. wurde binnen kürzester Zeit von Produkten aus den alten Bundesländern beherrscht. Die Folge war, daß der Absatz einheimischer landwirtschaftlicher Produkte drastisch zurückging. Dagegen traten die Auswirkungen der Währungsunion auf das verarbeitende Gewerbe erst später ein. Das ermöglichte unter anderem, daß im verarbeitenden Gewerbe die Kurzarbeiterregelungen voll genutzt und einem stärkeren Anstieg der Arbeitslosigkeit entgegengewirkt werden konnte.

Der konkrete Verlauf des Beschäftigtenabbaus seit 1989 auf Landesebene kann jetzt erstmals anhand einer vergleichbaren Reihe der jahresdurchschnittlichen Beschäftigtenzahlen nachgezeichnet werden. Diese Angaben sind von den Statistischen Landesämtern bereitgestellt worden. Sie belegen, daß der Abbau bei den Beschäftigten zumindest auf Landesebene, zwischen den neuen Bundesländern nur geringe Unterschiede aufweist. In Mecklenburg-Vorpommern, Sachsen und Thüringen - also in den Ländern, in denen die untersuchten Regionen liegen - ist er sogar fast gleich hoch. Im Zuge der Anpassung an marktwirtschaftliche Strukturen sind im genannten Zeitraum über ein Drittel der noch im Jahresdurchschnitt von 1989 vorhanden gewesenen Arbeitsplätze abgebaut worden. Während 1990 im Vergleich zu 1989 etwa 10% ihren Arbeitsplatz verloren, waren es ein Jahr später bereits ein Viertel aller im Jahr 1989 noch in Industrie und Landwirtschaft Beschäftigten.

Im Verlaufe von drei Jahren ist in den betrachteten drei Ländern über ein Drittel der 1989 noch existierenden Arbeitsplätze abgebaut worden. Die unterschiedlich gestalteten Wirtschaftsstrukturen haben im Endeffekt also nur einen geringen Einfluß auf die Gesamthöhe des Arbeitsplatzabbaus ausgeübt. Dennoch vollzog sich die Beschäftigtenentwicklung in den einzelnen Branchen Ostdeutschlands äußerst differenziert. In der Land- undForstwirtschaft sowie im verarbeitenden Gewerbe/Bergbau/Energie war bereits bis zum Jahr

1992 ein drastischer Arbeitsplatzabbau auf 29% bzw. 43% des Niveaus von 1989 zu verzeichnen. Von dieser Entwicklung waren ausnahmslos alle Regionen betroffen. Auch die Bereiche Handel, Verkehr/Nachrichten sowie öffentlicher Dienst verringerten ihre Beschäftigtenzahlen, wenn auch in geringerem Maße als dies im verarbeitendem Gewerbe und der Landwirtschaft der Fall war. Eine Zunahme bei den Beschäftigten weisen demgegenüber das Bau- und das Dienstleistungsgewerbe auf. Im Bereich öffentlicher Dienst steht ein weiterer Abbau im Rahmen von Sparmaßnahmen auf kommunaler und Landesebene noch bevor (vgl. Abbildung 1)[43].

Abbildung 1: Beschäftigtenentwicklung nach Wirtschaftsbereichen in Ostdeutschland

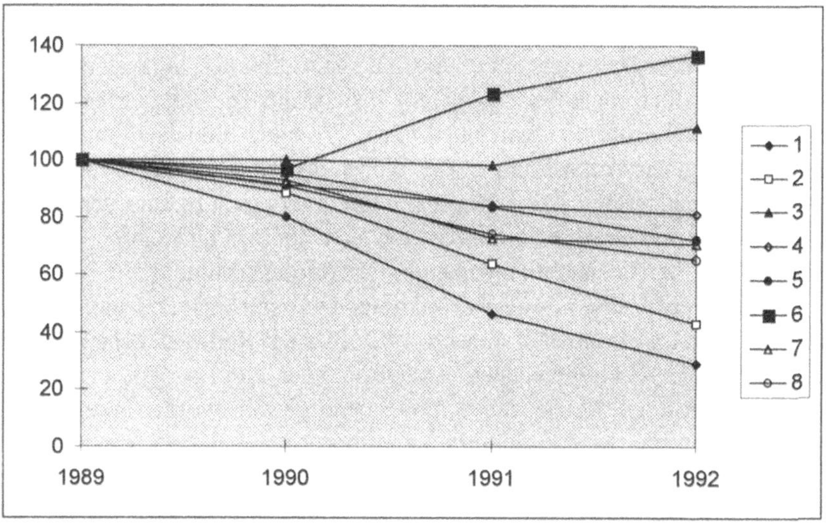

1 .... Land- und Forstwirtschaft, Fischerei
2 .... Energie / Bergbau / verarbeitendes Gewerbe
3 .... Baugewerbe
4 .... Handel
5 .... Verkehr/Nachrichten
6 .... Dienstleistungen
7 .... Staat
8 .... Ostdeutschland

Quelle: Angaben der Statistischen Landesämter

---

43 Um die volle Vergleichbarkeit der Entwicklung der Beschäftigtenzahlen seit 1989 sowohl regional als auch sektoral zu gewährleisten, werden von den Statistischen Landesämtern zur Zeit vergleichbare jahresdurchschnittliche Beschäftigtenzahlen ermittelt. Diese nach Kreisen und Wirtschaftsbereichen gegliederte Kennziffer wird unter Nutzung vielfältiger Quellen nach einem einheitlichen integrierten Rechenverfahren ermittelt. Somit ist gewährleistet, daß die Vergleichbarkeit der Beschäftigtenangaben in ihrer wirtschaftlichen Gliederung zwischen den neuen Bundesländern einerseits und allen Kreisen andererseits gegeben ist. Auf Landesebene liegen diese Angaben nach neun Wirtschaftsbereichen bereits für die Jahre 1989, 1990, 1991 und 1992 vor.

Vergleicht man die einzelnen neuen Bundesländer miteinander, gab es hinsichtlich der Intensität der Beschäftigtenentwicklung in den einzelnen Wirtschaftsbereichen der Länder nur geringfügige Unterschiede. Exemplarisch stellt sich die Beschäftigtenentwicklung im Dienstleistungsgewerbe sowie im verarbeitenden Gewerbe/Bergbau/Energie in Mecklenburg-Vorpommern, Sachsen und Thüringen dar (vgl. Abbildung 2).

Abbildung 2: Beschäftigtenentwicklung im verarbeitenden Gewerbe/Bergbau/Energie sowie im Dienstleistungsgewerbe in Mecklenburg-Vorpommern, Sachsen und Thüringen

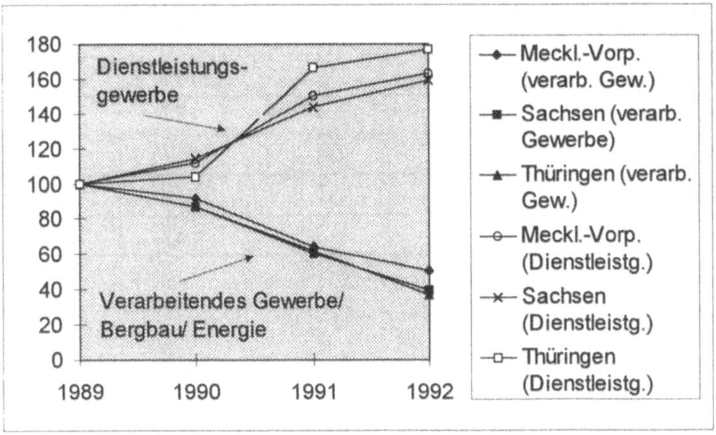

Quelle: Angaben der Statistischen Landesämter Mecklenburg-Vorpommern, Sachsen und Thüringen

Ähnlich übereinstimmend vollzog sich auf regionaler Ebene die Beschäftigtenentwicklung in den anderen Wirtschaftsbereichen, d.h. in der Tendenz war die Entwicklung überall ähnlich. Eine Ausnahme bildete lediglich das Baugewerbe, wobei in Sachsen und Thüringen die Beschäftigtenzahlen in diesem Bereich deutlich angestiegen sind, während sie in Mecklenburg-Vorpommern noch leicht zurückgingen (vgl. Tabelle 2).

Die aus den Statistischen Landesaämtern vorliegenden Angaben zum verlauf des beschäftigtenabbaus in Ostdeutschlands insgesamt sowie innerhalb der einzelnen Bundesländer liefern lediglich eine Orientierung, gegliedert nach den genannten zusammengefaßten Wirtschaftsbereichen. Dagegen liegen keine gesonderten Agaben für die Entwicklung des verarbeitenden gewerbes allein sowie seiner einzelnen Zweige vor. daher fehlen Informationen über die Erwerbstätigenzahl gerade in dem Bereich, in dem vor der Wende über 40% aller Beschäftigten tätig waren und welcher, neben der Land- und Forstwirtschaft, den größten Bereich aufweist.

Tabelle 2: Beschäftigtenentwicklung im Jahresdurchschnitt 1992 in ausgewählten Bundesländern (in Prozent) 1989=100

	Mecklenburg-Vorpommern	Thüringen	Sachsen
Land- und Forstwirtschaft, Fischerei	26	32	30
Energie/Bergbau/verarb. Gewerbe	51	37	39
Baugewerbe	97	128	112
Handel	84	71	79
Verkehr/Nachrichten	59	72	72
Kreditinstitute/Versicherungsgewerbe	149	177	174
sonstige Dienstleistungsunternehmen	164	177	157
Organisationen ohne Erwerbszweck	64	61	74
öffentlicher Dienst	61	78	79
insgesamt	63	62	63

Quelle: Angaben der Statistischen Landesämter Mecklenburg-Vorpommern, Sachsen und Thüringen

Die von SÖSTRA durchgeführten Befragungen zur Beschäftigtenentwicklung in Treuhandunternehmen und Extreuhandunternehmen schließen diese Lükke. Allerdings sind aufgrund der Herangehensweise die sektoralen Aussagen nicht beliebig auf kleinräumige Gebiete übertragbar. Dennoch lassen sich wichtige Informationen über den Verlauf des Anpassungsprozesses - vor allem im bereich des produzierenden Gewerbes - auf der Ebene des jeweiligen Arbeitsamtsbezirkes gewinnen. Dabei handelt es sich nicht nur um Angaben zum bereits vollzogenen Beschäftigtenabbau, sondern auch um Informationen über den erwarteten weiteren Stellenabbau sowie zum Verbleib der aus Treuhandunternehmen ausgeschiedenen Mitarbeiter.

2. Stand und voraussichtliche Entwicklung der Beschäftigung von 1991 bis Anfang 1996

2.1 Beschäftigungsentwicklung in Treuhandunternehmen und Extreuhandfirmen der ausgewählten Regionen

In den Arbeitsamtsbezirken Neubrandenburg, Bautzen, Chemnitz und Zwickau sowie Erfurt sind alle Treuhandunternehmen und Extreuhandfirmen von

1991 an zweimal jährlich danach befragt worden, welche Perspektiven sie hinsichtlich der Beschäftigungssituation in der Zukunft sehen. das Antwortverhalten war sehr gut, so daß bezogen auf diese Firmengruppen sowohl auf sektoraler als auch auf regionaler Ebene repräsentative Aussagen zur möglichen Beschäftigtenentwicklung getroffen werden können (s.a. Dahms et al. 1993)[44].

In nahezu allen befragten Unternhmen der genannten Arbeitsamtsbezirke ist seit der wende ein rigoroser Arbeitsplatzabbau erfolgt. Mittels der Befragungen wird diese Entwicklung in allen jenen Unternehmen dokumentiert, die zu DDR-Zeiten volkseigene betriebe waren. Es handelt sich vorrangig um ehemalige Kombinate und Betriebe des verarbeitenden Gewerbes, der Energie- und Wasserwirtschaft, des bergbaus sowie des Baugewerbes. Nicht repräsentativ dagegen ist die Erhebung vor allem in der Land- und Forstwirtschaft, denn in diesem Wirtschaftsbereich war das genossenschaftliche Eigentum vorherrschend, das nicht der Treuhandverwaltung unterstellt worden war. Einschränkend verallgemeinerungsfähig sind auch die Aussagen für den Handel sowie Verkehr/Nachrichtenübermittlung. Keine Aussagen können für den öffentlichen Dienst getroffen werden. In der ersten Befragungswelle (April 1991) wurde somit etwa die Hälfte aller Beschäftigten erfaßt.

Tabelle 3: Beschäftigtenentwicklung in den Treuhand- und Extreuhandfirmen nach Arbeitsamtsbezirken (AA)

	Anfang 1991	Anfang 1992	Anfang 1993	Anfang 1994	Anfang 1995	Anfang 1996
	Personen					
AA Neubrandenburg	70.000	35.000	32.000	27.500	26.000	25.000
AA Bautzen	180.000	100.000	42.000	37.000	35.600	35.000
AA Chemnitz/Zwickau	250.000	145.000	90.000	79.000	76.000	75.000
AA Erfurt	120.000	65.000	56.000	43.000	40.000	40.500
	Prozent					
AA Neubrandenburg	100	50	46	39	37	36
AA Bautzen	100	56	23	21	20	19
AA Chemnitz/Zwickau	100	58	36	32	30	30
AA Erfurt	100	54	47	26	33	34

Quelle: SÖSTRA-Befragungen der Treuhand- und Extreuhandfirmen (1991-1993)

[44] Es ist zu berücksichtigen, daß in kleinregionalen Untersuchungen die Ergebnise stark von Einzelunternehmen und deren Antwortverhalten geprägt sein können.

In den einzelnen Regionen war der Privatisierungsprozeß mit einem enormen Beschäftigungsabbau verbunden. Die von den Unternehmen getroffenen Einschätzungen zum Beschäftigtenstand und zur Beschäftigtenentwicklung unterscheiden sich regional zum Teil wesentlich voneinander. Allgemein ist die Aussage, daß die Zahl der Arbeitsplätze deutlich reduziert worden ist. Übereinstimmung herrscht auch in der Einschätzung der genannten Regionen, daß in der näheren Zukunft mit einem weiteren, wenn auch geringerem Arbeitsplatzabbau gerechnet werden muß (vgl. Tabelle 3).

Der größte Beschäftigungsabbau erfolgte in sämtlichen betrachteten Regionen, wie Tabelle 3 zeigt im Verlaufe der Jahre 1991 und 1992. Die Zahl der Beschäftigten nahm etwa um die Hälfte der noch Anfang 1991 vorhandenen Anzahl ab. Hierbei ist zu berücksichtigen, daß auch bereits 1990 Arbeitsplätze abgebaut worden sind, deren konkrete Zahl nicht erfragt wurde und somit hier nicht dokumentiert werden konnte.

Tabelle 4: Verteilung der Beschäftigten aus Treuhand- und Extreuhandfirmen auf die Wirtschaftsbereiche nach Arbeitsamtsbezirken (in Prozent)

Arbeitsamtsbezirk	1	2	3	4	5	6	7
	Ende 1991 / Ende 1993						
Neubrandenburg	13/4	10/11	37/38	21/28	19/19	0/0	100
Bautzen	1/1	22/1	48/69	21/23	8/6	0/0	100
Chemnitz/Zwickau	1/0	5/13	75/55	7/12	12/16	0/4	100
Erfurt	3/2	8/11	70/47	8/15	11/23	0/2	100

Legende: 1........Land- und Forstwirtschaft 2....... Energiewirtschaft/Wasserversorgung
3........verarbeitendes Gewerbe 4....... Baugewerbe
5........Dienstleistungen 6....... übrige 7........insgesamt

Quelle: SÖSTRA-Befragungen der Treuhand- und Extreuhandfirmen (1991-1993)

Der Arbeitsplatzabbau in den Treuhandunternehmen und Extreuhandfirmen betraf in der Regel sämtliche Wirtschaftsbereiche, allerdings mit unterschiedlicher Intensität. So weisen insbesondere die Extreuhandfirmewn des Dienstleistungs- und auch des Baugewerbes deutlich günstigere Beschäftigungstendenzen auf als die Unternehmen anderer Branchen. Das wird an der Verteilöung der Anzahl der Beschäftigten auf die einzelnen Wirtschaftsgruppen in den Jahren 1991 und 1993 deutlich (vgl. Tabelle 4 und Anhang Tabellen A bis D). Der oben zitierte deutlich höhere Beschäftigtenzuwachs im Dienstleistungs- und Baugewerbe der neuen Bundesländer insgesamt beruht allerdings überwiegend auf überdurchschnittlichen Beschäftigungsimpulsen, die vom Bauhandwerk von den nicht unter Treuhandverwaltung stehenden Dienstleistungsunternehmen sowie von den neu gegründeten Unternehmen beider Branchen ausgegangen waren.

Wie aus Tabelle 4 ersichtlich wird, ist in den betrachteten Arbeitsamtsbezirken ein Anstieg des Anteils der Beschäftigten fast ausschließlich im Bau- und Dienstleistungsbereich eingetreten, deren Anteile sich erhöhten. Das verarbeitende Gewerbe weist demgegenüber in der Tendenz sinkende Beschäftigtenanteile auf. Lediglich im Arbeitsamtsbezirk Bautzen stieg dieser Anteil, hier allerdings infolge des rapiden Beschäftigtenabbaus, vor allem im Bergbau.

Befragungsergebnisse vom Oktober 1993 belegen, daß die Beschäftigtenzahlen weiter sinken werden, am stärksten in den befragten Unernehmen der Arbeitsamtsbezirke Erfurt und Neubrandenburg. Hier gehen die Unternehmen davon aus, daß noch jeder vierte der gegenwärtig vorhandenen Arbeitsplätze bis Ende 1995 verloren gehen wird. Auch die Unternehmen der Arbeitsamtsbezirke Bautzen, Chemnitz und Zwickau schätzen ein, daß fast jeder fünfte ihrer derzeitig Beschäftigten seinen Arbeitsplatz verlieren wird. Dennoch ist endlich tendenziell Stabilisierung erkennbar, was in erster Linie auf die Entwicklung in den bereits privatisierten Unternehmen zurückzuführen ist (vgl. Abbildungen 3, 4, 5 und 6).

Abbildung 3: Voraussichtliche Beschäftigtenentwicklung im Arbeitsamtsbezirk Neubrandenburg

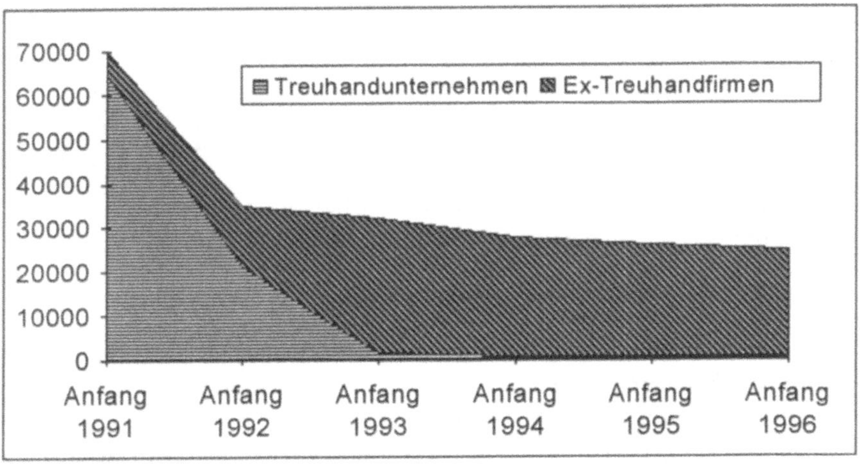

Quelle: SÖSTRA-Befragungen der Treuhandunternehmen und Ex-Treuhandfirmen (1991-1993)

Abbildung 4: Voraussichtliche Beschäftigtenentwicklung im Arbeitsamtsbezirk Bautzen

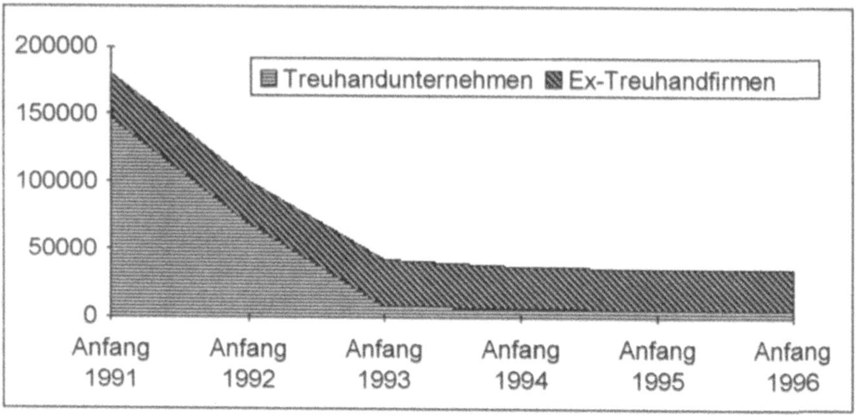

Quelle: SÖSTRA-Befragungen der Treuhandunternehmen und Ex-Treuhandfirmen (1991-1993)

Abbildung 5: Voraussichtliche Beschäftigtenentwicklung in den Arbeitsamtsbezirken Chemnitz/Zwickau

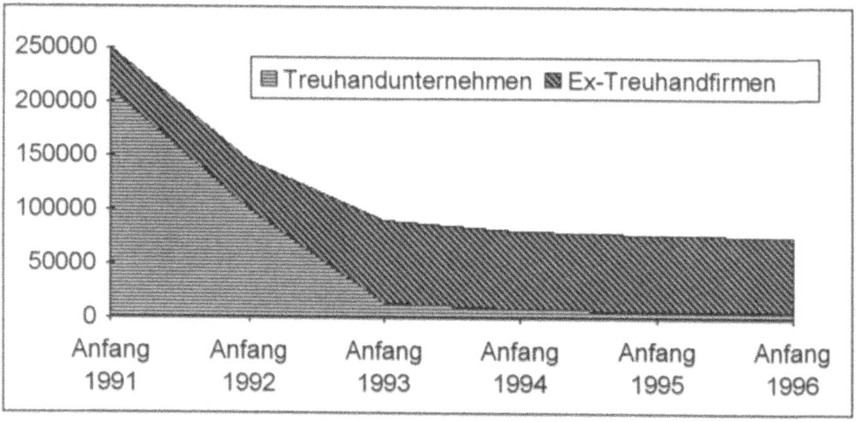

Quelle: SÖSTRA-Befragungen der Treuhandunternehmen und Ex-Treuhandfirmen (1991-1993)

In den untersuchten Regionen zeichnet sich, insbesondere im verarbeitenden Gewerbe, eine Deindustrialisierung ab, d.h. die gegenwärtig existierende Industrielandschaft wird auf ein Niveau absinken, das dem eines modernen Industriestaates nicht mehr entspricht. Dessenungeachtet werden Unternehmen offensichtlich weiterhin ihre Chance am Markt haben. Gegenwärtig ist aber nicht spürbar, daß der beginnende wirtschaftliche Aufschwung zu steigenden Beschäftigtenzahlen führen wird. In allen befragten Unternehmen der ausgewählten Arbeitsamtsbezirke gibt es kaum offene Stellen, was auf eine beschäftigungsseitige Erweiterung schließen lassen könnte. Der Anteil der offenen Stellen an den Stellen insgesamt ist verschwindend gering und schwankt zwischen 0,1% im Arbeitsamtsbezirk Bautzen und 0,3% in den Arbeitsamtsbezirken Neubrandenburg und Erfurt. Dementsprechend erfolgen auch kaum Neueinstellungen in den Treuhand- und Extreuhandfirmen. der Anteil der Neueinstellungen an der Beschäftigtengesamtzahl liegt zwischen 2% und 3%.

Abbildung 6: Voraussichtliche Beschäftigtenentwicklung im Arbeitsamtsbezirk Erfurt

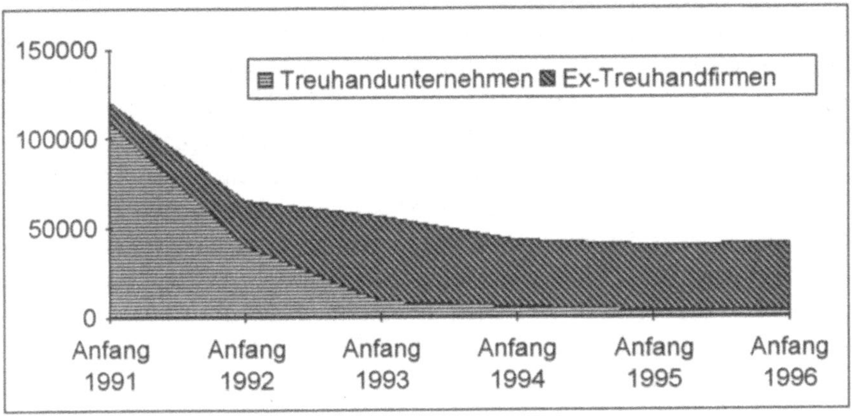

Quelle: SÖSTRA-Befragungen der Treuhandunternehmen und Ex-Treuhandfirmen (1991-1993)

Die Ursachen für den Beschäftigtenabbau liegen zu einem großen Teil in dem immer noch bestehenden Produktivitätsgefälle begründet, das ostdeutsche Untenehmen im Vergleich zu Unternehmen der alten Bundesländer aufweisen. Darüber hinaus werden Arbeitsplätze in bestimmten Bereichen abgebaut, was zwar kurzfristig als kostenentlastender Faktor wirkt, langfristig aber nicht unbedingt die Konkurrenzfähigkeit des Unternehmens sichert. Unternehmensentscheidungen in dieser Richtung haben insbesondere zu einer Aushöhlung ostdeutscher betrieblicher Forschungs- und Entwicklungspotentiale geführt.

Tabelle 5: Umsatz je beschäftigten in Treuhand- und Extreuhandfirmen 1993 nach Artbeitsamtsbezirken (Umsatz je Beschäftigten in DM)

Arbeitsamtsbezirk	Treuhandunternehmen	Extreuhandunternehmen
Neubrandenburg	95.000	206.000
Bautzen	147.000	125.000
Chemnitz/Zwickau	182.000	153.000
Erfurt	80.000	222.000

Quelle: SÖSTRA-Befragung von Treuhand- und Extreuhandfirmen (Oktober 1993)

Auch das in den Treuhandunternehmen und Extreuhandfirmen der Arbeitsamtsbezirke Neubrandenburg, Bautzen, Erfurt, Chemnitz und Zwickau erreichte Produktivitätsniveau ist - gemessen am Umsatz je Beschäftigten - sehr niedrig (vgl. Tabelle 5).

Ein Vergleich des Produktivitätsniveaus im Jahre 1993 auf Basis des Umsatzes je Beschäftigten von Unternehmen des verarbeitenden Gewerbes in den alten und neuen Bundesländern offenbart gravierende Unterschiede, d.h. in ostdeutschen Firmen bestehen deutliche Produktivitätsrückstände. So erreichten die Unternehmen des verarbeitenden Gewerbes in Neubrandenburg im Jahr 1993 nur etwa ein Viertel des Standes der alten Bundesländer. Auch das traditionelle Industriegebiet Chemnitz/Zwickau konnte keine besseren Ergebnisse aufweisen und hatte einen ähnlich hohen Produktivitätsrückstand. Das in den Arbeitsamtsbezirken Bautzen und Erfurt erreichte Produktivitätsniveau lag zwar etwa bei der Hälfte des Standes der alten Bundesländer und damit deutlich höher; der Abstand ist jedoch immer noch beachtlich hoch. Dieser Umstand wiegt um so schwerer, als die bereits privatisierten Unternehmen in den Angaben mit enthalten sind. Diese Tatsache hat bisher zu keinem Ergebnis beitragen können.

Für die Anzahl der Arbeitsplätze ist die Investitionstätigkeit ein entscheidender Einflußfaktor. Allerdings die von Investitionen ausgehenden Wirkungen auf den Arbeitsmarkt treten in der Regel erst zeitlich verzögert ein. Investitionen können ambivalent wirken, sie können dazu dienen, Arbeitsplätze sowohl zu schaffen als auch einzusparen. Das bedeutet, daß auch bei einer bestimmten geplanten Investition keine eindeutigen Voraussagen darüber möglich sind, in welchem Umfang diese zur Entspannung der Arbeitsmarktlage in der Region beitragen werden.

Tabelle 6: Investitionen in Treuhandunternehmen (THA) und Extreuhandfirmen (Ex-THA) 1993 nach Arbeitsamtsbezirken

Arbeitsamtsbezirk	Investitionen je Beschäftigten (in DM)		Anteil Investitionen am Umsatz (in %)	
	THA	ExTHA	THA	Ex-THA
Neubrandenburg	4.900	50.900	4,9	24,6
Bautzen	13.000	23.100	8,8	14,3
Chemnitz/Zwickau	14.700	26.200	7,6	17,7
Erfurt	7.000	24.300	9,1	10,7

Quelle: SÖSTRA-Befragung von Treuhand- und Extreuhandfirmen (Oktober 1993)

Untersucht man Treuhandunternehmen und Extreuhandunternehmen separat, dann zeigt sich, daß in der Tendenz in Extreuhandfirmen je Beschäftigten um ein Vielfaches mehr investiert wird als in den Treuhandunternehmen. Auch hinsichtlich der Relation Investition - Umsatz schneiden die Extreuhandfirmen im Jahr 1993 deutlich besser ab (vgl. Tabelle 6).

Unsere Befragungsergebnisse ergeben eindeutig, daß in den Ende 1993 noch bestehenden Treuhandunternehmen der ausgewählten Regionen kaum investiert worden ist. Dabei weist Neubrandenburg sowohl bei beiden Kategorien extreme Daten nach oben als auch nach unten auf. Die sehr hohen Werte im Extreuhandbereich sind zurückzuführen auf die hohen Investitionen in den Bereichen Energiewirtschaft und Wasserversorgung; die sehr niedrigen Werte bei den noch bestehenden Treuhandfirmen erklären sich aus dem relativ hohen Anteil von Beschäftigten der ehemaligen Volkseigenen Güter, die bisher nicht privatisiert werden konnten.

Von den bereits privatisierten Unternehmen wird - in Relation zum Umsatz - in einer beachtlichen Größenordnung investiert. Angesichts der jedoch immer noch niedrigen Umsatzzahlen, wird deutlich, daß die Investitionstätigkeit bei weitem noch nicht ausreicht, bestehende Produktivitätsrückstände zwischen Ost und West zu beseitigen.

Der Umsatz je Beschäftigten ist ein Indikator für die Produktivität, die wiederum auf die Entwicklung des Lohnniveaus Einfluß hat. Dieser gleichsam gesetzmäßige Zusammenhang scheint zumindest zeitweise außer Kraft gesetzt zu sein, denn in den Treuhandunternehmen werden die Löhne zum großen teil subventioniert. Nur so ist es zu erklären, daß in einzelnen Unternehmen die Löhne den Umsatz sogar übersteigen. In den Untersuchungsregionen war Ende 1993 der Lohnkostenanteil im Arbeitsamtsbezirk Erfurt mit 45% am höchsten[45]. Allerdings ist zu berücksichtigen, daß die Umsatzhöhe entsprechend niedrig ist.

Im Durchschnitt ergeben sich für alle Treuhand- und Extreuhandfirmen in Ostdeutschland zusammengenommen bereits andere Tendenzen, die sich von kleinregionalen Ergebnissen unterscheiden. Aufschlußreich ist ein Vergleich der Umsatz- und Bruttolohnentwicklung im verarbeitenden Gewerbe zwischen den alten und den neuen Bundesländern. Die Längsschnittanalyse verdeutlicht, daß sich das Verhältnis zwischen Lohn- und Produktivitätsniveau im Vergleich zwischen Ost- und Westdeutschland seit 1991 verändert hat. Ursprünglich war das Tempo der Anpassung an das westdeutsche Lohn- und Gehaltsniveau höher als das der Anpassung an die Umsatzproduktivität in

---

45 Der Lohnkostenanteil am Umsatz lag 1993 in Treuhandunternehmen des verarbeitenden Gewerbes bei 28% und war damit wesentlich höher als in den bereits privatisierten Unternehmen, in denen er bei 23% lag. Vergleichbare Werte in den alten Bundesländern lagen 1992 bei 23%.

den alten Bundesländern. Inzwischen hat sich diese Relation, wenn auch nicht umgekehrt, so doch deutlich angeglichen. Laut dem Befragungsergebnis von Oktober 1993 liegt das Tempo der Lohn- und Gehaltsanpassung inzwischen niedriger als das der Anpassung an die Umsatzproduktivität (vgl. Abbildung 7).

Abbildung 7: Entwicklung von Bruttolohn und Umsatz je Beschäftigten in Treuhand- und Ex-Treuhandunternehmen des verarbeitenden Gewerbes im Vergleich mit den alten Bundesländern

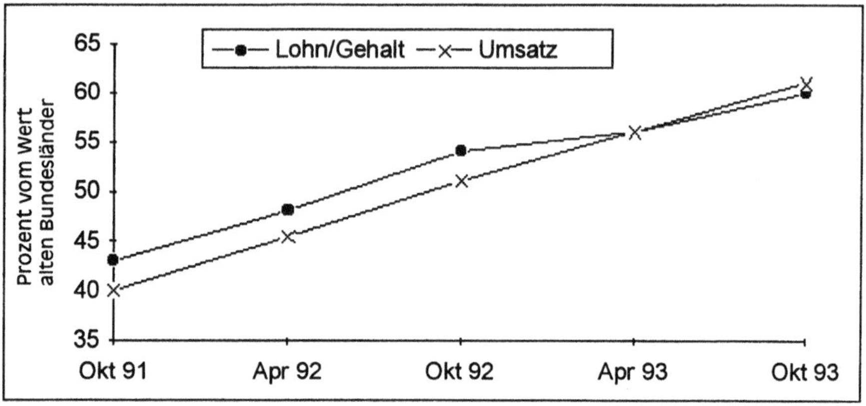

Quelle: SÖSTRA-Befragungen der Treuhandunternehmen und Ex-Treuhandfirmen (1991-1993) sowie Angaben des Statistischen Bundesamtes Wiesbaden

Die Beschäftigtenentwicklung ist, wie gezeigt werden konnte, seit Beginn des Anpassungsprozesses an marktwirtschaftliche Strukturen regional differenziert verlaufen. Hierbei ist zu berücksichtigen, daß die wirtschaftlichen Veränderungen in Ostdeutschland sich unter sehr unterschiedlichen Bedingungen vollziehen. Gemeinsam ist den Regionen, daß die Unternehmen arbeitsmarktpolitische Instrumentarien nutzen, um Beschäftigungseinbrüche zumindest teilweise sozial abzufedern. So ist auch ein Teil der bestehenden Arbeitsverhältnisse in Treuhandunternehmen und Extreuhandfirmen auf die verschiedenste Art und Weise vom Arbeitsförderungsgesetz (AFG) gestützt, wodurch die betroffenen Unternehmen deutlich entlastet werden.

Zur Wirksamkeit arbeitsmarktpolitischer Instrumente sind nur die Treuhandunternehmen befragt worden. In den Extreuhandfirmen sind dagegen nur Angaben zur Kurzarbeit erhoben worden. Dementsprechend befaßt sich der nachfolgende Abschnitt mit der Rolle AFG-gestützter Beschäftigung in allen Treuhandunternehmen.

2.2 AFG-gestützte Beschäftigung in Treuhandunternehmen

Ein großer Teil der Arbeitsplätze in Treuhandunternehmen war von Beginn an durch das AFG gefördert. das Gesetz umfaßte Arbeitsbeschaffungsmaßnahmen (ABM), einschließlich der nach § 249 h AFG[46] geförderten Stellen, ferner die Förderung zur Schaffung von Arbeitsplätzen in Gesellschaften zur Arbeitsförderung, Beschäftigung und Strukturentwicklung (ABS) und nicht zuletzt Regelungen zur Kurzarbeit. Mit fortschreitender Privatisierung, sinkenden Beschäftigtenzahlen in Treuhandunternehmen sowie aufgrund veränderter Regelungen des AFG haben sich sowohl der Umfang als auch das Gewicht einzelner gestützter Beschäftiungsarten deutlich verändert (vgl. Tabelle 7).

Tabelle 7: Wirksamkeit arbeitsmarktpolitischer Maßnahmen in Treuhandunternehmen

	Beschäftigte insgesamt (%)	darunter: Kurzarbeit (%)	ABM (%)	§249 h (%)
Ende 1991	100	35,5	*	0,0
Ende 1992	100	18,6	8,4	0,0
Ende 1993	100	14,1	1,8	18,7

* keine Angaben

Quelle: SÖSTRA-Befragungen der Treuhandunternehmen (1991-1993)

Als eines der wichtigsten arbeitsmarktpolitischen Instrumentarien erwies sich in Ostdeutschland die Kurzarbeiterregelung. Die anfangs getroffenen Sonderregelungen für die neuen Bundesländer hatte zur Folge, daß Anfang 1991 fast jeder zweite Beschäftigte eines Treuhandunternehmens in Kurzarbeit beschäftigt war, darunter ein Großteil in Null-Stunden-Kurzarbeit. Obwohl der Anteil der Kurzarbeiter an den Beschäftigten ständig gesunken ist, zeigte sich in der letzten Befragung im Oktober 1993, daß in den Treuhandunternehmen immer noch 14,1% der Beschäftigten kurzarbeiten. Damit entfiel im Herbst 1993 knapp ein Viertel aller Kurzarbeiter Ostdeutschlands auf die Treuhandunternehmen. In den neuen Bundesländern insgesamt betrug die Kurzar-

46 Eine Förderung nach § 249 h AFG ist bei Arbeitnehmern möglich, die Arbeitslosengeld oder -hilfe empfangen, deren ABM auslaufenoder deren Arbeitszeitausfall bei Kurzarbeit 90% der tarifüblichen Arbeitszeit beträgt. Maßnahmeträger erhalten für ihre Arbeitnehmer einen pauschalisierten Lohnkostenzuschuß in Höhe des durchschnittlichen monatlichen Arbeitslosengeldes bzw. der Arbeitslosenhilfe. Maßnahmen nach § 249 h AFG können auf den Gebieten Umweltsanierung, soziale Dienste und Jugendhilfe durchgeführt werden. Dieses arbeitsmarktpolitische Instrument ist bis Ende 1997 befristet.

beiterquote zum Befragungszeitpunkt nur noch 2,4% und erreichte damit etwa die gleiche Höhe wie in den alten Bundesländern.

Auch die großzügige Handhabung von ABM hat den Arbeitsmarkt in Ostdeutschland spürbar entlastet. jedoch spielten die ABM 1993 im Vergleich zu 1992 nicht zuletzt aufgrund eingeschränkter finanzieller Bedingungen eine deutlich geringere Rolle - auch in den Treuhandunternehmen Ostdeutschlands, die immer Träger von ABM waren. Ende 1992 waren immerhin fast 9% aller Arbeitnehmer in Treuhandunternehmen auf ABM-Stellen. Im Herbst 1993 lag dieser Anteil nur noch bei knapp 2%[47]. Gleichzeitig sind 1993 die Möglichkeiten einer Beschäftigung nach § 249 h AFG voll genutzt worden. Jeder fünfte Beschäftigte eines Treuhandunternehmens konnte diese Förderung in Anspruch nehmen. Es verwundert nicht, daß bei der Zielsetzung dieser arbeitsmarktpolitischen Maßnahme die so geförderten Beschäftigungsverhältnisse auf Chemie- und Bergbauregionen konzentriert sind. Es besteht also keine mit der Verteilung der ABM-Plätze vergleichbare Streuung auf die einzelnen Regionen. Im Vergleich zu Ostdeutschland insgesamt sind sowohl 1992 als auch 1993 in Treuhandunternehmen überdurchschnittlich viele ABM-Plätze bewilligt worden.

Die arbeitsmarktpolitischen Instrumentarien zur Kurzarbeit, ABM sowie Beschäftigungsverhältnisse nach § 249 h AFG sind in den Treuhandunternehmen regional durchaus differenziert in Anspruch genommen worden (vgl. Tabelle 8 und Anhang Tabelle E).

Tabelle 8: Wirksamkeit arbeitsmarktpolitischer Maßnahmmen (in Prozent) in den Treuhandunternehmen der vier Regionen (siehe vorangegangene Tabellen)

Arbeitsamtsbezirk	Beschäftigte insgesamt	darunter: Kurzarbeit	ABM	§249 h
		Ende 1992 / Ende 1993		
Neubrandenburg	100	5,9 / 12,1	0,6 / 0,0	0,0 / 0,0
Bautzen	100	13,8 / 12,7	5,7 / 0,0	0,0 / 0,0
Chemnitz/Zwickau	100	30,1 / 17,6	5,8 / 2,5	0,0 / 0,2
Erfurt	100	22,7 / 9,9	2,1 / 2,0	0,0 / 0,2

Quelle: SÖSTRA-Befragungen der Treuhandunternehmen (1991-1993)

47 1992 hatten im Jahresdurchschnitt 6% aller Beschäftigten in den neuen Bundesländern einen Arbeitsvertrag auf der Grundlage von ABM, 1993 lag der entsprechende Anteil bei 4%.

Die Wirksamkeit arbeitsmarktpolitischer Maßnahmen in den jeweiligen Regionen hängt zu einem Großen Teil von der gewachsenen Wirtschaftsstruktur ab. Im landwirtschaftlich geprägten Arbeitsamtsbezirk Neubrandenburg findet man in weit geringerem Umfang Kurzarbeit als beispielsweise in der Industrieregion Chemnitz/Zwickau. Kurzarbeit spielt allerdings auch in den bereits privatisierten Unternehmen eine Rolle, wobei ihr Anteil in diesen Firmen deutlich niedriger als in den Treuhandunternehmen liegen. Im Oktober 1993 lag der Anteil zwischen knapp 3% in den Ex-Treuhandfirmen des Arbeitsamtsbezirks Neubrandenburg und etwa 6% in den Arbeitsamtsbezirken Chemnitz und Zwickau.

In den Treuhandunternehmen der betrachteten Regionen ist die Anzahl von ABM-Stellen - wie in Ostdeutschland insgesamt - spürbar gesunken. Hatte Anfang 1991 etwa jede sechste Firma ABM-Arbeitsplätze, im Arbeitsamtsbezirk Neubrandenburg sogar jede dritte, so hat sich diese Anzahl im Verlaufe von 1992 und 1993 deutlich reduziert. 1992 wurden ABM-Stellen am häufigsten in den Arbeitsamtsbezirken Bautzen sowie Chemnitz/Zwickau in Anspruch genommen. Knapp 6% aller Beschäftigten hatten einen Arbeitsvertrag auf Basis von ABM und konnten auf diesem Wege den Arbeitsplatz erst einmal behalten. ABM-Beschäftigungsverhältnisse waren oftmals auch auf einzelne Unternehmen konzentriert.So gab es 1992 in den Arbeitsamtsbezirken Chemnitz/Zwickau beispielsweise Betriebe mit mehr als 500 Beschäftigten, in denen rd. 10 % der Beschäftigten eine ABM-Stelle innehatten, in einem Fall waren es sogar 75 % (!).

1993 hat sich die Situation nochmals gewandelt. Allein in Chemnitz und Zwickau gibt es mit 12 % einen nennenswerten Anteil an der Gesamtzahl von Unternehmen, die ABM-Beschäftigte haben. In Erfurt waren es etwa 4 % der Unternehmen, in den befragten Unternehmen Neubrandenburgs und Bautzens gab es keine ABM-Beschäftigten mehr.

Der § 249 h AFG wird in den Treuhandunternehmen kaum in Anspruch genommen. Lediglich in Chemnitz , Zwickau und Erfurt nutzen etwa 2,5 % der Firmen diese Fördermöglichkeit.

Die staatliche Fördeung von ABS-Gesellschaften erfolgt zwar regional differenziert, teilweise aber in beachtlichen Umfang. Der Höhepunkt war 1992 erreicht, wo ca. 13 % der Firmen in den Arbeitsamtsbezirken Chemnitz und Zwickau ABS-Gesellschaften förderten. Auch in den anderen Arbeitsamtsbezirken wurden vor allem 1992 ABS-Gesellschaften unterstützt, allerdings von einer deutlich geringeren Firmenanzahl.

Die arbeitsmarktpolitischen Maßnahmen haben in den Treuhandunternehmen, aber teilweise auch in den Ex-Treuhandfirmen zumindest zeitweise zum Erhalt von Arbeitsplätzen beigetragen. Andernfalls wären die ohnehin hohen Beschäftigungseinbrüche noch gravirender ausgefallen. Wenngleich dadurch der Arbeitsplatzabbau letztlich nicht verhindert werden konnte, so ist ein totaler, plötzlicher Absturz verhindert und zumindest vorrübergehend in gewissem Maße sozialverträglich abgesichert worden.

2.3 Wo sind die aus Treuhandunternehmen ausgeschiedenen Arbeitnehmer geblieben?

Die aus Treuhand- und Extreuhandfirmen ausgeschiedenen Arbeitnehmer sind nicht alle arbeitslos geworden. Speziell zu dieser Frage sind von SÖSTRA in Treuhandunternehmen spezielle Untersuchungen durchgeführt wodden. Zweimal jährlich wurden Informationen über den Verbleib der aus den Treuhandunternehmen ausgeschiedenen Mitarbeiter eingeholt. Hieraus lassen sich wichtige Hinweise auf im Entstehen befindliche Hinweise ablei-ten, die auf den Arbeitsmarkt in den Regionen zukommen.

In den Erhebungen wurden folgende Möglichkeiten berücksichtigt:

- Rente bzw. Vorruhestand/Altersübergang
- Der Arbeitnehmer hat selbst gekündigt.
- Der Arbeitnehmer wird in ausgegründeten oder anderen Unternehmen weiter beschäftigt.
- Der Arbeitnehmer nimmt eine arbeitsmarktpolitische Maßnahme in Anspruch.
- ABS
- ABM (außerhalb von ABS)
- FuU (außerhalb von ABS)
- § 249 h AFG
- Der Arbeitnehmer wurde arbeitslos.
- Zum Verbleib des Arbeitnehmers können keine Angaben gemacht werden.

Auf der Grundlage der quartalsweisen Informationen zum Verbleib der aus Treuhandunternehmen ausgeschiedenen Mitarbeiter kann ein differenziertes Bild gezeichnet werden. Über den gesamten Befragungszeitraum sind die folgenden Entwicklungen nachweisbar, die auf alle ausgewählten Regionen zutreffen:

1. Die Anzahl der in Altersrente gehenden Arbeitnehmer hatte nur im ersten Halbjahr 1991 mit etwa 5-6 % eine nennenswerte Größenordnung. Dieser hohe Anteil erklärt sich aus der Tatsache, daß die Zahl der im Rentenalter berufstätigen Rentner in der DDR relativ hoch war und diese nach der Wende ihre Tätigkeit zu einem großen Teil aufgegeben haben bzw. auf-

geben mußten. Inzwischen ist das Potential an Beschäftigten dieser Gruppe erschöpft.

2. Dei Möglichkeit, Altersübergangsgeld in Anspruch zu nehmen, wurde bis Ende 1992 von vielen der dazu berechtigten Arbeitnehmer genutzt. Die einzelnen Befragungen weisen kaum unterschiedliche Werte auf. Von 1991 bis Ende 1992 - am 31.12.1992 ist die Altersübergangsregelung bekanntlich ausgelaufen - hat annähernd jeder zehnte aus einem Treuhandunternehmen ausgeschiedene Arbeitnehmer diese Möglichkeit in Anspruch genommen.
3. Ausgeschiedene Arbeitnehmer haben in beträchtlicher Zahl in anderen Unternehmen einen neuen Arbeitsplatz gefunden, sei es im Zuge einer Ausgründung oder über einen Wechsel in einen neuen Betrieb. Im Verlaufe der Jahre 1991 bis 1993 standen etwa ein Drittel der ausgeschiedenen Arbeitnehmer weiter in einem Arbeitsverhältnis.
4. Arbeitsmarktpolitische Maßnahmen haben insgesamt gesehen einer potentiellen Arbeitslosigkeit wirksam entgegengewirkt. Über den Untersuchungszeitraum hinweg gab es allerdings deutliche Verschiebungen in der Breite der Anwendung der einzelnen Maßnahmen. So nahmen Ende 1993 in allen vier betrachteten Regionen nur noch wenige Bechäftigte an Fortbildungs- und Umschulungsmaßnahmen teil. Eine ralativ große Rolle spielt für die aus Treuhandunternehmen ausscheidenden Mitarbeiter die Beschäftigungsmöglichkeit nach § 249 h AFG. Mit Ausnahme des Arbeitsamtsbezirks Neubrandenburg, in dem in den befragten Unternehmen niemand nach § 249 h AFG gefördert wird, konnte in den anderen untersuchten Arbeitsamtsbezirken etwa jeder fünfte der Ende 1993 ausgeschiedenen Arbeitnehmer in ein derartiges Beschäftigungsverhältnis gebracht werden. In eine ABS ist in Neubrandenburg und Erfurt kaum jemand übernommen worden. In Chemnitz, Zwickau und Bautzen war diese Möglichkeit über einzelne Quartale hinweg ein spürbarer Entlastungsfaktor des Arbeitsmarktes. ABS wurden vor allem in Großbetrieben angesiedelt.
5. Trotz dieser entlastenden Maßnahmen und auch der hier und da sich bietenden Wiederbeschäftigungsmögkichkeiten ist letztendlich eine zunehmend größer werdende Anzahl der aus Treuhandunternehmen ausscheidenden Arbeitnehmer in die Arbeitslosigkeit entlassen worden. Am stärksten davon betroffen waren die Arbeitnehmer in Neubrandenburg, wo ungefähr jeder zweite laut den Angaben der befragten Treuhandunternehmen arbeitslos wurde. In den anderen Arbeitsamtsbezirken ist die Situation nicht grundlegend davon verschieden. Dort sind nicht so viele Ar-

beitnehmer ohne Beschäftigung, ihr Anteil liegt aber dennoch zwischen 20 und 50 % aller Arbeitnehmer, die in den untersuchten Unternehmen beschäftigt waren. Darüber hinaus konnten über eine nicht zu beziffernde Anzahl von ausgeschiedenen Mitarbeitern keine Angaben gemacht werden. Es ist daher abzusehen, daß ein großer Teil derjenigen, über die keine Informationen vorliegen, ebenfalls ohne Arbeitsverhältnis ist.

Die Tabellen F bis K im Anhang vermitteln einen präzisen Überblick (quartalsweise) über den Verbleib der in den vier Regionen aus Treuhandunternehmen seit Anfang 1991 ausgeschiedenen Arbeitnehmer.

Die Abbildungen 3 bis 6 veranschaulichen, in welcher Größenordnung in diesen Regionen Arbeitsplätze abgebaut worden sind bzw. in den privaten Unternehmen erhalten werden konnten. Der Privatisierungsprozeß ist weitgehend abgescglossen. Im Arbeitsamtbezirk Neubrandenburg existieren kaum noch Treuhandunternehmen, und auch in den anderen Arbeitsamtsbezirken steht der Privatisierungsprozeß von Treuhandunternehmen kurz vor dem Abschluß.

3. Arbeitsmarktpolitik und ihre Wirksamkeit in den Regionen

Der Arbeitzplatzabbau in Treuhandunternehmen und Ex-Treuhandunternehmen ist zum überwiegenden sozialverträglich gestaltet worden. Zu Beginn des Privatisierungsprozesses arbeitete knapp die Hälfte aller Beschäftigten Ostdeutschlands in Betrieben, die dann in Treuhandverwaltung überführt wurden. Dabei handelte es sich zumeist um Unternehmen des produzierenden Bereichs, in dem - neben der Land- und Forstwirtschaft - der stärkste Beschäftigungsabbau im Zuge der Anpassung an marktwirtschaftliche Strukturen zu verzeichnen ist. Diese Konstellation erklärt die regional jeweils voneinander abweichende Strukturierung von Unterbeschäftigung. Nachfolgend wird vor diesem Hintergrund die Unterbeschäftigung in den vier Regionen charakterisiert. Dabei wird auf Landesebene die Anzahl der „Unterbeschäftigten" der Anzahl der „normal" Beschäftigten gegenübergestellt, um so letztlich zu bestehenden einer Gesamtcharakterisierung des Erwerbspotentialszu gelangen. Als in Unterbeschäftigung befindlich soll jeder potentielle verstanden werden, der entweder arbeitslos ist, eine ABS-geschützte Beschäftigung ausübt bzw. weitere Leistungen der Bundesanstalt für Arbeit (z.B. Unterhaltsgeld bei Fortbildung und Umschulung, Altersübergangsgeld) erhält.

3.1 Zur Entwicklung der Unterbeschäftigung im Arbeitsamtsbezirk Neubrandenburg

Im Jahresdurchschnitt 1992 übten nur noch zwei Drittel (63%) der Erwerbspersonen Mecklenburg-Vorpommerns eine „normale" Beschäftigung aus - etwa 656.000 Personen. Darüber hinaus gab es etwa 48.000 Beschäftigte in ABM, 34.000 Kurzarbeiter, 60.000 Teilnehmer an Fortbildungs- und Umschulungsmaßnahmen, 97.000 Empfänger von Vorruhestands- bzw. altersübergangsgeld und 163.000 Arbeitslose (vgl. auch Abbildung 8).

Abbildung 8: Struktur des Erwerbspersonenpotentials in Mecklenburg-Vorpommern 1992 (Jahresdurchschnitt)

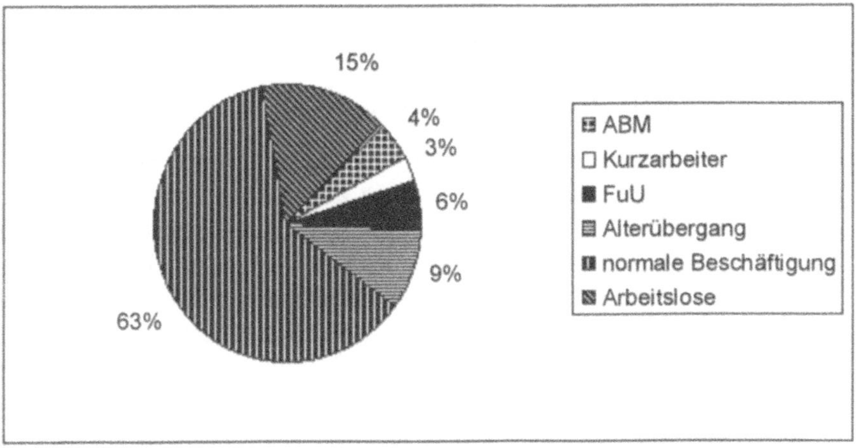

Quelle: Angaben des Statistischen Landesamtes Mecklenburg-Vorpommern und des Landesarbeitsamtes Nord

Damit hatte 1992 in Mecklenburg-Vorpommern nur noch gut jeder zwiete der ehemals 1989 Beschäftigten einen nicht AFG-gestützten Arbeitsplatz und damit einen „normalen" Arbeitsplatz.

Ähnliche Relationen findet man im Arbeitsamtsbezirk Neubrandenburg. Die bisherige Entwicklung hat in dieser Region zu einer außerordentlich hohen Arbeitslosigkeit geführt (vgl. auch den Beitrag von Heller in diesem Band). Der Arbeitsamtsbezirk Neubrandenburg nimmt innerhalb Mecklenburg-Vorpommerns eine „Spitzenposition" ein (vgl. Abbildung 9).

Abbildung 9: Entwicklung der Arbeitslosenquoten in den Arbeitsamtsbezirken Mecklenburg-Vorpommerns

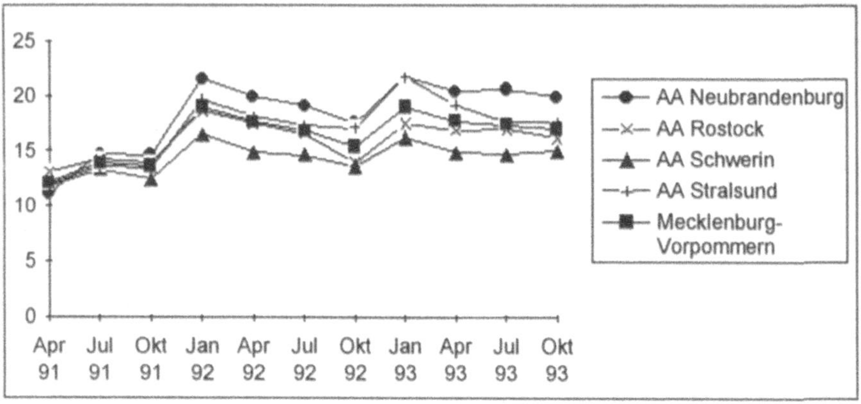

Quelle: Angaben des Landesarbeitsamtes Nord

Der Arbeitsamtsbezirk Neubrandenburg hat nicht nur eine außerordentlich hohe Arbeitslosigkeit, sondern auch einen hohen Grad der Unterbeschäftigung[48] zu verzeichnen. Von allen Arbeitsamtsbezirken Ostdeutschlands (eine Ausnahme bildet Dessau) hat Neubrandenburg die höchste Unterbeschäftigung. Bezogen auf die Mitte 1992 tätigen Erwerbspersonen[49], liegt sie bei etwa 30 %. Unter berücksichtigung der in ABM beschäftigten (einschließlich der Beschäftigten nach § 249 h AFG) fehlen hier für mehr als ein Drittel der Erwerbspersonen „normale" Arbeitsplätze". In keinem anderen Arbeitsamtsbezirk Ostdeutschlands ist das Defizit an „normaler Beschäftigung" so hoch wie hier. Dafür gibt es zumindest zwei Erklärungen:

- In Neubrandenburg sind relativ viele Arbeitnehmer in ABM beschäftigt. Im November 1993 kamen auf 100 Arbeitslose 25 ABM-Teilnehmer, der ostdeutsche Durchschnitt lag zum selben Zeitpunkt bei 20. Dennoch hat dieser Arbeitsamtsbezirk eine der höchsten Arbeitslosenquoten Ostdeutschlands.
- Der Entlastungsfaktor „Pendeln" spielt im Arbeitsamtsbezirk Neubrandenburg aufgrund seiner geographischen Randlage innerhalb Deutschlands nur eine geringe Rolle. So ist in Neubrandenburg das Arbeitsplatzdefizit unter Berücksichtigung des Pendlersaldos nur um 6 % höher als im

48 Vgl. IAB werkstattbericht, Nr.1.11/15.11.1993, S.16.

49 Erwerbspersonen = Erwerbstätige einschließlich ABM und Pendlersaldo + Arbeitslose + nichterwerbstätige Maßnahmeteilnehmer (Vorruhestand/Altersübergang und Vollzeit-FuU), Stand: Mitte 1992.

Falle der Nichtberücksichtigung dieses Saldos; im Arbeitsamtsbezirk Schwerin , der an der Grenze zu den alten Bundesländern liegt, wären demgegenüber immerhin 34 % mehr Arbeitsplätze erforderlich (Durchschnitt der neuen Bundesländer: 17 %)

Die Unterbeschäftigung in Neubrandenburg hat sich in ihrer Struktur im Verlaufe der letzten drei Jahre deutlich verändert. Die Zahl der Arbeitslosen ist absolut gestiegen, darüber hinaus gibt es eine Zahl an Empfängern von Vorruhestands- bzw. Altersübergangsgeld, die immerhin mehr als ein Viertel der Unterbeschäftigten ausmachen (vgl. Tabelle 9).

Tabelle 9: **Zahl und Struktur der Unterbeschäftigung im Arbeitsamtsbezirk Neubrandenburg**

	1	2	3	4	5	6	7
				Personen			
Dez 1991	131.089	38.492	29.764	21.033	0	11.800	30.000
Dez 1992	104.298	43.947	2.695	14.143	0	16.200	27.313
Dez 1993	96.738	44.249	1.538	9.886	1.383	14.137	25.545
				Prozent			
Dez 1991	100	29,4	22,7	16,0	0,0	9,0	22,9
Dez 1992	100	42,1	2,6	13,6	0,0	15,5	26,2
Dez 1993	100	45,7	1,6	10,2	1,4	14,6	26,4

Legende: 1........Gesamt 2....... Arbeitslose 3....... Kurzarbeiter
4........ABM 5....... §249h AFG 6....... Fortbildung und Umschulung
7........Vorruhestand/Altersübergang

Quelle: Berechnet nach IAB werkstattberichte lfd.

Die wirtschaftliche Gesamtsituation in Mecklenburg-Vorpommern und im Arbeitsamtbezirk Neubrandenburg läßt positive Effekte für den Arbeitsmarkt noch nicht erwarten. Es hat ein zaghafter wirtschaftlicher Aufschwung eingesetzt: Das Bruttosozialprodukt - die Summe der in einem Land produzierten Güter und Leistungen - erhöhte sich 1992, preisbereinigt, um 7,7 % (allerdings ausgehend von einer äußerst niedrigen Ausgangsbasis). Mecklenburg-Vorpommern erreichte einen Anteil von 11,6 % am Bruttosozialprodukt Ostdeutschlands bzw. von 0,9 % an der wirtschaftlichen Leistung Gesamtdeutschlands[50]. Diese Entwicklung dürfte aber, zumindest auf absehbare Zeit, kaum zu steigenden Beschäftigtenzahlen führen.

[50] Vgl. Konjunkturbericht 1. Halbjahr 1993. Statistische Monatshefte des Statistischen Landesamtes Mecklenburg-Vorpommerns, Sonderheft 2/1993, S.3.

3.2 Zur Entwicklung der Unterbeschäftigung im Arbeitsamtsbezirk Bautzen

Auch im Freistaat Sachsen ist eine hohe Unterbeschäftigung zu verzeichnen, so daß die Leistungen der Bundesanstalt für Arbeit in großem Umfang in Anspruch genommem werden, um sowohl die „Nicht-Beschäftigung" als auch die AFG-gestützte Beschäftigung sozialverträglich gestalten zu können. Im Durchschnitt des Jahres 1992 standen noch lediglich zwei Drittel (63 %) derjenigen, die zum Erwerbspersonenpotential Sachsens zählen, in einem „normalen" Beschäftigungsverhältnis - rund 1585000 Personen. Weitere 100000 Arbeitnehmer übten eine Tätigkeit im Rahmen von ABM aus, ferner waren rund 125000 Kurzarbeiter, 148000 Teilnehmer an Fortbildungs- und Umschulungsmaßnahmen sowie 245000 Empfänger von Vorruhestands- bzw. Altersübergangsgeld registriert. Die durchschnittliche Arbeitslosenzahl von 1992 lag bei 316000 Personen (vgl. Abbildung 10).

Abbildung 10: Struktur des Erwerbspersonenpotentials in Sachsen 1992 (Jahresdurchschnitt)

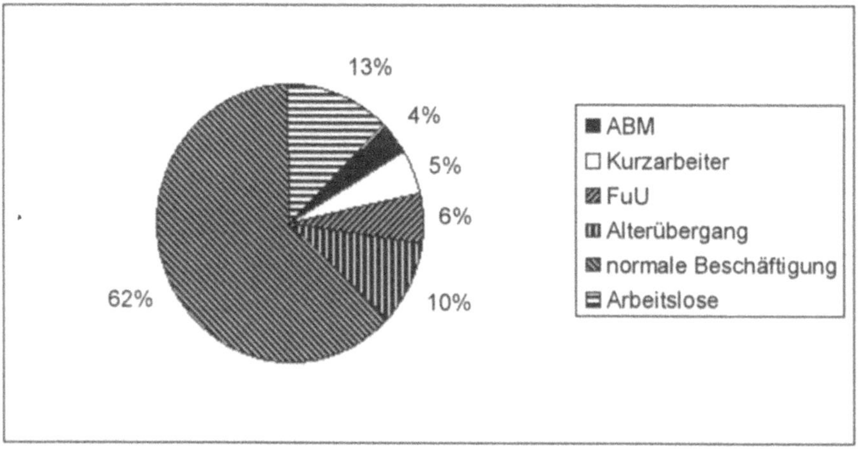

Quelle: Angaben des Statistischen Landesamtes Sachsen und des Landesarbeitsamtes Sachsen

1992 hatte nur noch etwa jeder zweite der ehemals 1989 im Freistaat Sachsen Beschäftigten einen nicht AFG-gestützten und damit „normalen" Arbeitsplatz.

Der Freistaat Sachsen hat neben Brandenburg die niedrigsten Arbeitslosenquoten der neuen Bundesländer. Die regionale Differenziertheit innerhalb Sachsens ist allerdings sehr hoch. Der Arbeitsamtsbezirk Bautzen zählt zu den Regionen mit sehr hoher Arbeitslosigkeit. Die Arbeitslosenquote ist dort zwar nicht die höchste in Sachsen, sie liegt aber, über den gesamten Zeitraum gesehen, deutlich über dem Durchschnittswert des Bundeslandes (vgl. Abbildung 11). Der Rückgang im Braunkohlebergbau (LAUBAG) sowie bei den Industrieunternehmen haben den größten Einfluß auf den Grad der Arbeitslosigkeit in den Regionen.

Abbildung 11: Entwicklung der Arbeitslosenquoten in ausgewählten Arbeitsamtsbezirken Sachsens

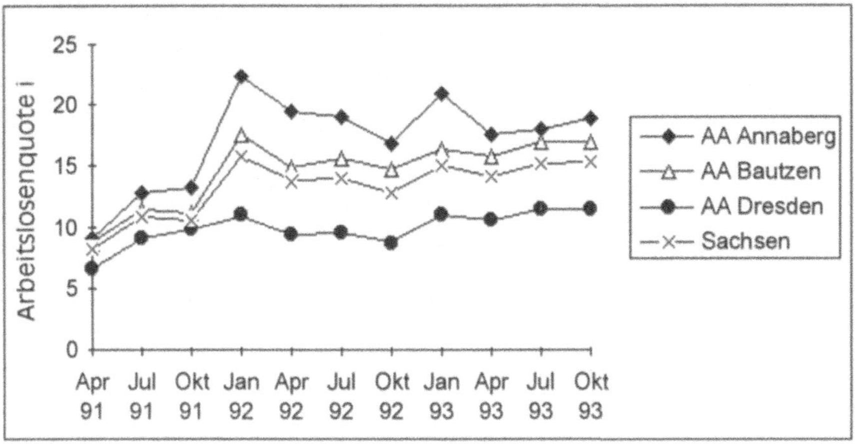

Quelle: Angaben des Landesarbeitsamtes Sachsen

Tabelle 10: Zahl und Struktur der Unterbeschäftigung im Arbeitsamtsbezirk Bautzen

	1	2	3	4	5	6	7
				Personen			
Dez 1991	164.107	42.644	46.995	17.168	0	15.300	42.000
Dez 1992	132.805	48.615	8.359	14.542	0	21.000	40.289
Dez 1993	123.693	52.824	4.883	9.316	4.143	14.847	37.680
				Prozent			
Dez 1991	100	26,0	28,6	10,5	0,0	9,3	25,6
Dez 1992	100	36,6	6,3	10,9	0,0	15,8	30,3
Dez 1993	100	42,7	3,9	7,5	3,3	12,0	30,5

Legende: 1........Gesamt 2.......Arbeitslose 3.......Kurzarbeiter
4........ABM 5.......§249h AFG 6.......Fortbildung und Umschulung
7........Vorruhestand/Altersübergang

Quelle: Berechnet nach IAB werkstattberichte lfd.

Der Anteil, den die Arbeitslosigkeit an der Unterbeschäftigung hat mit über 40 % einen hohen Wert erreicht. Weuterhin gibt es eine bedeutend hohe Anzahl von Empfängern von Vorruhestands- bzw. Altersübergangsgeld. Mit 30 % an der Rate der Unterbeschäftigung im Arbeitsamtsbezirk Bautzen ist dieser Personenkreis die nächste Gruppe in dieser Kategorie. Einen bedeutenden Umfang hat mittlerweile die Beschäftigung nach § 249 h AFG angenommen (vgl. Tabelle 10).

Die Zukunft der Region Bautzen und ihres Umlandes wird maßgeblich davon abhängen, welche Entscheidungen bezüglich der Braunkohleförderung fallen werden. Zur Zeit ist hier noch alles relativ offen, obwohl auf diesen Energieträger in Ostdeutschland so bald sicher nicht verzichtet werden kann.

3.3 Zur Entwicklung der Unterbeschäftigung in den Arbeitsamtsbezirken Chemnitz und Zwickau

Die Arbeitsamtsbezirke Chemnitz und Zwickau werden zwar als Region gemeinsam betrachtet, sie weisen aber größere Unterschiede in der Entwicklung der Arbeitslosigkeit auf. Während die Arbeitslosenquoten im Arbeitamtsbezirk Zwickau oberhalb des Landesdurchschnitts liegen, sind im Arbeitsamtsbezirk Chemnitz unterdurchschnittliche Quoten zu registrieren (vgl. Abbildung 12).

Abbildung 12: Entwicklung der Arbeitslosenquoten in ausgewählten Arbeitsamtsbezirken Sachsens

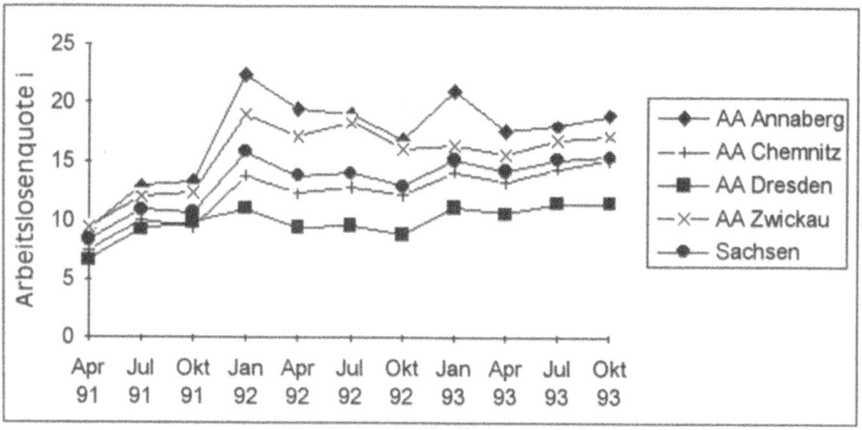

Quelle: Angaben des Landesarbeitsamtes Sachsen

Die Struktur der Unterbeschäftigung in Chemnitz und Zwickau ist gleichfalls von einer hohen Arbeitslosenzahl und einer großen Zahl an Empfängern von Vorruhestands- und Altersübergangsgeld geprägt. Im Unterschied zu den anderen betrachteten Regionen spielt auch die Kurzarbeit noch eine beachtliche

Rolle. Ende 1993 gab es in beiden Bezirken noch rund 10000 Kurzarbeiter. Wie im Arbeitsamtsbezirk Bautzen werden auch in dieser Region die Beschäftigungsmöglichkeiten nach § 249 h AFG umfangreich genutzt (vgl. Tabelle 11).

Tabelle 11: Zahl und Struktur der Unterbeschäftigung in den Arbeitsamtsbezirken Chemnitz und Zwickau

	1	2	3	4	5	6	7
				Personen			
Dez 1991	218.001	55.650	66.606	15.845	0	25.900	54.000
Dez 1992	189.270	63.810	19.581	15.334	0	37.900	52.645
Dez 1993	167.646	71.621	10.075	8.741	2.797	23.697	50.733
				Prozent			
Dez 1991	100	25,5	30,6	7,3	0,0	11,9	24,8
Dez 1992	100	33,7	10,3	8,1	0,0	20,0	27,8
Dez 1993	100	42,7	6,0	5,2	1,7	14,1	30,3

Legende: 1........Gesamt 2....... Arbeitslose 3....... Kurzarbeiter
4........ABM 5....... §249h AFG 6....... Fortbildung und Umschulung
7........Vorruhestand/Altersübergang

Quelle: Berechnet nach IAB werkstattberichte lfd.

3.4 Zur Entwicklung der Unterbeschäftigung im Arbeitsamtsbezirk Erfurt

Thüringen als kleinstes der neuen Bundeländer hat die ungünstigste Zusammensetzung hinsictlich des Beschäftigungspotentials. Das Niveau der „normalen" Beschäftigung war 1992 im Vergleich zu den anderen Ländern mit einem Anteil von nur 60 % am Gesamtpotential am niedrigsten. Im Jahresdurchschnitt 1992 waren lediglich noch 857000 beschäftigte in einem „normalen" Arbeitsverhältnis. Damit verfügte 1989 - analog zu Mecklenburg-Vorpommern und Sachsen - nur noch jeder zweite in Thüringen über einen „normalen" Arbeitsplatz. Darüber hinaus gab es im Jahresdurchschnitt von 1992 in Thüringen 65000 Beschäftigte in ABM, 71000 Kurzarbeiter, 89000 Teilnehmer an Fortbildungs- und Umschulungsmaßnahmen sowie fast 246000 Empfänger von Vorruhestands- und Altersübergangsgeld. Nahezu 192000 Arbeitnehmer waren als arbeitslos gemeldet (vgl. Abbildung 13).

Abbildung 13: Struktur des Erwerbspersonenpotentials in Thüringen 1992 (Jahresdurchschnitt)

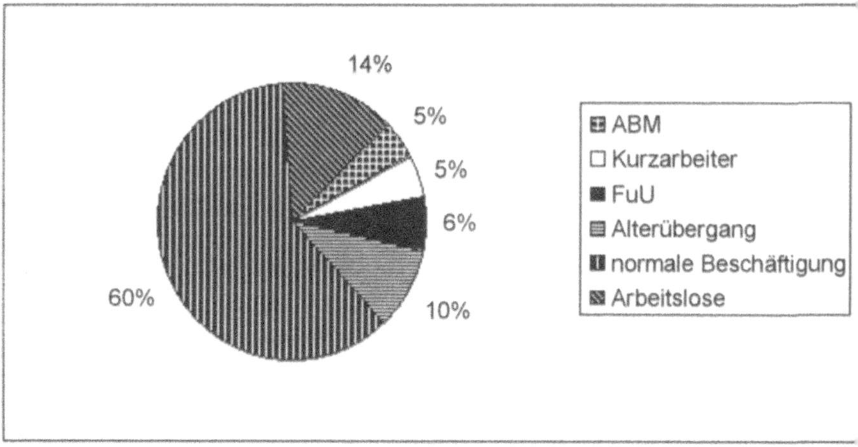

Quelle: Angaben des Statistischen Landesamtes Thüringen und des Landesarbeitsamtes Sachsen-Anhalt / Thüringen

Die Situation im Arbeitsamtsbezirk Erfurt ist nicht ganz so kritisch. Die Regionen der Landeshauptstadt Erfurt, die sowohl das ökonomische als auch das politische und kulturelle Zentrum des Freistaates darstellt, profitiert ganz offensichtlich von den wirtschaftlichen Impulsen , die von der Großstadt ausgehen. Dieser Arbeitsamtsbezirk umfaßt das unmittelbare Einzugsgebiet für die Beschäftigten des Wirtschafts- und Verwaltungszentrums Erfurt.

Abbildung 14: Entwicklung der Arbeitslosenquoten in ausgewählten Arbeitsamtsbezirken Thüringens

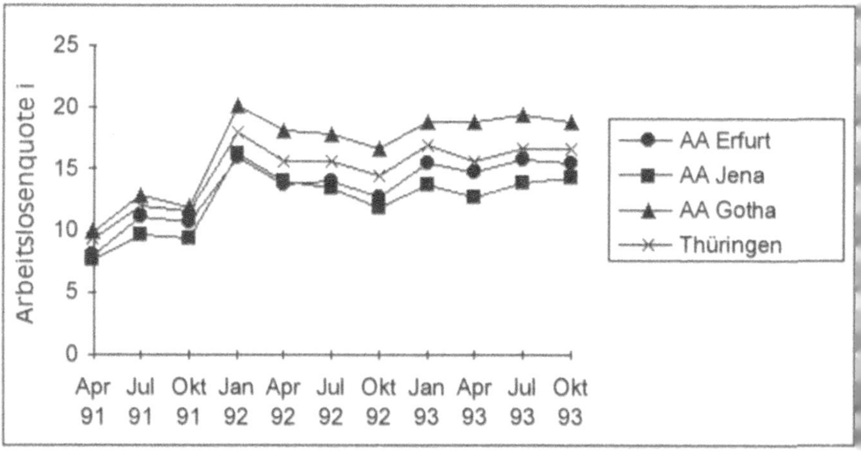

Quelle: Angaben des Landesarbeitsamtes Sachsen-Anhalt / Thüringen

Dieser Umstand unter anderem erklärt, daß die Arbeitslosenquote im Arbeitsamtsbezirk Erfurt deutlich unter dem Landesdurchschnitt liegt (vgl. Abbildung 14).

Daß die Wirtschafts- und auch Beschäftigungssituation im Arbeitsamtsbezirk Erfurt nicht so kritisch ist wie in anderen Regionen, belegen auch die Ergebnisse der Befragungen, die SÖSTRA bei Ex-Treuhandfirmen im Oktober 1993 durchgeführt hat. Nach den Einschätzungen von privatisierten Unternehmen in diesem Bezirk kann der Beschäftigtenabbau in diesen Firmen bereits im Verlaufe des Jahres 1994 gestoppt werden. Bis Anfang 1996 wird sogar mit einem Beschäftigtenzuwachs von fast zwei Prozent gerechnet. Damit gehört der Raum Erfurt zu den wennigen Arbeitsamtsbezirken Ostdeutschlands, in denen privatisierte Firmen in der nächsten Zukunft Neueinstellungen nicht ausschließen.

Ungeachtet dessen, daß sich derartige relativ positive Entwicklungstrends abzuzeichnen beginnen, darf das nicht darüber hinwegtäuschen, daß auch im arbeitsamtsbezirk erfurt die unterbeschäftigung hoch ist. Wie in den anderen Bezirken gab es auch in der Region Erfurt deutliche Strukturverschiebungen bei der Unterbeschäftigung (vgl. Tabelle 12).

Tabelle 12: Zahl und Struktur der Unterbeschäftigung im Arbeitsamtsbezirk Erfurt

	1	2	3	4	5	6	7
				Personen			
Dez 1991	116.584	31.657	31.938	10.989	0	15.000	27.000
Dez 1992	93.207	33.950	6.325	9.128	0	17.900	25.904
Dez 1993	80.171	38.081	3.201	3.643	988	10.646	23.612
				Prozent			
Dez 1991	100	27,2	27,4	9,4	0,0	12,9	23,2
Dez 1992	100	36,4	6,8	9,8	0,0	19,2	27,8
Dez 1993	100	47,5	4,0	4,5	1,2	13,3	29,5

Quelle: Berechnet nach IAB werkstattberichte lfd.

Die in den vorliegenden Daten zu erkennende Tendenz läßt die Annahme zu, daß der Arbeitsamtsbezirk Erfurt mit hoher Wahrscheinlichkeit zu den Gebieten gehört, die in der näheren Zukunft nicht nur mit einer Stabilisierung, sondern auch schon mit einer leichten Belebung ihrer wirtschaftlichen Situation und damit auch mit positiven Effekten auf dem Arbeitsmarkt rechnen können.

4. Fazit

In den Untersuchungsregionen ist seit 1989 infolge der notwendigen Anpassung an marktwirtschaftliche Bedingungen ein dramatisch zu nennender Beschäftigtenabbau erfolgt. Da kleinregionale Zeitreihen ab 1989 zum Stand der Beschäftigung von den Statistischen Landesämtern gegenwärtig noch nicht zur Verfügung gestellt werden konnten, wurden in dieser Untersuchung innerhalb der Bundesländer Mecklenburg-Vorpommern, Sachsen und Thüringen verwiesen. Im Verlauf von drei Jahren ist in diesen Bundesländern über ein Drittel der 1989 existierenden Arbeitsplätze abgebaut worden. Die unterschiedlichen Wirtschaftstrukturen haben nur geringen Einfluß auf den absoluten Gesamtumfang des vorgenommenen Arbeitsplatzabbaus gehabt.

In den Branchen vollzog sich die Beschäftigtenentwicklung äußerst unterschiedlich. Die Land- und Forstwirtschaft , das verarbeitende gewerbe sowie der Bereich Bergbau/Energie weisen die größten Einbrüche auf. 1992 waren in diesen Bereichen nur noch 29 % bzw. 43 % der Beschäftigten des Niveaus von 1989. Dies betraf ausnahmslos alle regionen. Auch die Bereiche Handel, Verkehr/Nachrichten sowie der öffentliche Dienst verringerten ihre Beschäftigtenzahlen, wenn auch in geringerem Maße, als dies im verarbeitenden Gewerbe und der Landwirtschaft der Fall war. Eine Zunahme wiesen demgegenüber das Bau- und das Dienstleistungsgewerbe auf.

Die regelmäßigen Befragungen der Treuhand- und Ex-Treuhandunternehmen in den untersuchten Regionen ermöglichten, genauere Informationen zum Verlauf des Anpassungsprozesses zu gewinnen, insbesonderd auch über das produzierende Gewerbe. Der umfangreichste Beschäftigungsabbau erfolgte in allen Regionen im Verlauf der Jahre 1991 und 1992. Zu diesem Zeitraum sank die Zahl der Beschäftigten in den Untersuchungsregionen im Vergleich zum Jahresanfang 1991 etwa um die Hälfte. In den befragten Treuhand- und Extreuhandfirmen geht man insgesamt davon aus, daß Anfang 1996 im Arbeitsamtsbezirk Bautzen nur noch ein Fünftel und in den Arbeitsamtsbezirken Neubrandenburg, Chemnitz, Zwickau und Erfurt jeweils noch ein Drittel des Beschäftigungsumfangs von Anfang 1991 vorhanden sein wird. Inzwischen sind allerdings auch Tendenzen einer Beschäftigtenstabilisierung erkennbar geworden, wenngleich auf einem ausgesprochen niedrigen Niveau -, die vor allem auf die Entwicklung in den bereits privatisierten Unternehmen zurückzuführen sind.

Den stärksten Einbruch bei der Beschäftigung hatten die Treuhandunternehmen und Extreuhandunternehmen in der monostrukturierten Region Bautzen. Ähnlich verlief die Entwicklung in den anderen Regionen, wobei das Dienstleistungs- und Verwaltungszentrum Erfurt als einzige Region für 1995 wieder von steigenden Beschäftigtenzahlen ausgeht.

Die Unternehmen nutzten die zur Verfügung stehenden arbeitsmarktpolitischen Instrumentarien, um die Beschäftigteneinbrüche zumindest teilweise sozialverträglich zu gestalten. Als am wichtigsten erwiesen sich die Kurzarbeiterregelung, die Einrichtung von ABM, sowie vor allem gegen Ende des untersuchten Zeitraums die Beschäftigungsförderung nach § 249 h AFG, neben den Fortbildungs- und Umschulungsmaßnahmen. Im Rahmen des Gesamtproblems waren, wie erkennbar wurde, die Regelungen zum Vorruhestands- bzw. Altersübergangsgeld von entscheidender Bedeutung. Der Einsatz all dieser Instrumentarien konnte letztlich aber nicht verhindern, daß eine hohe Zahl ausscheidender Mitarbeiter arbeitslos wurde. In den befragten Treuhandunternehmen waren das zwischen 30 und 50 %. Der nunmehr von der Bundesanstalt eingeschränkte finanzielle Rahmen für arbeitsmarktpolitische Maßnahmen wird zum jetzigen Zeitpunkt kaum zur Entspannung der prekären Beschäftigungssituation beitragen. Es ist zu vermuten, daß sich künftig der Umfang AFG-gestützter Beschäftigung verringern wird und daß infolgedessen sowohl die Zahl der Arbeitslosen als auch die Anzahl ehemals Beschäftigter zunehmen wird, die nunmehr in die sogenannte stille Reserve überwechseln.

Literaturverzeichnis:

Dahms, V./Schäfer, R./Wahse, J. (1993): Beschäftigungsperspektiven von Treuhandunternehmen und Extreuhandunternehmen - Umfragen 04/1991 bis 10/1993. In: Beiträge zur Arbeitsmarkt- und Berufsforschung, Bde. 152, 160, 160.2, 160.3 sowie z.Zt. unveröffentlichte Berichte. Institut für Arbeitsmarkt- und Berufsforschung der Bundesanstalt für Arbeit, Nürnberg

Dahms, V./Kunath, Th./Schaefer, R./Wahse, J. (1993): Bevölkerungs- und Beschäftigtenentwicklung sowie Beschäftigung und Beschäftigungsperspektiven von treuhandunternehmen und Ex-Treuhandfirmen in den Regionen Rostock, Neubrandenburg, Brandenburg, Halle/Bitterfeld, Erfurt, Bautzen/Görlitz sowie Zwickau/Chemnitz, Halle

Anhang

Tabelle A: Entwicklung der Struktur der Beschäftigten in Treuhand- und Ex-Treuhandunternehmen im Arbeitsamtsbezirk Neubrandenburg

Zeitpunkt	Bereich	Land- und Forstwirtschaft	Energiewirtschaft Wasserversorgung	Verarbeitendes Gewerbe	Baugewerbe	Dienstleistungsgewerbe	Übrige	Gesamt
Okt 91	THA	13,7%	10,4%	36,6%	20,5%	18,8%	0,0%	100,0%
	Ex-THA	0,0%	0,0%	45,3%	27,5%	27,2%	0,0%	100,0%
	Zusammen	12,7%	9,6%	37,3%	21,0%	19,4%	0,0%	100,0%
Apr 92	THA	8,9%	8,4%	39,3%	27,1%	16,3%	0,0%	100,0%
	Ex-THA	0,0%	1,4%	43,5%	35,6%	19,3%	0,2%	100,0%
	Zusammen	6,1%	6,2%	40,6%	29,8%	17,3%	0,1%	100,0%
Okt 92	THA	8,3%	10,6%	24,3%	27,8%	29,0%	0,0%	100,0%
	Ex-THA	0,0%	14,6%	40,8%	17,1%	27,5%	0,0%	100,0%
	Zusammen	4,1%	12,6%	32,6%	22,4%	28,2%	0,0%	100,0%
Apr 93	THA	21,5%	0,0%	59,4%	0,0%	19,1%	0,0%	100,0%
	Ex-THA	0,3%	17,3%	29,6%	34,8%	17,9%	0,1%	100,0%
	Zusammen	4,6%	13,8%	35,7%	27,7%	18,2%	0,1%	100,0%
Okt 93	THA	39,1%	0,0%	60,5%	0,0%	0,5%	0,0%	100,0%
	Ex-THA	0,9%	12,3%	35,1%	30,8%	21,0%	0,0%	100,0%
	Zusammen	4,3%	11,2%	37,4%	28,0%	19,1%	0,0%	100,0%

Quelle: SÖSTRA-Befragungen der Treuhand- und Ex-Treuhandfimen (1991 - 1993)

Tabelle B: **Entwicklung der Struktur der Beschäftigten in Treuhand- und Ex-Treuhandunternehmen im Arbeitsamtsbezirk Bautzen**

Zeitpunkt	Bereich	Land- und Forstwirtschaft	Energiewirtschaft Wasserversorgung	Verarbeitendes Gewerbe	Baugewerbe	Dienstleistungs-gewerbe	Übrige	Gesamt
Okt 91	THA	0,7%	27,1%	53,6%	9,5%	9,1%	0,0%	100,0%
	Ex-THA	0,0%	0,0%	24,9%	71,3%	3,6%	0,2%	100,0%
	Zusammen	0,6%	22,1%	48,4%	20,8%	8,1%	0,0%	100,0%
Apr 92	THA	0,5%	41,9%	47,0%	5,2%	5,4%	0,0%	100,0%
	Ex-THA	0,1%	0,0%	57,2%	32,6%	10,1%	0,0%	100,0%
	Zusammen	0,4%	34,5%	48,8%	10,0%	6,2%	0,0%	100,0%
Okt 92	THA	0,7%	39,9%	55,6%	1,7%	2,0%	0,0%	100,0%
	Ex-THA	0,1%	0,0%	49,7%	44,1%	6,1%	0,0%	100,0%
	Zusammen	0,5%	26,4%	53,6%	16,1%	3,4%	0,0%	100,0%
Apr 93	THA	1,0%	0,0%	90,0%	0,3%	8,8%	0,0%	100,0%
	Ex-THA	0,0%	0,0%	43,9%	49,2%	6,8%	0,0%	100,0%
	Zusammen	0,4%	0,0%	64,3%	27,6%	7,7%	0,0%	100,0%
Okt 93	THA	1,0%	0,0%	98,2%	0,0%	0,9%	0,0%	100,0%
	Ex-THA	0,5%	1,3%	53,7%	35,5%	9,0%	0,0%	100,0%
	Zusammen	0,7%	0,8%	69,3%	23,0%	6,1%	0,0%	100,0%

Quelle: SÖSTRA-Befragungen der Treuhand- und Ex-Treuhandfimen (1991 - 1993)

Tabelle C: Entwicklung der Struktur der Beschäftigten in Treuhand- und Ex-Treuhandunternehmen in den Arbeitsamtsbezirken Chemnitz und Zwickau

Zeitpunkt	Bereich	Land- und Forstwirtschaft	Energiewirtschaft Wasserversorgung	Verarbeitendes Gewerbe	Baugewerbe	Dienstleistungs-gewerbe	Übrige	Gesamt
Okt 91	THA	0,8%	6,2%	77,0%	3,5%	12,4%	0,1%	100,0%
	Ex-THA	0,5%	0,1%	57,2%	34,7%	7,5%	0,0%	100,0%
	Zusammen	0,7%	5,6%	74,8%	7,0%	11,9%	0,1%	100,0%
Apr 92	THA	0,4%	8,2%	80,1%	1,6%	9,7%	0,0%	100,0%
	Ex-THA	1,2%	0,0%	44,5%	28,0%	26,4%	0,0%	100,0%
	Zusammen	0,6%	6,0%	70,6%	8,6%	14,1%	0,0%	100,0%
Okt 92	THA	0,4%	2,2%	85,0%	2,2%	10,1%	0,0%	100,0%
	Ex-THA	0,1%	16,1%	48,6%	15,4%	19,8%	0,0%	100,0%
	Zusammen	0,2%	8,9%	67,5%	8,6%	14,8%	0,0%	100,0%
Apr 93	THA	0,9%	2,7%	89,0%	0,0%	7,4%	0,0%	100,0%
	Ex-THA	0,0%	19,2%	47,4%	17,5%	15,2%	0,7%	100,0%
	Zusammen	0,4%	12,0%	65,5%	9,9%	11,8%	0,4%	100,0%
Okt 93	THA	1,4%	5,0%	88,2%	0,0%	5,4%	0,0%	100,0%
	Ex-THA	0,0%	15,8%	42,8%	16,9%	19,2%	5,3%	100,0%
	Zusammen	0,4%	13,0%	54,7%	12,5%	15,6%	3,9%	100,0%

Quelle: SÖSTRA-Befragungen der Treuhand- und Ex-Treuhandfimen (1991 - 1993)

Tabelle D: Entwicklung der Struktur der Beschäftigten in Treuhand- und Ex-Treuhandunternehmen im Arbeitsamtsbezirk Erfurt

Zeitpunkt	Bereich	Land- und Forstwirtschaft	Energiewirtschaft Wasserversorgung	Verarbeitendes Gewerbe	Baugewerbe	Dienstleistungs-gewerbe	Übrige	Gesamt
Okt 91	THA	2,2%	8,6%	72,3%	6,2%	10,7%	0,0%	100,0%
	Ex-THA	5,5%	0,0%	54,7%	22,7%	17,1%	0,0%	100,0%
	Zusammen	2,5%	7,8%	70,6%	7,8%	11,3%	0,0%	100,0%
Apr 92	THA	1,5%	17,2%	64,5%	4,1%	12,7%	0,0%	100,0%
	Ex-THA	3,3%	15,5%	41,3%	20,5%	19,5%	0,0%	100,0%
	Zusammen	2,1%	16,6%	56,8%	9,5%	14,9%	0,0%	100,0%
Okt 92	THA	1,8%	0,8%	75,1%	2,9%	19,3%	0,0%	100,0%
	Ex-THA	2,5%	18,1%	32,9%	30,9%	15,7%	0,0%	100,0%
	Zusammen	2,2%	10,0%	52,8%	17,7%	17,4%	0,0%	100,0%
Apr 93	THA	3,3%	1,3%	81,9%	6,4%	6,3%	0,8%	100,0%
	Ex-THA	2,4%	20,1%	38,6%	16,1%	20,9%	1,9%	100,0%
	Zusammen	2,8%	12,5%	56,0%	12,2%	15,0%	1,5%	100,0%
Okt 93	THA	0,8%	0,6%	61,8%	8,2%	28,6%	0,0%	100,0%
	Ex-THA	2,4%	16,8%	38,1%	20,0%	19,9%	2,8%	100,0%
	Zusammen	1,8%	10,8%	46,8%	15,6%	23,1%	1,8%	100,0%

Quelle: SÖSTRA-Befragungen der Treuhand- und Ex-Treuhandfimen (1991 - 1993)

Tabelle E: AFG-gestützte Beschäftigung in Treuhandunternehmen (Anteil der unterstützenden Firmen an der Gesamtheit der Treuhandunternehmen in Prozent sowie Zahl der gestützten Arbeitsplätze - Hochrechnung)

Arbeitsamtsbezirk	Zeitpunkt	ABS		ABM		Fortbildg./ Umschulg.		§249h AFG		Sonstige	
		Firmen	Personen	Firmen	Personen	Firmen	Personen	Firmen	Personen	Firmen	Personen
Neubrandenburg	Apr 91	2,7%	38	34,7%	1.373	38,2%	1.664	*	*	7,6%	781
	Okt 91	8,0%	*	*	*	*	*	*	*	*	*
	Apr 92	9,0%	*	24,3%	683	16,2%	*	*	*	*	*
	Okt 92	8,6%	*	8,6%	56	*	*	*	*	*	*
	Apr 93	*	*	0,0%	0	*	*	*	*	*	*
	Okt 93	*	*	0,0%	0	*	*	0,0%	0	*	*
Bautzen	Apr 91	0,4%	396	17,0%	2.578	35,2%	6.016	*	*	7,8%	195
	Okt 91	6,4%	*	*	*	*	*	*	*	*	*
	Apr 92	18,3%	*	22,0%	3.372	16,5%	*	*	*	*	*
	Okt 92	9,7%	*	10,8%	1.841	*	*	*	*	*	*
	Apr 93	*	*	4,0%	64	*	*	*	*	*	*
	Okt 93	*	*	0,0%	0	*	*	0,0%	0	*	*
Chemnitz / Zwickau	Apr 91	1,6%	672	17,6%	3.985	40,8%	7.898	*	*	10,3%	4.775
	Okt 91	7,8%	*	*	*	*	*	*	*	*	*
	Apr 92	13,2%	*	27,7%	6.176	21,6%	*	*	*	*	*
	Okt 92	13,3%	*	22,6%	2.416	*	*	*	*	*	*
	Apr 93	*	*	18,8%	1.112	*	*	*	*	*	*
	Okt 93	*	*	11,7%	306	*	*	2,6%	20	*	*
Erfurt	Apr 91	1,0%	8	17,4%	774	41,8%	4.361	*	*	6,0%	555
	Okt 91	3,0%	*	*	*	*	*	*	*	*	*
	Apr 92	3,4%	*	15,6%	782	15,6%	*	*	*	*	*
	Okt 92	2,8%	*	9,4%	395	*	*	*	*	*	*
	Apr 93	*	*	4,1%	66	*	*	*	*	*	*
	Okt 93	*	*	4,5%	133,4	*	*	2,3%	12,76	*	*

Legende: * - Nicht erhoben bzw. keine Angabe

Quelle: SÖSTRA-Befragungen der Treuhand- und Ex-Treuhandfimen (1991 - 1993)

Tabelle F: Verbleib ausgeschiedener Mitarbeiter in Treuhandunternehmen im Arbeitsamtsbezirk Neubrandenburg

Zeitraum	Kündigung durch den Arbeitnehmer	Übergang in Ausgründungen/ andere Untern.	Alters-rente	Altersüber-gangsgeld	Übergang in ABS	Übergang in ABM	Übergang in FuU	Übergang in §249h	Arbeits-losigkeit	Sonstiges/ unbekannt	insge-samt
1./2. Quartal 1991	19,3%	10,9%	4,9%	7,7%	0,0%	8,0%	4,7%	0,0%	44,5%	0,0%	100,0%
3. Quartal 1991	1,1%	31,4%	2,1%	11,3%	1,8%	5,8%	2,5%	0,0%	27,6%	16,4%	100,0%
1. Quartal 1992	12,4%	12,9%	1,3%	4,3%	11,5%	1,2%	2,6%	0,0%	40,7%	13,2%	100,0%
2. Quartal 1992	3,7%	30,9%	0,3%	13,5%	4,3%	0,7%	0,3%	0,0%	37,2%	9,2%	100,0%
3. Quartal 1992	16,1%	14,9%	0,4%	4,5%	0,0%	0,2%	0,6%	0,0%	53,5%	9,8%	100,0%
4. Quartal 1992	3,5%	9,2%	0,4%	11,1%	0,4%	0,0%	0,0%	0,0%	62,6%	12,8%	100,0%
1. Quartal 1993	13,9%	40,8%	0,0%	0,0%	0,0%	0,4%	1,6%	0,0%	20,4%	22,9%	100,0%
2. Quartal 1993	0,5%	5,2%	0,2%	0,0%	7,1%	0,0%	4,7%	0,0%	50,1%	32,2%	100,0%
3. Quartal 1993	5,6%	18,9%	0,0%	0,0%	0,0%	0,0%	0,0%	0,0%	68,9%	6,7%	100,0%
4. Quartal 1993	0,6%	35,9%	0,6%	0,0%	7,7%	0,0%	0,0%	0,0%	50,6%	4,5%	100,0%

Tabelle G: Verbleib ausgeschiedener Mitarbeiter in Treuhandunternehmen im Arbeitsamtsbezirk Bautzen

Zeitraum	Kündigung durch den Arbeitnehmer	Übergang in Ausgründungen/ andere Untern.	Alters-rente	Altersüber-gangsgeld	Übergang in ABS	Übergang in ABM	Übergang in FuU	Übergang in §249h	Arbeits-losigkeit	Sonstiges/ unbekannt	insge-samt
1./2. Quartal 1991	13,8%	18,3%	5,6%	6,4%	0,0%	6,0%	3,1%	0,0%	46,9%	0,0%	100,0%
3. Quartal 1991	0,5%	18,3%	1,3%	15,3%	12,6%	7,0%	4,4%	0,0%	25,3%	15,3%	100,0%
1. Quartal 1992	12,2%	28,0%	1,1%	5,5%	10,7%	1,2%	3,1%	0,0%	25,0%	13,4%	100,0%
2. Quartal 1992	6,4%	7,3%	0,8%	16,3%	9,3%	0,3%	0,5%	0,0%	41,2%	18,0%	100,0%
3. Quartal 1992	16,2%	15,9%	0,4%	3,7%	0,2%	0,5%	0,6%	0,0%	54,5%	8,0%	100,0%
4. Quartal 1992	1,3%	9,6%	0,4%	15,8%	0,9%	0,0%	0,8%	0,0%	63,9%	7,3%	100,0%
1. Quartal 1993	6,4%	24,9%	0,4%	0,0%	24,5%	0,0%	4,0%	0,0%	17,7%	22,1%	100,0%
2. Quartal 1993	0,5%	14,1%	0,5%	0,0%	5,2%	0,0%	1,3%	0,0%	61,3%	17,1%	100,0%
3. Quartal 1993	8,0%	23,0%	0,5%	0,0%	0,0%	0,0%	0,8%	0,0%	23,8%	43,9%	100,0%
4. Quartal 1993	0,7%	16,3%	0,8%	0,0%	0,0%	0,0%	3,6%	21,1%	29,7%	27,8%	100,0%

Quelle: SÖSTRA-Befragungen der Treuhand- und Ex-Treuhandfimen (1991 - 1993)

Tabelle H: Verbleib ausgeschiedener Mitarbeiter in Treuhandunternehmen in den Arbeitsamtsbezirken Chemnitz und Zwickau

Zeitraum	Kündigung durch den Arbeitnehmer	Übergang in Ausgründungen/ andere Untern.	Alters-rente	Altersüber-gangsgeld	Übergang in ABS	Übergang in ABM	Übergang in FuU	Übergang in §249h	Arbeits-losigkeit	Sonstiges/ unbekannt	insge-samt
1./2. Quartal 1991	14,5%	19,1%	4,1%	6,5%	0,0%	6,5%	4,6%	0,0%	44,8%	0,0%	100,0%
3. Quartal 1991	0,7%	20,1%	1,1%	14,9%	6,9%	8,7%	6,4%	0,0%	26,4%	14,8%	100,0%
1. Quartal 1992	7,2%	15,2%	1,3%	3,9%	18,8%	1,6%	1,9%	0,0%	37,6%	12,5%	100,0%
2. Quartal 1992	2,5%	13,3%	1,0%	13,2%	8,6%	1,1%	2,1%	0,0%	43,0%	15,4%	100,0%
3. Quartal 1992	8,3%	15,4%	0,3%	6,2%	8,8%	1,7%	2,4%	0,0%	42,4%	14,5%	100,0%
4. Quartal 1992	2,2%	10,6%	0,5%	13,8%	2,9%	0,8%	2,1%	0,0%	55,0%	12,1%	100,0%
1. Quartal 1993	10,4%	23,0%	0,3%	0,0%	5,4%	0,3%	3,0%	0,0%	42,4%	15,2%	100,0%
2. Quartal 1993	2,3%	18,7%	0,6%	0,0%	8,5%	0,1%	2,8%	0,0%	56,8%	10,2%	100,0%
3. Quartal 1993	8,9%	27,1%	0,3%	0,0%	18,7%	1,5%	0,5%	2,0%	32,3%	8,8%	100,0%
4. Quartal 1993	0,5%	31,0%	0,1%	0,0%	17,4%	0,3%	0,0%	19,7%	24,9%	6,0%	100,0%

Tabelle K: Verbleib ausgeschiedener Mitarbeiter in Treuhandunternehmen im Arbeitsamtsbezirk Erfurt

Zeitraum	Kündigung durch den Arbeitnehmer	Übergang in Ausgründungen/ andere Untern.	Alters-rente	Altersüber-gangsgeld	Übergang in ABS	Übergang in ABM	Übergang in FuU	Übergang in §249h	Arbeits-losigkeit	Sonstiges/ unbekannt	insge-samt
1./2. Quartal 1991	17,9%	13,5%	4,0%	5,9%	0,0%	2,7%	5,2%	0,0%	50,8%	0,0%	100,0%
3. Quartal 1991	0,9%	31,1%	1,1%	13,2%	0,1%	4,4%	3,0%	0,0%	27,6%	18,6%	100,0%
1. Quartal 1992	22,9%	14,2%	1,1%	4,4%	3,1%	1,2%	3,4%	0,0%	37,5%	12,3%	100,0%
2. Quartal 1992	5,9%	12,8%	1,1%	16,4%	1,1%	0,5%	4,0%	0,0%	45,6%	12,6%	100,0%
3. Quartal 1992	19,7%	9,5%	0,8%	4,7%	0,2%	0,1%	1,1%	0,0%	46,6%	17,3%	100,0%
4. Quartal 1992	2,6%	8,3%	0,3%	10,0%	0,0%	0,8%	2,6%	0,0%	64,5%	10,9%	100,0%
1. Quartal 1993	9,1%	14,7%	0,1%	0,0%	1,4%	0,1%	1,2%	0,0%	46,8%	26,6%	100,0%
2. Quartal 1993	8,7%	10,2%	1,1%	0,0%	0,0%	0,0%	0,7%	0,0%	71,2%	8,1%	100,0%
3. Quartal 1993	8,6%	11,9%	1,8%	0,0%	0,0%	0,0%	3,1%	11,7%	46,8%	16,1%	100,0%
4. Quartal 1993	1,5%	52,1%	0,2%	0,0%	0,1%	0,0%	0,0%	14,9%	17,9%	13,3%	100,0%

Quelle: SÖSTRA-Befragungen der Treuhand- und Ex-Treuhandfimen (1991 - 1993)

Tabellenanlage

Bevölkerung

Tabelle 1: Wohnbevölkerung für das Jahr 1993 nach Geschlecht und Einwohner je qkm.

RKZ Name	ges. Bev.	1993 Männlich	1993 Weiblich	93E/qKm
11001 Berlin (West)	2176474	1033873	1142601	4481
11002 Berlin (Ost)	1298918	631108	667810	3220
12001 Brandenburg (Stadt)	89208	43104	46104	426
12017 Brandenburg (Land)	35885	17778	18107	•
13002 Neubrandenburg (Stadt)	85540	42005	43535	999
13003 Rostock (Stadt)	237307	115681	121626	1314
13025 Neubrandenburg (Land)	26495	13148	13347	40
13031 Rostock (Land)	38282	19151	19131	56
14001 Chemnitz (Stadt)	279520	132281	148463	1984
14003 Goerlitz (Stadt)	67647	32426	37067	1576
14006 Zwickau (Stadt)	107988	51016	56972	1804
14014 Bautzen (Land)	116553	78295	84916	171
14018 Chemnitz (Land)	93280	70735	79982	409
14029 Goerlitz (Land)	26534	12861	13673	•
14058 Zwickau (Land)	77758	68249	76075	261
15113 Bitterfeld	116050	55371	60679	255
15202 Halle (Stadt)	295372	140491	154881	2187
15235 Saalkreis	63812	31124	32688	103
16001 Erfurt (Stadt)	200799	95475	105324	1866
16018 Erfurt (Land)	46831	23238	23593	88

Hinweis: E/qkm = Einwohner je Quadratkilometer

Quelle: Statistische Landesämter

Tabelle 2: Wohnbevölkerung für das Jahr 1993 nach Geschlecht und Einwohner je qkm. (Vor und nach der Gebietsreform).

RKZ Name	1993 Gesamt	1993 Männlich	1993 Weiblich	1993 E/qkm	1993 Gesamt (Gebietstand 94)	1993 E/qkm (Gebietstand 94)
11001 Berlin (West)	2176474	1033873	1142601	4481	2176474	4481
11002 Berlin (Ost)	1298918	631108	667810	3220	1298918	3220
12001 Brandenburg (Stadt)	89208	43104	46104	534	89208	426
12017 Brandenburg (Land)	35885	17778	18107	41	•	•
13002 Neubrandenburg (Stadt)	85540	42005	43535	999	85540	999
13003 Rostock (Stadt)	237307	115681	121626	1314	237307	1314
13025 Neubrandenburg (Land)	26495	13148	13347	40	•	•
13031 Rostock (Land)	38282	19151	19131	56	•	•
14001 Chemnitz (Stadt)	279520	131704	147816	2154	280744	1984
14003 Goerlitz (Stadt)	67647	31549	36098	2617	69493	1576
14006 Zwickau (Stadt)	107988	51016	56972	1895	107988	1804
14014 Bautzen (Land)	116553	55891	60662	169	163211	171
14018 Chemnitz (Land)	93280	43608	49672	321	150717	409
14029 Goerlitz (Land)	26534	12861	13673	74	•	•
14058 Zwickau (Land)	77758	36951	40807	234	144324	261
15113 Bitterfeld	116050	55371	60679	255	119173	236
15202 Halle (Stadt)	295372	140491	154881	2187	295372	2187
15235 Saalkreis	63812	31124	32688	103	64545	103
16001 Erfurt (Stadt)	200799	95475	105324	1866	214982	833
16018 Erfurt (Land)	46831	23238	23593	88	•	•

Hinweis: E/qkm = Einwohner je Quadratkilometer

Quelle: Statistische Landesämter

Tabelle 3: Wohnbevölkerung für die Jahre 1950, 1971 und 1981 sowie für das Jahr 1989 nach Geschlecht und Einwohner je qkm

RKZ	Name	31.08.50	01.01.71	31.12.81	1989 Gesamt	1989 Männlich	1989 Weiblich	89E/qkm
11001	Berlin (West)	•	•	•	2130525	1006124	1124401	•
11002	Berlin (Ost)	1189074	1086374	1162305	1279212	608938	670274	3174
12001	Brandenburg (Stadt)	82215	93983	94680	93441	93441	48495	560
12017	Brandenburg (Land)	50908	41303	37787	36567	336567	18772	41
13002	Neubrandenburg (Stadt)	23018	46087	79813	90953	45131	45822	1058
13003	Rostock (Stadt)	133591	198713	236011	252956	123102	129854	1398
13025	Neubrandenburg (Land)	38668	32385	27668	27120	13310	13810	41
13031	Rostock (Land)	45817	38927	36565	38558	19027	19531	56
14001	Chemnitz (Stadt)	293373	299432	318578	301918	141505	160413	2322
14003	Görlitz (Stadt)	100147	87492	80831	74766	34717	40049	2876
14006	Zwickau (Stadt)	138844	126988	121283	118914	56429	62485	2087
14014	Bautzen (Land)	137011	130341	126747	124957	60440	64517	181
14018	Chemnitz (Land)	145218	122411	107591	99126	45600	53526	341
14029	Görlitz (Land)	41613	34345	30774	28265	13679	14586	79
14058	Zwickau (Land)	119250	98290	87538	80225	37709	42516	242
15113	Bitterfeld	149814	138761	129911	126181	60642	65539	278
15202	Halle (Stadt)	289119	292551	324431	321684	152302	169382	2383
15235	Saalkreis	98458	80962	70436	66013	31994	34019	107
16001	Erfurt (Stadt)	188650	196528	212012	217035	102846	114189	2048
16018	Erfurt (Land)	64532	51801	47976	47108	23132	23976	88

Hinweise: E/qkm = Einwohner je Quadratkilometer; die Angaben für 1989 sind per 31.12.1989

Quelle: KSPW-Regionaldaten, Statistisches Jahrbuch der DDR 1990

Tabelle 4: Wohnbevölkerung für die Jahre 1990, 1991 und 1993 nach Geschlecht und Einwohner je qkm

RKZ	Name	1990 Gesamt	1990 Männlich	1990 Weiblich	1991 Gesamt	1991 Männlich	1991 Weiblich	1993 Gesamt	1993 Männlich	1993 Weiblich	90 E/qkm	91 E/qkm	93 E/qkm
11001	Berlin (West)	2157969	1023828	1134141	2164904	1026208	1138696	2176474	1033873	1142601	•	•	4481
11002	Berlin (Ost)	1275726	606738	668988	1281127	614039	667088	1298918	631108	667810	•	•	3220
12001	Brandenburg (Stadt)	89889	42857	47032	88760	42545	46215	89208	43104	46104	538	531	534
12017	Brandenburg (Land)	35855	17464	18391	35424	17297	18127	35885	17778	18107	41	40	41
13002	Neubrandenburg (Stadt)	89284	43862	45422	87879	43102	44777	85540	42005	43535	1038	1022	999
13003	Rostock (Stadt)	248088	120398	127690	244452	118871	125581	237307	115681	121626	1371	1351	1314
13025	Neubrandenburg (Land)	26597	13003	13594	26200	12881	13319	26495	13148	133347	41	40	40
13031	Rostock (Land)	37939	18749	19190	37483	18562	18921	38282	19151	19131	55	54	56
14001	Chemnitz (Stadt)	294244	137552	156692	287511	134479	153032	279520	131704	147816	2284	2216	2154
14003	Görlitz (Stadt)	72237	33437	38800	70448	32597	37851	67647	31549	36098	2812	2725	2617
14006	Zwickau (Stadt)	114632	53972	60660	112565	53157	59408	107988	51016	56972	2031	1976	1895
14014	Bautzen (Land)	120865	57676	63189	118755	56744	62011	116553	55891	60662	177	172	169
14018	Chemnitz (Land)	96977	44744	52233	94536	43809	50727	93280	43608	49672	335	325	321
14029	Görlitz (Land)	27452	13206	14246	26835	12929	13906	26534	12861	13673	77	75	74
14058	Zwickau (Land)	78621	36941	41680	77792	36696	41096	77758	36951	40807	238	234	234
15113	Bitterfeld	119981	56543	63438	117593	55650	61943	116050	55371	60679	266	259	255
15202	Halle (Stadt)	310234	146219	164015	303019	143098	159921	295372	140491	154881	2307	2239	2187
15235	Saalkreis	64093	30930	33163	63198	30525	32673	63812	31124	32688	104	102	103
16001	Erfurt (Stadt)	208989	98537	110452	204912	96721	108191	200799	95475	105324	1942	1897	1866
16018	Erfurt (Land)	46245	22680	23565	46099	22666	23433	46831	23238	23593	87	86	88

Hinweise: E/qkm = Einwohner je Quadratkilometer

Quelle: KSPW-Regionaldaten, Statistische Landesämter

Tabelle 5: Wohnbevölkerung im Alter von 15-65 Jahren für die Jahre 1989, 1990 und 1991 nach Geschlecht

RKZ Name	1989 Gesamt	1989 Männlich	1989 Weiblich	1990 Gesamt	1990 Männlich	1990 Weiblich	1991 Gesamt	1991 Männlich	1991 Weiblich
11001 Berlin (West)	1427800	761700	666100	1515400	775800	739600	1466600	775400	691200
11002 Berlin (Ost)	888000	437900	450100	884800	435500	449300	896400	445800	450600
12001 Brandenburg (Stadt)	64441	32395	32046	61459	30557	30902	60901	30525	30376
12017 Brandenburg (Land)	23950	12299	11651	23344	12019	11325	23111	11945	11166
13002 Neubrandenburg (Stadt)	63285	31788	31497	61946	30725	31221	61237	30508	30964
13003 Rostock (Stadt)	177409	88612	88797	173241	86393	86878	171548	85881	85667
13025 Neubrandenburg (Land)	17822	9218	8604	17341	8943	8398	17153	8890	8263
13031 Rostock (Land)	25320	13020	12300	24888	12825	12063	24771	12794	11977
14001 Chemnitz (Stadt)	204382	100566	103816	198087	97256	100831	193817	95325	98492
14003 Görlitz (Stadt)	48984	25158	24826	47017	23153	23864	45812	22582	23230
14006 Zwickau (Stadt)	80675	40178	40497	76942	38015	38927	75474	37531	37943
14014 Bautzen (Land)	81621	41511	40110	78084	39017	39067	76934	38545	38389
14018 Chemnitz (Land)	64533	31477	33056	62909	30749	32160	61237	30193	31044
14029 Görlitz (Land)	18295	9308	8987	17579	8915	8664	17163	8748	8415
14058 Zwickau (Land)	51790	25814	25976	50599	25179	25420	50218	25103	25115
15113 Bitterfeld	85851	43368	42483	80415	39754	40661	78902	39294	39608
15202 Halle (Stadt)	220594	108206	112388	211556	103466	108090	207148	101810	105338
15235 Saalkreis	43779	22276	21503	42224	21395	20829	41721	21213	20508
16001 Erfurt (Stadt)	148820	72843	75977	141892	69086	72806	139464	68240	71224
16018 Erfurt (Land)	31417	16026	15391	30702	15621	15081	30702	15708	14994

Quelle: KSPW-Regionaldaten

Tabelle 6: Wohnbevölkerung im arbeitsfähigen Alter nach Altersgruppen für das Jahr 1989

RKZ Name	15 - 20 J.	20 - 25 J.	25 - 30 J.	30 - 35 J.	35 - 40 J.	40 - 45 J.	45 - 50j.	50 - 55 J.	55 - 60 J.	60 - 65 J.
11001 Berlin (West)	105500	146600	206900	165700	158400	104800	184000	157600	104000	94300
11002 Berlin (Ost)	85700	86500	127300	104400	97200	68300	100800	96300	68400	53100
12001 Brandenburg (Stadt)	5127	7295	8474	7313	6937	4382	7499	7657	5423	4334
12017 Brandenburg (Land)	2087	2450	3036	2908	2769	1569	2192	2665	2278	1996
13002 Neubrandenburg (Stadt)	6437	6727	8442	8664	8961	4977	6101	6023	4065	2888
13003 Rostock (Stadt)	15437	20681	23302	20936	20441	13091	19672	19861	13734	10254
13025 Neubrandenburg (Land)	1573	2078	2537	2326	2011	1045	1476	1830	1656	1290
13031 Rostock (Land)	2491	2896	3652	3357	2965	1602	2347	2509	1983	1545
14001 Chemnitz (Stadt)	17572	21732	23457	21025	24179	17931	23910	22323	16397	15856
14003 Görlitz (Stadt)	4210	5502	6207	5159	5035	3397	5808	5660	4222	3784
14006 Zwickau (Stadt)	6371	8773	10398	8586	9092	6330	9012	8833	6794	6486
14014 Bautzen (Land)	7451	8951	10676	9689	9110	5796	7764	8603	6918	6663
14018 Chemnitz (Land)	5672	6764	6767	6535	7243	5195	7132	6941	6126	6158
14029 Görlitz (Land)	1717	1986	2081	2029	2012	1317	1848	2001	1695	1609
14058 Zwickau (Land)	4337	4977	5567	5782	6262	4050	5352	5705	4793	4965
15113 Bitterfeld	7194	9449	10385	9734	9450	6274	9433	9323	7639	6970
15202 Halle (Stadt)	20450	25315	26734	24016	25535	19406	25277	22233	16438	15190
15235 Saalkreis	4055	4573	5003	4824	4924	3309	4299	4717	4087	3988
16001 Erfurt (Stadt)	13341	17172	19272	17483	17180	12200	16121	15097	10970	9984
16018 Erfurt (Land)	3275	3532	3802	3700	3666	2460	2925	3098	2495	2464

Quelle: KSPW-Regionaldaten

Tabelle 7: Männliche Wohnbevölkerung im arbeitsfähigen Alter nach Altersgruppen für das Jahr 1989

RKZ	Name	15 - 20 J.	20 - 25 J.	25 - 30 J.	30 - 35 J.	35 - 40 J.	40 - 45 J.	45 - 50 J.	50 - 55 J.	55 - 60 J.	60 - 65 J.
11001	Berlin (West)	66600	74800	109100	87100	79700	74700	97100	81300	51100	43100
11002	Berlin (Ost)	42900	41700	64000	53400	48800	33900	49400	46700	33800	27600
12001	Brandenburg (Stadt)	2651	3654	4394	3811	3612	2153	3772	3858	2683	1807
12017	Brandenburg (Land)	1080	1292	1584	1547	1496	813	1107	1369	1153	858
13002	Neubrandenburg (Stadt)	3342	3396	4249	4271	4490	2620	3049	2983	2090	1298
13003	Rostock (Stadt)	7805	10606	12066	10674	10283	6514	9680	9715	6791	4478
13025	Neubrandenburg (Land)	786	1128	1347	1245	11150	569	761	922	786	559
13031	Rostock (Land)	1268	1525	1877	1755	1599	876	1192	1286	989	653
14001	Chemnitz (Stadt)	8993	11049	12053	10434	11839	8839	11854	10977	7819	6709
14003	Görlitz (Stadt)	2144	2819	3152	2634	2569	1681	2771	2828	2073	1487
14006	Zwickau (Stadt)	3350	4363	5481	4488	4531	3181	4412	4339	3257	2776
14014	Bautzen (Land)	3793	4749	5783	5099	4776	2991	3911	4279	3355	2775
14018	Chemnitz (Land)	2839	3306	3387	3206	3564	2614	3593	3391	1893	2684
14029	Görlitz (Land)	868	1053	1105	1104	1050	707	950	989	836	646
14058	Zwickau (Land)	2264	2599	2809	2938	3144	2046	2695	2773	2315	2231
15113	Bitterfeld	3710	4858	5428	5133	4959	3271	4749	4704	3678	2878
15202	Halle (Stadt)	10444	12890	13488	11807	12457	9474	12648	10861	7882	6255
15235	Saalkreis	2125	2448	2610	2484	2574	1731	2228	2385	1977	1714
16001	Erfurt (Stadt)	6847	8427	9745	8627	8426	6047	7997	7331	5301	4095
16018	Erfurt (Land)	1769	1830	1931	1918	1923	1258	1528	1571	1207	1091

Quelle: KSPW-Regionaldaten

Tabelle 8: Weibliche Wohnbevölkerung im arbeitsfähigen Alter nach Altersgruppen für das Jahr 1989

RKZ	Name	15 - 20 J.	20 - 25 J.	25 - 30 J.	30 - 35 J.	35 - 40 J.	40 - 45 J.	45 - 50 J.	50 - 55 J.	55 - 60 J.	60 - 65 J.
11001	Berlin (West)	62600	71800	97800	78500	78700	70400	86800	76300	76300	54000
11002	Berlin (Ost)	42900	44700	63300	51100	48400	34400	51500	49600	34700	29800
12001	Brandenburg (Stadt)	2476	3641	4080	3502	3325	2229	3727	3799	2740	2527
12017	Brandenburg (Land)	1007	1158	1452	1361	1273	756	1085	1296	1125	1138
13002	Neubrandenburg (Stadt)	3095	3331	4193	4393	4471	2357	3052	3040	1975	1590
13003	Rostock (Stadt)	7632	10075	11236	10262	10158	6577	9992	10146	6943	5776
13025	Neubrandenburg (Land)	787	950	1190	1081	896	476	715	908	870	731
13031	Rostock (Land)	1223	1344	1775	1602	1366	726	1155	1223	994	892
14001	Chemnitz (Stadt)	8579	10683	11404	10591	1234	9092	12056	11346	8578	9147
14003	Görlitz (Stadt)	2066	2683	3055	2525	2466	1716	3037	2832	2149	2297
14006	Zwickau (Stadt)	3021	4410	4917	4098	4561	3149	4600	4494	3537	3710
14014	Bautzen (Land)	3658	4202	4893	4590	4334	2805	3853	4324	3563	3888
14018	Chemnitz (Land)	2833	3458	3380	3329	3679	2581	3539	3550	3233	3474
14029	Görlitz (Land)	849	933	976	925	962	610	898	1012	859	963
14058	Zwickau (Land)	2073	2378	2758	2844	3118	2004	2657	2932	2478	2734
15113	Bitterfeld	3484	4591	4957	4601	4491	3003	4684	4619	3961	4092
15202	Halle (Stadt)	10006	12425	13246	12209	13078	9932	12629	11372	8556	8935
15235	Saalkreis	1930	2125	2393	2340	2350	1578	2071	2332	2110	2274
16001	Erfurt (Stadt)	6494	8745	9527	8856	8754	6153	8124	7766	5669	5889
16018	Erfurt (Land)	1506	1702	1871	1782	1743	1202	1397	1527	1288	1373

Quelle: KSPW-Regionaldaten

Tabelle 9: Wohnbevölkerung im arbeitsfähigen Alter nach Altersgruppen für das Jahr 1991

RKZ	Name	15 - 20 J.	20 - 25 J.	25 - 30 J.	30 - 35 J.	35 - 40 J.	40 - 45 J.	45 - 50 J.	50 - 55 J.	55 - 60 J.	60 - 65 J.
11001	Berlin (West)	120200	131000	218200	183700	155900	162000	158000	176100	122000	39500
11002	Berlin (Ost)	78900	79400	128100	111900	99300	82300	77800	102100	78000	58600
12001	Brandenburg (Stadt)	4410	5736	7470	7127	6764	5206	5322	8109	6044	4713
12017	Brandenburg (Land)	1862	1948	2710	2950	2798	2146	1635	2545	2453	2064
13002	Neubrandenburg (Stadt)	6052	5709	7362	8142	8624	6706	4504	6361	4750	3262
13003	Rostock (Stadt)	13869	16755	21629	20605	20171	16149	14299	21257	15335	11479
13025	Neubrandenburg (Land)	1444	1652	2286	2324	2090	1473	1005	1776	1677	1426
13031	Rostock (Land)	2241	2508	3167	3469	3064	2181	1652	2639	2116	1734
14001	Chemnitz (Stadt)	14779	18448	21355	19915	21677	21266	19050	23754	17499	16074
14003	Görlitz (Stadt)	3534	4378	5448	5161	4832	4028	4071	6027	4536	3797
14006	Zwickau (Stadt)	5288	7014	9089	8282	8203	7600	7072	9162	7255	6509
14014	Bautzen (Land)	6772	7085	8950	9446	8902	727	5903	8600	7266	6783
14018	Chemnitz (Land)	4788	5857	6145	6136	6652	6379	5696	7199	6195	6190
14029	Görlitz (Land)	1525	1575	1825	1979	1920	1604	1353	2022	1733	1627
14058	Zwickau (Land)	3843	4558	5158	5499	5920	5301	4282	5732	4954	4971
15113	Bitterfeld	5916	7422	8841	9057	8865	7210	6897	9839	7665	7190
15202	Halle (Stadt)	16505	21869	24920	22221	23500	21302	20125	23835	17625	15246
15235	Saalkreis	3436	4012	4405	4704	4888	4070	3230	4768	4274	3934
16001	Erfurt (Stadt)	10942	14016	16908	16647	16347	13850	12510	16066	12040	10138
16018	Erfurt (Land)	2858	3065	3575	3725	3714	3072	2320	3335	2587	2451

Quelle: KSPW-Regionaldaten

Tabelle 10: Männliche Wohnbevölkerung im arbeitsfähigen Alter nach Altersgruppen für das Jahr 1991

RKZ	Name	15 - 20 J.	20 - 25 J.	25 - 30 J.	30 - 35 J.	35 - 40 J.	40 - 45 J.	45 - 50 J.	50 - 55 J.	55 - 60 J.	60 - 65 J.
11001	Berlin (West)	61200	66100	112400	96200	79500	81300	83100	91600	60900	40200
11002	Berlin (Ost)	39800	38600	64400	58100	50500	41400	38100	49600	37700	23300
12001	Brandenburg (Stadt)	2283	2911	3855	3611	4338	2599	2581	4094	2998	2155
12017	Brandenburg (Land)	1015	1011	1440	1500	1510	1147	832	1294	1226	970
13002	Neubrandenburg (Stadt)	3117	2930	3586	3994	4185	3369	2272	3117	2381	1557
13003	Rostock (Stadt)	7088	8601	11090	10605	10137	8075	7016	10450	7480	5339
13025	Neubrandenburg (Land)	742	856	1254	1214	1152	806	526	890	810	640
13031	Rostock (Land)	1145	1330	1634	1815	1639	1157	866	1354	1051	803
14001	Chemnitz (Stadt)	7568	9299	10917	9909	10456	10431	9386	11712	8447	7200
14003	Görlitz (Stadt)	1777	2211	2776	2576	2476	1988	1942	2949	2223	1664
14006	Zwickau (Stadt)	2837	3581	4574	4319	4005	3759	3486	4448	3531	2991
14014	Bautzen (Land)	3469	3609	4486	4820	4582	3785	2943	4267	3575	3009
14018	Chemnitz (Land)	2477	2966	3069	3078	3228	3158	2882	3573	2952	2810
14029	Görlitz (Land)	790	835	923	1053	1010	849	712	993	848	735
14058	Zwickau (Land)	1981	2371	2635	2745	2964	2682	2154	2861	2376	2334
15113	Bitterfeld	3092	3744	4496	4613	4545	3635	3431	4903	3692	3143
15202	Halle (Stadt)	8453	11091	12483	11099	11456	10245	9996	11755	8421	6811
15235	Saalkreis	1786	2143	2270	2394	2515	2149	1655	2446	2072	1783
16001	Erfurt (Stadt)	5624	6929	8395	8262	7943	6843	6136	7823	5810	4475
16018	Erfurt (Land)	1534	1618	1831	1923	1920	1566	1225	1687	1280	1124

Quelle: KSPW-Regionaldaten

Tabelle 11: Weibliche Wohnbevölkerung im arbeitsfähigen Alter nach Altersgruppen für das Jahr 1991

RKZ Name	15 - 20 J.	20 - 25 J.	25 - 30 J.	30 - 35 J.	35 - 40 J.	40 - 45 J.	45 - 50 J.	50 - 55 J.	55- 60 J.	60 - 65 J.
11001 Berlin (West)	59400	64900	105800	87600	76400	80700	74900	84500	61100	51000
11002 Berlin (Ost)	39100	40800	63700	53900	48700	41000	39700	52600	40300	31000
12001 Brandenburg (Stadt)	2127	2825	3615	3516	3326	2607	2741	4015	3046	2558
12017 Brandenburg (Land)	847	937	1270	1450	1288	999	803	1251	1227	1094
13002 Neubrandenburg (Stadt)	2935	2779	3776	4148	4439	3337	2232	3244	2369	1705
13003 Rostock (Stadt)	6781	8154	10539	10000	10034	8074	7283	10807	7855	6140
13025 Neubrandenburg (Land)	702	796	1032	1110	938	667	479	886	867	786
13031 Rostock (Land)	1096	1178	1533	1654	1425	1024	786	1285	1065	931
14001 Chemnitz (Stadt)	7211	9149	10438	10006	11221	10835	9664	12042	9052	8874
14003 Görlitz (Stadt)	1757	2167	2672	2585	2356	2040	2129	3078	2313	2133
14006 Zwickau (Stadt)	2451	3433	4515	3963	4198	3841	3586	4714	3724	3518
14014 Bautzen (Land)	3303	3476	4464	4626	4320	3442	2960	4333	3691	3774
14018 Chemnitz (Land)	2311	2891	3076	3058	3424	3221	2814	3626	3243	3380
14029 Görlitz (Land)	735	740	902	926	910	755	641	1029	885	892
14058 Zwickau (Land)	1862	2187	2523	2754	2956	2619	2128	2871	2578	2637
15113 Bitterfeld	2824	3678	4345	4444	4320	3575	3466	4936	3973	4047
15202 Halle (Stadt)	8052	10778	12437	11122	12044	11057	10129	12080	9204	8435
15235 Saalkreis	1650	1869	2135	2310	2373	1921	1575	2322	2202	2151
16001 Erfurt (Stadt)	5318	7087	8513	8385	8404	7007	6374	8243	6230	5663
16018 Erfurt (Land)	1324	1447	1744	1802	1794	1506	1095	1648	1307	1327

Quelle: KSPW-Regionaldaten

Tabelle 12: Wohnbevölkerung im arbeitsfähigen Alter nach Altersgruppen für das Jahr 1993

RKZ	Name	15 - 20 J.	20 - 25 J.	25 - 30 J.	30 - 35 J.	35 - 40 J.	40 - 45 J.	45 - 50 J.	50 - 55 J.	55 - 60 J.	60 - 65 J.
11001	Berlin (West)	94600	133274	209225	204735	160942	162577	146519	182093	145583	92077
11002	Berlin (Ost)	70283	87071	125704	127948	102478	92958	68881	100656	89428	59896
12001	Brandenburg (Stadt)	4885	5190	6925	7711	6798	6300	4406	7806	7064	4951
12017	Brandenburg (Land)	2112	1945	2570	3162	2961	2703	1534	2357	2600	2060
13002	Neubrandenburg (Stadt)	6747	5298	6320	7951	8062	7752	4260	6026	5446	3569
13003	Rostock (Stadt)	15104	14127	19595	21251	19115	18160	12392	19827	17745	12029
13025	Neubrandenburg (Land)	1735	1556	2065	2408	2273	1911	992	1603	1726	1468
13031	Rostock (Land)	2632	2316	2814	3697	3363	2791	1608	2508	2339	1835
14001	Chemnitz (Stadt)	15850	16478	19913	20891	19643	22723	17316	23141	20008	15280
14003	Goerlitz (Stadt)	3708	3784	4895	5347	4703	4415	3356	5693	5055	3730
14006	Zwickau (Stadt)	5288	5923	7837	8714	7495	8292	6125	8895	8031	6230
14014	Bautzen (Land)	7441	6543	7789	9539	9056	8266	5537	7945	8008	6413
14018	Chemnitz (Land)	4947	5328	6014	6381	6347	7152	5222	7030	6674	5841
14029	Goerlitz (Land)	1668	1397	1745	2018	1940	1842	1256	1875	1850	1559
14058	Zwickau (Land)	4194	4492	4978	5666	5826	6175	4031	5471	5433	4527
15113	Bitterfeld	6321	6755	8330	9446	8779	8390	5832	9350	8411	6970
15202	Halle (Stadt)	17215	20168	23903	23537	21701	22809	17915	23739	19602	14556
15235	Saalkreis	3800	3797	4265	4994	5026	4831	3231	4513	4465	3792
16001	Erfurt (Stadt)	11663	12634	15690	17424	15828	15179	11460	15763	13416	9778
16018	Erfurt (Land)	3041	3000	3503	3994	3864	3624	2382	3167	2896	2317

Quelle: Statistische Landesämter

Tabelle 13: Männliche Wohnbevölkerung im arbeitsfähigen Alter nach Altersgruppen für das Jahr 1993

RKZ	Name	15 - 20 J.	20 - 25 J.	25 - 30 J.	30 - 35 J.	35 - 40 J.	40 - 45 J.	45 - 50 J.	50 - 55 J.	55 - 60 J.	60 - 65 J.
11001	Berlin (West)	48233	66181	105553	106154	82970	80747	75318	94951	73501	43291
11002	Berlin (Ost)	35976	43708	64292	67333	53530	47309	34461	49251	42630	28848
12001	Brandenburg (Stadt)	2559	2735	3594	3996	3486	3212	2125	3906	3483	2365
12017	Brandenburg (Land)	1126	1072	1400	1648	1596	1441	822	1192	1303	1000
13002	Neubrandenburg (Stadt)	3485	2816	3084	3934	3936	3842	2155	2938	2672	1776
13003	Rostock (Stadt)	7727	7319	10116	11076	9712	9126	6198	9642	8639	5715
13025	Neubrandenburg (Land)	929	835	1138	1274	1231	1026	536	809	837	678
13031	Rostock (Land)	1382	1267	1488	1903	1781	1505	882	1250	1189	871
14001	Chemnitz (Stadt)	8178	8533	10231	10684	9579	11157	8501	11453	9673	7067
14003	Goerlitz (Stadt)	1852	1985	2516	2729	2354	2207	1651	2734	2471	1747
14006	Zwickau (Stadt)	2803	3110	3909	4507	3734	4095	3037	4290	3879	2936
14014	Bautzen (Land)	3870	3440	3878	4849	4680	4279	2855	3942	3928	2968
14018	Chemnitz (Land)	2554	2809	3063	3219	3126	3550	2624	3495	3267	2668
14029	Goerlitz (Land)	890	740	897	1056	1007	969	650	929	901	755
14058	Zwickau (Land)	2186	2392	2567	2894	2927	3091	2019	2756	2616	2137
15113	Bitterfeld	3222	3561	4263	4865	4517	4267	2917	4624	4125	3168
15202	Halle (Stadt)	8887	10625	12301	11926	10697	10942	8756	11748	9407	6699
15235	Saalkreis	1987	2072	2231	2590	2577	2570	1657	2353	2180	1785
16001	Erfurt (Stadt)	6001	6536	7761	8876	7786	7462	5615	7745	6421	4520
16018	Erfurt (Land)	1600	1682	1831	2030	2017	1885	1248	1646	1439	1080

Quelle: Statistische Landesämter

Tabelle 14: Weibliche Wohnbevölkerung im arbeitsfähigen Alter nach Altersgruppen für das Jahr 1993

RKZ	Name	15 - 20 J.	20 - 25 J.	25 - 30 J.	30 - 35 J.	35 - 40 J.	40 - 45 J.	45 - 50 J.	50 - 55 J.	55 - 60 J.	60 - 65 J.
11001	Berlin (West)	46367	67093	103672	98581	77972	81830	71201	87142	72082	48786
11002	Berlin (Ost)	34307	43363	61412	60615	48948	45649	34420	51405	46798	31048
12001	Brandenburg (Stadt)	2326	2455	3331	3715	3312	3088	2281	3900	3581	2586
12017	Brandenburg (Land)	986	873	1170	1514	1365	1262	712	1165	1297	1060
13002	Neubrandenburg (Stadt)	3262	2482	3236	4017	4126	3910	2105	3088	2774	1793
13003	Rostock (Stadt)	7377	6808	9479	10175	9403	9034	6194	10185	9106	6314
13025	Neubrandenburg (Land)	806	721	927	1134	1042	885	456	794	889	790
13031	Rostock (Land)	1250	1049	1326	1794	1582	1286	726	1258	1150	964
14001	Chemnitz (Stadt)	7672	7945	9682	10207	10064	11566	8815	11688	10335	8213
14003	Goerlitz (Stadt)	1856	1799	2379	2618	2349	2208	1705	2959	2584	1983
14006	Zwickau (Stadt)	2485	2813	3928	4207	3761	4197	3088	4605	4152	3294
14014	Bautzen (Land)	3571	3103	3911	4690	4376	3987	2682	4003	4080	3445
14018	Chemnitz (Land)	2393	2519	2951	3162	3221	3602	2598	3535	3407	3173
14029	Goerlitz (Land)	778	657	848	962	933	873	606	946	949	804
14058	Zwickau (Land)	2008	2100	2411	2772	2899	3084	2012	2715	2817	2390
15113	Bitterfeld	3099	3194	4067	4581	4262	4123	2915	4726	4286	3802
15202	Halle (Stadt)	8328	9543	11602	11611	11004	11867	9159	11991	10195	7857
15235	Saalkreis	1813	1725	2034	2404	2449	2261	1574	2160	2285	2007
16001	Erfurt (Stadt)	5662	6098	7929	8548	8042	7717	5845	8018	6995	5258
16018	Erfurt (Land)	1441	1318	1672	1964	1847	1739	1134	1521	1457	1237

Quelle: Statistische Landesämter

Tabelle 15: **Anteil der Altersgruppen an der Wohnbevölkerung für das Jahr 1991 in Prozent**

RKZ	Name	0-1J.	1-2J.	0-3J.	0-6J.	6-14J.	15-17J.	18-24J.	25-29J.	30-34J.	35-39J.	40-44J.	45-49J.	50-54J.	55-59J.	60-64J.
11001	Berlin (West)	1,01	2,03	3,05	5,95	5,24	1,69	4,9	10,08	8,49	7,2	7,48	7,3	8,13	5,63	4,35
11002	Berlin (Ost)	0,68	2,51	3,19	7,4	8,03	2,03	5,05	10	8,74	7,75	6,43	6,07	7,97	6,09	4,57
12001	Brandenburg (Stadt)	0,69	2,59	3,28	7,3	7,71	2,05	4,58	8,42	8,03	7,62	5,87	6	9,14	6,81	5,31
12017	Brandenburg (Land)	0,62	2,44	3,06	7,17	8,55	2,24	4,28	7,65	8,33	7,9	6,06	4,62	7,18	6,92	5,83
13002	Neubrandenburg (Stadt)	0,66	2,64	3,31	7,85	10,34	3,08	5	8,38	9,27	9,81	7,63	5,13	7,24	5,41	3,71
13003	Rostock (Stadt)	0,66	2,45	3,1	7,26	8,78	2,46	5,01	8,85	8,43	8,25	6,61	5,85	8,7	6,27	4,7
13025	Neubrandenburg (Land)	0,82	2,87	3,7	8,42	9,69	2,31	4,79	8,73	8,87	7,98	5,62	3,84	6,78	6,4	5,44
13031	Rostock (Land)	0,75	2,68	3,43	8,24	10,29	2,68	4,76	8,45	9,25	8,17	5,82	4,41	7,04	5,65	4,63
14001	Chemnitz (Stadt)	0,6	2,02	2,62	6	7,38	2,15	4,58	7,43	6,93	7,54	7,4	6,63	8,26	6,09	5,59
14003	Görlitz (Stadt)	0,71	2,24	2,95	6,91	8,01	2,07	4,55	7,73	7,33	6,86	5,72	5,78	8,56	6,44	5,39
14006	Zwickau (Stadt)	0,67	2,17	2,84	6,53	7,16	1,87	4,39	8,07	7,36	7,29	6,75	6,28	8,14	6,45	5,78
14014	Bautzen (Land)	0,75	2,43	3,18	7,42	9,12	2,53	4,48	7,54	7,95	7,5	6,09	4,97	7,24	6,12	5,71
14018	Chemnitz (Land)	0,61	1,9	2,51	5,57	6,69	2,06	4,48	6,5	6,49	7,04	6,75	6,03	7,62	6,55	6,55
14029	Görlitz (Land)	0,64	2,27	2,9	6,94	8,57	2,48	4,56	6,8	7,37	7,15	5,98	5,04	7,53	6,46	6,06
14058	Zwickau (Land)	0,64	2	2,64	6,03	7,4	2,02	4,44	6,63	7,07	7,61	6,81	5,5	7,37	6,37	6,39
15113	Bitterfeld	0,66	2,24	2,89	6,71	7,72	2	4,57	7,52	7,7	7,54	6,13	5,87	8,37	6,52	6,11
15202	Halle (Stadt)	0,7	2,36	3,06	6,86	7,96	2,18	5,18	8,22	7,33	7,76	7,03	6,64	7,87	5,82	5,03
15235	Saalkreis	0,64	2,15	2,79	6,4	8,32	2,17	4,68	6,97	7,44	7,73	6,44	5,11	7,54	6,76	6,22
16001	Erfurt (Stadt)	0,74	2,43	3,17	7,19	8,17	2,18	4,9	8,25	8,12	7,98	6,76	6,11	7,84	5,88	4,95
16018	Erfurt (Land)	0,71	2,4	3,11	7,28	8,58	2,49	5,13	7,76	8,08	8,06	6,66	5,03	7,23	5,61	5,32

Quelle: DJI Regionaldatenbank

Tabelle 16: Anteil der Altersgruppen an der Wohnbevölkerung für das Jahr 1991 in Prozent

RKZ	Name	0-1J.	1-2J.	0-3J.	0-6J.	6-14J.	14-17J.	17-24J.	24-29J.	29-34J.	34-39J.	39-44J.	44-49J.	49-54J.	54-59J.	59-64J.
11001	Berlin (West)	1,01	2,03	3,05	5,95	5,24	1,69	4,9	10,08	8,49	7,2	7,48	7,3	8,13	5,63	4,35
11002	Berlin (Ost)	0,68	2,51	3,19	7,4	8,03	2,03	5,05	10	8,74	7,75	6,43	6,07	7,97	6,09	4,57
12001	Brandenburg (Stadt)	0,69	2,59	3,28	7,3	7,71	2,05	4,58	8,42	8,03	7,62	5,87	6	9,14	6,81	5,31
12017	Brandenburg (Land)	0,62	2,44	3,06	7,17	8,55	2,24	4,28	7,65	8,33	7,9	6,06	4,62	7,18	6,92	5,83
13002	Neubrandenburg (Stadt)	0,66	2,64	3,31	7,85	10,34	3,08	5	8,38	9,27	9,81	7,63	5,13	7,24	5,41	3,71
13003	Rostock (Stadt)	0,66	2,45	3,1	7,26	8,78	2,46	5,01	8,85	8,43	8,25	6,61	5,85	8,7	6,27	4,7
13025	Neubrandenburg (Land)	0,82	2,87	3,7	8,42	9,69	2,31	4,79	8,73	8,87	7,98	5,62	3,84	6,78	6,4	5,44
13031	Rostock (Land)	0,75	2,68	3,43	8,24	10,29	2,68	4,76	8,45	9,25	8,17	5,82	4,41	7,04	5,65	4,63
14001	Chemnitz (Stadt)	0,6	2,02	2,62	6	7,38	2,15	4,58	7,43	6,93	7,54	7,4	6,63	8,26	6,09	5,59
14003	Görlitz (Stadt)	0,71	2,24	2,95	6,91	8,01	2,07	4,55	7,73	7,33	6,86	5,72	5,78	8,56	6,44	5,39
14006	Zwickau (Stadt)	0,67	2,17	2,84	6,53	7,16	1,87	4,39	8,07	7,36	7,29	6,75	6,28	8,14	6,45	5,78
14014	Bautzen (Land)	0,75	2,43	3,18	7,42	9,12	2,53	4,48	7,54	7,95	7,5	6,09	4,97	7,24	6,12	5,71
14018	Chemnitz (Land)	0,61	1,9	2,51	5,57	6,69	2,06	4,48	6,5	6,49	7,04	6,75	6,03	7,62	6,55	6,55
14029	Görlitz (Land)	0,64	2,27	2,9	6,94	8,57	2,48	4,56	6,8	7,37	7,15	5,98	5,04	7,53	6,46	6,06
14058	Zwickau (Land)	0,64	2	2,64	6,03	7,4	2,02	4,44	6,63	7,07	7,61	6,81	5,5	7,37	6,37	6,39
15113	Bitterfeld	0,66	2,24	2,89	6,71	7,72	2	4,57	7,52	7,7	7,54	6,13	5,87	8,37	6,52	6,11
15202	Halle (Stadt)	0,7	2,36	3,06	6,86	7,96	2,18	5,18	8,22	7,33	7,76	7,03	6,64	7,87	5,82	5,03
15235	Saalkreis	0,64	2,15	2,79	6,4	8,32	2,17	4,68	6,97	7,44	7,73	6,44	5,11	7,54	6,76	6,22
16001	Erfurt (Stadt)	0,74	2,43	3,17	7,19	8,17	2,18	4,9	8,25	8,12	7,98	6,76	6,11	7,84	5,88	4,95
16018	Erfurt (Land)	0,71	2,4	3,11	7,28	8,58	2,49	5,13	7,76	8,08	8,06	6,66	5,03	7,23	5,61	5,32

Quelle: DJI Regionaldatenbank

Tabelle 17: Wohnbevölkerung nach Altersgruppen für das Jahr 1993

RKZ Name	0-1J.	1-2J.	0-3J.	0-6J.	6-14J	14-17J	17-25J	25-30J	30-35J	35-40J	40-45J	45-50J	50-55J	55-60J	60-65J	ges. Bev.
11001 Berlin (West)	21152	21880	64776	130928	159355	54821	191619	209225	204735	160942	162577	146519	182093	145583	92077	2176474
11002 Berlin (Ost)	7533	8070	24794	75036	141751	47928	125934	125704	127948	102478	92958	68881	100656	89428	59896	1298918
12001 Brandenburg (Stadt)	493	464	1586	4938	9453	3311	7907	6925	7711	6798	6300	4406	7806	7064	4951	89208
12017 Brandenburg (Land)	157	169	560	1863	4107	1470	3098	2570	3162	2961	2703	1534	2357	2600	2060	35885
13002 Neubrandenburg (Stadt)	367	471	1404	4946	11347	4705	8889	6320	7951	8062	7752	4260	6026	5446	3569	85540
13003 Rostock (Stadt)	1163	1227	3943	12961	26849	10555	22262	19595	21251	19115	18160	12392	19827	17745	12029	237307
13025 Neubrandenburg (Land)	•	•	•	1344	4208	1735	1556	2065	2408	2273	1911	992	1603	1726	1468	26495
13031 Rostock (Land)	•	•	•	1743	6641	2632	2316	2814	3697	3363	2791	1608	2508	2339	1835	38282
14001 Chemnitz (Stadt)	1295	1395	4357	13112	26675	10828	25077	19913	20891	19643	22723	17316	23141	20008	15280	279520
14003 Goerlitz (Stadt)	345	361	1186	3567	7394	2606	5762	4895	5347	4703	4415	3356	5693	5055	3730	67647
14006 Zwickau (Stadt)	561	617	1913	5459	10651	3670	8836	7837	8714	7495	8292	6125	8895	8031	6230	107988
14014 Bautzen (Land)	599	696	2159	6599	14254	5202	10537	7789	9539	9056	8266	5537	7945	8008	6413	116553
14018 Chemnitz (Land)	464	498	1533	4314	8454	3203	8148	6014	6381	6347	7152	5222	7030	6674	5841	93280
14029 Goerlitz (Land)	155	173	502	1499	3175	1188	2259	1745	2018	1940	1842	1256	1875	1850	1559	26534
14058 Zwickau (Land)	399	449	1368	3886	7786	2965	6766	4978	5666	5826	6175	4031	5471	5433	4527	77758
15113 Bitterfeld	584	660	2032	6174	12280	4403	10167	8330	9446	8779	8390	5832	9350	8411	6970	116050
15202 Halle (Stadt)	1584	1848	5542	16135	30617	11879	29496	23903	23537	21701	22809	17915	23739	19602	14556	295372
15235 Saalkreis	283	351	1045	3242	7082	2742	5817	4265	4994	5026	4831	3231	4513	4465	3792	63812
16001 Erfurt (Stadt)	1094	1168	3735	11265	21758	8105	18992	15690	17424	15828	15179	11460	15763	13416	9778	200799
16018 Erfurt (Land)	249	294	886	2665	5584	2034	4680	3503	3994	3864	3624	2382	3167	2896	2317	46831

Hinweise: Für Rostock (Land) und Neubrandenburg (Land): 0 - 6 J. = unter 5 Jahre; 6 - 14 J. = 5 bis unter 15 Jahre; 14 - 17 J. = 15 bis unter 20 Jahre; 17 - 25 J. = 20 bis unter 25 Jahre

Quelle: Statistische Landesämter

Tabelle 18: Anteil der Altersgruppen an der Wohnbevölkerung für das Jahr 1993 in Prozent

RKZ Name	0-1J.	1-2J.	0-3J.	0-6J.	6-14J	14-17J	17-25J	25-30J	30-35J	35-40J	40-45J	45-50J	50-55J	55-60J	60-65J
11001 Berlin (West)	0,97	1,01	2,98	6,02	7,32	2,52	8,8	9,61	9,41	7,39	7,47	6,73	8,37	6,69	4,23
11002 Berlin (Ost)	0,58	0,62	1,91	5,78	10,91	3,69	9,7	9,68	9,85	7,89	7,16	5,3	7,75	6,88	4,61
12001 Brandenburg (Stadt)	0,55	0,52	1,78	5,54	10,6	3,71	8,86	7,76	8,64	7,62	7,06	4,94	8,75	7,92	5,55
12017 Brandenburg (Land)	0,44	0,47	1,56	5,19	11,44	4,1	8,63	7,16	8,81	8,25	7,53	4,27	6,57	7,25	5,74
13002 Neubrandenburg (Stadt)	0,43	0,55	1,64	5,78	13,27	5,5	10,39	7,39	9,3	9,42	9,06	4,98	7,04	6,37	4,17
13003 Rostock (Stadt)	0,49	0,52	1,66	5,46	11,31	4,45	9,38	8,26	8,96	8,05	7,65	5,22	8,36	7,48	5,07
13025 Neubrandenburg (Land)	•	•	•	5,07	15,88	6,55	5,87	7,79	9,09	8,58	7,21	3,74	6,05	6,51	5,54
13031 Rostock (Land)	•	•	•	4,55	17,35	6,88	6,05	7,35	9,66	8,78	7,29	4,2	6,55	6,11	4,79
14001 Chemnitz (Stadt)	0,46	0,5	1,56	4,69	9,54	3,87	8,97	7,12	7,47	7,03	8,13	6,19	8,28	7,16	5,47
14003 Goerlitz (Stadt)	0,51	0,53	1,75	5,27	10,93	3,85	8,52	7,24	7,9	6,95	6,53	4,96	8,42	7,47	5,51
14006 Zwickau (Stadt)	0,52	0,57	1,77	5,06	9,86	3,4	8,18	7,26	8,07	6,94	7,68	5,67	8,24	7,44	5,77
14014 Bautzen (Land)	0,51	0,6	1,85	5,66	12,23	4,46	9,04	6,68	8,18	7,77	7,09	4,75	6,82	6,87	5,5
14018 Chemnitz (Land)	0,5	0,53	1,64	4,62	9,06	3,43	8,73	6,45	6,84	6,8	7,67	5,6	7,54	7,15	6,26
14029 Goerlitz (Land)	0,58	0,65	1,89	5,65	11,97	4,48	8,51	6,58	7,61	7,31	6,94	4,73	7,07	6,97	5,88
14058 Zwickau (Land)	0,51	0,58	1,76	5	10,01	3,81	8,7	6,4	7,29	7,49	7,94	5,18	7,04	6,99	5,82
15113 Bitterfeld	0,5	0,57	1,75	5,32	10,58	3,79	8,76	7,18	8,14	7,56	7,23	5,03	8,06	7,25	6,01
15202 Halle (Stadt)	0,54	0,63	1,88	5,46	10,37	4,02	9,99	8,09	7,97	7,35	7,72	6,07	8,04	6,64	4,93
15235 Saalkreis	0,44	0,55	1,64	5,08	11,1	4,3	9,12	6,68	7,83	7,88	7,57	5,06	7,07	7	5,94
16001 Erfurt (Stadt)	0,54	0,58	1,86	5,61	10,84	4,04	9,46	7,81	8,68	7,88	7,56	5,71	7,85	6,68	4,87
16018 Erfurt (Land)	0,53	0,63	1,89	5,69	11,92	4,34	9,99	7,48	8,53	8,25	7,74	5,09	6,76	6,18	4,95

Hinweise: Für Rostock (Land) und Neubrandenburg (Land): 0-6 J. = unter 5 Jahre; 6-14J. = 5 bis unter 15 Jahre; 14-17J. = 15 bis unter 20 Jahre; 17-25J. = 20 bis unter 25 Jahre

Quelle: Statistische Landesämter

Tabelle 19: Anteil der arbeitsfähigen Bevölkerung an der Gesamtbevölkerung nach Altersgruppen für das Jahr 1989

RKZ	Name	15 - 20 J.	20 - 25 J.	25 - 30 J.	30 - 35 J.	35 - 40 J.	40 - 45 J.	45 - 50 J.	50 - 55 J.	55 - 60 J.	60 - 65 J.
11001	Berlin (West)	4,95	6,88	9,71	7,78	7,43	4,92	8,64	7,4	4,88	4,43
11002	Berlin (Ost)	6,7	6,76	9,95	8,16	7,6	5,34	7,88	7,53	5,35	4,15
12001	Brandenburg (Stadt)	5,49	7,81	9,07	7,83	7,42	4,69	8,03	8,19	5,8	4,64
12017	Brandenburg (Land)	5,71	6,7	8,3	7,95	7,57	4,29	5,99	7,29	6,23	5,46
13002	Neubrandenburg (Stadt)	7,08	7,4	9,28	9,53	9,85	5,47	6,71	6,62	4,47	3,18
13003	Rostock (Stadt)	6,1	8,18	9,21	8,28	8,08	5,18	7,78	7,85	5,43	4,05
13025	Neubrandenburg (Land)	5,8	7,66	9,35	8,58	7,42	3,85	5,44	6,75	6,11	4,76
13031	Rostock (Land)	6,46	7,51	9,47	8,71	7,69	4,15	6,09	6,51	5,14	4,01
14001	Chemnitz (Stadt)	5,82	7,2	7,77	6,96	8,01	5,94	7,92	7,39	5,43	5,25
14003	Görlitz (Stadt)	5,63	7,36	8,3	6,9	6,73	4,54	7,77	7,57	5,65	5,06
14006	Zwickau (Stadt)	5,36	7,38	8,74	7,22	7,65	5,32	7,58	7,43	5,71	5,45
14014	Bautzen (Land)	5,96	7,16	8,54	7,75	7,29	4,64	6,21	6,88	5,54	5,33
14018	Chemnitz (Land)	5,72	6,82	6,83	6,59	7,31	5,24	7,19	7	6,18	6,21
14029	Görlitz (Land)	6,07	7,03	7,36	7,18	7,12	4,66	6,54	7,08	6	5,69
14058	Zwickau (Land)	5,41	6,2	6,94	7,21	7,81	5,05	6,67	7,11	5,97	6,19
15113	Bitterfeld	5,7	7,49	8,23	7,71	7,49	4,97	7,48	7,39	6,05	5,52
15202	Halle (Stadt)	6,36	7,87	8,31	7,47	7,94	6,03	7,86	6,91	5,11	4,72
15235	Saalkreis	6,14	6,93	7,58	7,31	7,46	5,01	6,51	7,15	6,19	6,04
16001	Erfurt (Stadt)	6,15	7,91	8,88	8,06	7,92	5,62	7,43	6,96	5,05	4,6
16018	Erfurt (Land)	6,95	7,5	8,07	7,85	7,78	5,22	6,21	6,58	5,3	5,23

Quelle: KSPW-Regionaldaten

Tabelle 20: Anteil der arbeitsfähigen Bevölkerung an der Gesamtbevölkerung nach Altersgruppen für das Jahr 1991

RKZ Name	15 - 20 J.	20 - 25 J.	25 - 30 J.	30 - 35 J.	35 - 40 J.	40 - 45 J.	45 - 50 J.	50 - 55 J.	55 - 60 J.	60 - 65 J.
11001 Berlin (West)	5,55	6,05	10,08	8,49	7,2	7,48	7,3	8,13	5,64	1,82
11002 Berlin (Ost)	6,16	6,2	10,0	8,73	7,75	6,42	6,07	7,97	6,09	4,57
12001 Brandenburg (Stadt)	4,97	6,46	8,42	8,03	7,62	5,87	6,0	9,14	6,81	5,31
12017 Brandenburg (Land)	5,26	5,5	7,65	8,33	7,9	6,06	4,62	7,18	6,92	5,83
13002 Neubrandenburg (Stadt)	6,89	6,5	8,38	9,27	9,81	7,63	5,13	7,24	5,41	3,71
13003 Rostock (Stadt)	5,67	6,85	8,85	8,43	8,25	6,61	5,85	8,7	6,27	4,7
13025 Neubrandenburg (Land)	5,51	6,31	8,73	8,87	7,98	5,62	3,84	6,78	6,4	5,44
13031 Rostock (Land)	5,98	6,69	8,45	9,25	8,17	5,82	4,41	7,04	5,65	4,63
14001 Chemnitz (Stadt)	5,14	6,42	7,43	6,93	7,54	7,4	6,63	8,26	6,09	5,59
14003 Görlitz (Stadt)	5,02	6,21	7,73	7,33	6,86	5,72	5,78	8,56	6,44	5,39
14006 Zwickau (Stadt)	4,7	6,23	8,07	7,36	7,29	6,75	6,28	8,14	6,45	5,78
14014 Bautzen (Land)	5,7	5,97	7,54	7,95	7,5	0,61	4,97	7,24	6,12	5,71
14018 Chemnitz (Land)	5,06	6,2	6,5	6,49	7,04	6,75	6,03	7,62	6,55	6,55
14029 Görlitz (Land)	5,68	5,87	6,8	7,37	7,15	5,98	5,04	7,53	6,46	6,06
14058 Zwickau (Land)	4,94	5,86	6,63	7,07	7,61	6,81	5,5	7,37	6,37	6,39
15113 Bitterfeld	5,03	6,31	7,52	7,7	7,54	6,13	5,87	8,37	6,52	6,11
15202 Halle (Stadt)	5,45	7,22	8,22	7,33	7,76	7,03	6,64	7,87	5,82	5,03
15235 Saalkreis	5,44	6,35	6,97	7,44	7,73	6,44	5,11	7,54	6,76	6,22
16001 Erfurt (Stadt)	5,34	6,84	8,25	8,12	7,98	6,76	6,11	7,84	5,88	4,95
16018 Erfurt (Land)	6,2	6,65	7,76	8,08	8,06	6,66	5,03	7,23	5,61	5,32

Quelle: KSPW-Regionaldaten

Tabelle 21: Anteil der arbeitsfähigen Bevölkerung an der Gesamtbevölkerung nach Altersgruppen für das Jahr 1993

RKZ	Name	15 - 20 J.	20 - 25 J.	25 - 30 J.	30 - 35 J.	35 - 40 J.	40 - 45 J.	45 - 50 J.	50 - 55 J.	55 - 60 J.	60 - 65 J.
11001	Berlin (West)	4,35	6,12	9,61	9,41	7,39	7,47	6,73	8,37	6,69	4,23
11002	Berlin (Ost)	5,41	6,7	9,68	9,85	7,89	7,16	5,3	7,75	6,88	4,61
12001	Brandenburg (Stadt)	5,48	5,82	7,76	8,64	7,62	7,06	4,94	8,75	7,92	5,55
12017	Brandenburg (Land)	5,89	5,42	7,16	8,81	8,25	7,53	4,27	6,57	7,25	5,74
13002	Neubrandenburg (Stadt)	7,89	6,19	7,39	9,3	9,42	9,06	4,98	7,04	6,37	4,17
13003	Rostock (Stadt)	6,36	5,95	8,26	8,96	8,05	7,65	5,22	8,36	7,48	5,07
13025	Neubrandenburg (Land)	6,55	5,87	7,79	9,09	8,58	7,21	3,74	6,05	6,51	5,54
13031	Rostock (Land)	6,88	6,05	7,35	9,66	8,78	7,29	4,2	6,55	6,11	4,79
14001	Chemnitz (Stadt)	5,67	5,9	7,12	7,47	7,03	8,13	6,19	8,28	7,16	5,47
14003	Goerlitz (Stadt)	5,48	5,59	7,24	7,9	6,95	6,53	4,96	8,42	7,47	5,51
14006	Zwickau (Stadt)	4,9	5,48	7,26	8,07	6,94	7,68	5,67	8,24	7,44	5,77
14014	Bautzen (Land)	6,38	5,61	6,68	8,18	7,77	7,09	4,75	6,82	6,87	5,5
14018	Chemnitz (Land)	5,3	5,71	6,45	6,84	6,8	7,67	5,6	7,54	7,15	6,26
14029	Goerlitz (Land)	6,29	5,26	6,58	7,61	7,31	6,94	4,73	7,07	6,97	5,88
14058	Zwickau (Land)	5,39	5,78	6,4	7,29	7,49	7,94	5,18	7,04	6,99	5,82
15113	Bitterfeld	5,45	5,82	7,18	8,14	7,56	7,23	5,03	8,06	7,25	6,01
15202	Halle (Stadt)	5,83	6,83	8,09	7,97	7,35	7,72	6,07	8,04	6,64	4,93
15235	Saalkreis	5,95	5,95	6,68	7,83	7,88	7,57	5,06	7,07	7	5,94
16001	Erfurt (Stadt)	5,81	6,29	7,81	8,68	7,88	7,56	5,71	7,85	6,68	4,87
16018	Erfurt (Land)	6,49	6,41	7,48	8,53	8,25	7,74	5,09	6,76	6,18	4,95

Quelle: Statistische Landesämter

Tabelle 22: Wanderungssaldo nach Altersgruppen für das Jahr 1989

RKZ Name		unter 15 J.	15 - 18 J.	18 - 25 J.	25 - 40 J.	40 - 50 J.	50 - 60 J.	60 - 65 J.	über 65 J.	Summe
12001 Brandenburg (Stadt)	i	-622	-54	-465	-1007	-253	-68	-16	-4	-2489
	m	-311	-31	-205	-559	-138	-33	0	-4	-1281
	w	-311	-23	-260	-448	-115	-35	-16	0	-1208
12017 Brandenburg (Land)	i	-10	-30	-125	-49	-9	-22	-11	-27	-283
	m	-2	-13	-55	-27	-6	-12	-4	-6	-125
	w	-8	-17	-70	-22	-3	-10	-7	-21	-158
13002 Neubrandenburg (Stadt)	i	-15	-45	-60	-102	-96	-14	6	63	-263
	m	-12	-21	-62	-61	-70	-9	3	20	-212
	w	-3	-24	2	-41	-26	-5	3	43	-51
13003 Rostock (Stadt)	i	-681	-85	-609	-1192	-420	-106	-9	75	-3027
	m	-374	-41	-355	-698	-236	-65	0	7	-1762
	w	-307	-44	-254	-494	-184	-41	-9	68	-1265
13025 Neubrandenburg (Land)	i	-79	7	-36	-116	-9	-17	-7	-15	-272
	m	-48	2	-17	-81	2	-8	-2	-1	-153
	w	-31	5	-19	-35	-11	-9	-5	-14	-119
13031 Rostock (Land)	i	-135	-5	-123	-188	-21	-24	-5	-15	-516
	m	-34	-1	-36	-122	-8	-9	-2	-2	-214
	w	-101	-4	-87	-66	-13	-15	-3	-13	-302
14001 Chemnitz (Stadt)	i	-2820	-321	-1793	-4060	-1172	-459	-138	-129	-10892
	m	-1517	-150	-957	-2105	-608	-229	-55	-36	-5657
	w	-1303	-171	-836	-1955	-564	-230	-83	-93	-5235
14003 Görlitz (Stadt)	i	-760	-99	-509	-1025	-272	-68	-20	31	-2722
	m	-377	-49	-258	-509	-131	-31	-7	-3	-1365
	w	-383	-50	-251	-516	-141	-37	-13	34	-1357
14006 Zwickau (Stadt)	i	-902	-88	-633	-1325	-339	-132	-49	-14	-3482
	m	-472	-53	-367	-706	-171	-66	-19	-11	-1865
	w	-430	-35	-266	-619	-168	-66	-30	-3	-1617
14014 Bautzen (Land)	i	-588	-110	-611	-1077	-215	-92	-24	-81	-2798
	m	-269	-52	-307	-584	-115	-45	-7	-17	-1396
	w	-319	-58	-304	-493	-100	-47	-17	-64	-1402
14018 Chemnitz (Land)	i	-436	-44	-569	-775	-204	-71	-40	-107	-2246
	m	-231	-24	-278	-406	-110	-37	-15	-32	-1133
	w	-205	-20	-291	-369	-94	-34	-25	-75	-1113

Fortsetzung Tabelle 22: „Wanderungssaldo nach Altersgruppen für das Jahr 1989“

RKZ Name		unter 15 J.	15 - 18 J.	18 - 25 J.	25 - 40 J.	40 - 50 J.	50 - 60 J.	60 - 65 J.	über 65 J.	Summe
14029 Görlitz (Land)	i	-131	-18	-201	-169	-61	-35	-22	-95	-732
	m	-72	-8	-108	-100	-33	-16	-9	-19	-365
	w	-59	-10	-93	-69	-28	-19	-13	-76	-367
14058 Zwickau (Land)	i	-244	-32	-222	-384	-83	-40	-14	-95	-1114
	m	-135	-21	-105	-211	-43	-15	-2	-32	-564
	w	-109	-11	-117	-173	-40	-25	-12	-63	-550
15113 Bitterfeld	i	-570	-40	-440	-839	-167	-83	-33	-57	-2229
	m	-290	-33	-241	-451	-99	-41	-18	-18	-1191
	w	-280	-7	-199	-388	-68	-42	-15	-39	-1038
15202 Halle (Stadt)	i	-2668	-275	-1337	-3624	-1092	-301	-86	-84	-9467
	m	-1409	-133	-722	-1855	-593	-169	-21	-41	-4943
	w	-1259	-142	-615	-1769	-499	-132	-65	-43	-4524
16001 Erfurt (Stadt)	i	-1387	-205	-981	-2229	-685	-204	-61	-41	-5793
	m	-711	-115	-635	-1161	-369	-88	-21	-25	-3125
	w	-676	-90	-346	-1068	-316	-116	-40	-16	-2668
16018 Erfurt (Land)	i	-57	17	-244	-241	-27	-19	-5	-32	-608
	m	-31	12	-131	-185	-11	-14	-2	-5	-367
	w	-26	5	-113	-56	-16	-5	-3	-27	-241

Legende: i= insgesamt, m= männlich, w= weiblich

Tabelle 23: Wanderungssaldo nach Altersgruppen für das Jahr 1990

RKZ Name		unter 15 J.	15 - 18 J.	18 - 25 J.	25 - 40 J.	40 - 50 J.	50 - 60 J.	60 - 65 J.	über 65 J.	Summe
12001 Brandenburg (Stadt)	i	-710	-40	-654	-1138	-215	-65	-12	-23	-2857
	m	-344	-21	-348	-665	-122	-28	-8	-6	-1542
	w	-366	-19	-306	-473	-93	-37	-4	-17	-1315
12017 Brandenburg (Land)	i	-96	-24	-271	-215	-18	-9	-10	-18	-661
	m	-31	-9	-121	-146	-15	-3	0	0	-325
	w	-65	-15	-150	-69	-3	-6	-10	-18	-336
13002 Neubrandenburg (Stadt)	i	-368	-106	-493	-562	-169	-26	14	89	-1621
	m	-202	-70	-348	-312	-118	-12	3	18	-1041
	w	-166	-36	-145	-250	-51	-14	11	71	-580
13003 Rostock (Stadt)	i	-1043	-145	-1465	-1818	-500	-175	-23	49	-5120
	m	-499	-60	-840	-1092	-259	-85	-18	7	-2860
	w	-544	-85	-625	-726	-241	-90	-5	42	-2260
13025 Neubrandenburg (Land)	i	-113	-10	-183	-199	-5	-13	-11	-20	-554
	m	-60	-4	-88	-137	2	-9	-4	-7	-307
	w	-53	-6	-95	-62	-7	-4	-7	-13	-247
13031 Rostock (Land)	i	-183	-21	-283	-295	-30	-29	-1	-26	-868
	m	-102	-10	-124	-182	-15	-10	-2	-3	-448
	w	-81	-11	-159	-113	-15	-19	1	-23	-420
14001 Chemnitz (Stadt)	i	-1212	-165	-1624	-2035	-605	-218	-88	-27	-5974
	m	-631	-89	-919	-1103	-278	-117	-30	-14	-3181
	w	-581	-76	-705	-932	-327	-101	-58	-13	-2793
14003 Görlitz (Stadt)	i	-548	-36	-551	-776	-207	-80	-33	-30	-2261
	m	-291	-18	-317	-415	-91	-47	-9	-13	-1201
	w	-257	-18	-234	-361	-116	-33	-24	-17	-1060
14006 Zwickau (Stadt)	i	-562	-57	-598	-1052	-207	-87	-24	-25	-2612
	m	-286	-31	-352	-631	-142	-39	-16	-11	-1508
	w	-276	-26	-246	-421	-65	-48	-8	-14	-1104
14014 Bautzen (Land)	i	-382	-45	-697	-733	-132	-46	-21	-42	-2098
	m	-189	-17	-439	-471	-69	-20	-13	-6	-1224
	w	-193	-28	-258	-262	-63	-26	-8	-36	-874
14018 Chemnitz (Land)	i	-156	-49	-352	-410	-88	-17	-25	-101	-1198
	m	-86	-12	-128	-227	-64	10	-6	-33	-546
	w	-70	-37	-224	-183	-24	-27	-19	-68	-652

Fortsetzung Tabelle 23: „Wanderungssaldo nach Altersgruppen für das Jahr 1990“

RKZ Name		unter 15 J.	15 - 18 J.	18 - 25 J.	25 - 40 J.	40 - 50 J.	50 - 60 J.	60 - 65 J.	über 65 J.	Summe
14029 Görlitz (Land)	i	-52	-10	-217	-166	-24	-26	-12	-34	-541
	m	-32	0	-116	-113	-14	-15	-6	-9	-305
	w	-20	-10	-101	-53	-10	-11	-6	-25	-236
14058 Zwickau (Land)	i	-115	-17	-239	-229	-34	-27	-5	-70	-736
	m	-47	-13	-148	-137	-15	-16	-2	-11	-389
	w	-68	-4	-91	-92	-19	-11	-3	-59	-347
15113 Bitterfeld	i	-760	-55	-937	-1149	-263	-92	-36	-103	-3395
	m	-394	-21	-543	-666	-138	-56	-9	-23	-1850
	w	-366	-34	-394	-483	-125	-36	-27	-80	-1545
15202 Halle (Stadt)	i	-2363	-277	-1845	-3268	-1157	-377	-143	-133	-9563
	m	-1229	-140	-1036	-1692	-575	-183	-74	-43	-4972
	w	-1134	-137	-809	-1576	-582	-194	-69	-90	-4591
16001 Erfurt (Stadt)	i	-1268	-199	-1242	-1876	-657	-191	-62	-69	-5564
	m	-683	-99	-742	-985	-345	-103	-21	-22	-3000
	w	-585	-100	-500	-891	-312	-88	-41	-47	-2564
16018 Erfurt (Land)	i	-61	-52	-341	-214	-30	-17	-9	-37	-761
	m	-37	-27	-176	-159	-18	-7	-1	-11	-436
	w	-544	-25	-165	-55	-12	-10	-8	-26	-325

Legende: i= insgesamt, m= männlich, w= weiblich

Tabelle 24: Wanderungssaldo nach Altersgruppen für das Jahr 1991

RKZ Name		unter 15 J.	15 - 18 J.	18 - 25 J.	25 - 40 J.	40 - 50 J.	50 - 60 J.	60 - 65 J.	über 65 J.	Summe
12001 Brandenburg (Stadt)	i	-195	-62	-178	-184	-53	-20	2	12	-678
	m	-119	-25	-18	-47	-5	-1	-1	0	-216
	w	-76	-37	-160	-137	-48	-19	3	12	-462
12017 Brandenburg (Land)	i	-4	-32	-112	38	26	25	2	-14	-71
	m	-3	-17	-51	21	16	18	1	-4	-19
	w	-1	-15	-61	17	10	7	1	-10	-52
13002 Neubrandenburg (Stadt)	i	-334	-132	-555	-356	-126	-49	13	116	-1423
	m	-206	-65	-291	-166	-74	-27	-2	29	-802
	w	-128	-67	-264	-190	-52	-22	15	87	-621
13003 Rostock (Stadt)	i	-813	-250	-1033	-945	-286	-180	-11	197	-3321
	m	-410	-109	-443	-377	-131	-85	-12	20	-1547
	w	-403	-141	-590	-568	-155	-95	1	177	-1774
13025 Neubrandenburg (Land)	i	-82	-16	-71	-87	-9	-7	1	-41	-312
	m	-45	-4	-20	-32	0	-3	4	-7	-107
	w	-37	-12	-51	-55	-9	-4	-3	-34	-205
13031 Rostock (Land)	i	-111	-60	-187	-110	-19	-18	-6	-12	-523
	m	-57	-32	-64	-56	-4	-5	0	-4	-222
	w	-54	-28	-123	-54	-15	-13	-6	-8	-301
14001 Chemnitz (Stadt)	i	-866	-273	-891	-969	-397	-178	-26	24	-3576
	m	-418	-134	-406	-351	-150	-92	-15	9	-1557
	w	-448	-139	-485	-618	-247	-86	-11	15	-2019
14003 Görlitz (Stadt)	i	-155	-71	-142	-162	-44	-30	-2	-6	-612
	m	-76	-33	-70	-76	-19	-22	-1	2	-295
	w	-79	-38	-72	-86	-25	-8	-1	-8	-317
14006 Zwickau (Stadt)	i	-245	-89	-269	-285	-56	-19	-9	-52	-1024
	m	-142	-36	-105	-96	-18	0	-3	-17	-417
	w	-103	-53	-164	-189	-38	-19	-6	-35	-607
14014 Bautzen (Land)	i	-254	-146	-588	-305	-68	-46	-7	-47	-1461
	m	-131	-51	-247	-183	-25	-25	-3	-13	-678
	w	-123	-95	-341	-122	-43	-21	-4	-34	-783
14018 Chemnitz (Land)	i	-35	-60	-280	-163	-5	-8	-19	-90	-660
	m	-30	-33	-63	-53	15	4	-7	-28	-195
	w	-5	-27	-217	-110	-20	-12	-12	-62	-465

Fortsetzung Tabelle 24: „Wanderungssaldo nach Altersgruppen für das Jahr 1991"

RKZ Name		unter 15 J.	15 - 18 J.	18 - 25 J.	25 - 40 J.	40 - 50 J.	50 - 60 J.	60 - 65 J.	über 65 J.	Summe
14029 Görlitz (Land)	i	3	-31	-177	-27	-6	-9	-4	-28	-279
	m	11	-17	-66	-18	-5	3	0	-7	-99
	w	-8	-14	-111	-9	-1	-12	-4	-21	-180
14058 Zwickau (Land)	i	14	-42	-131	24	-9	-1	-17	-46	-208
	m	20	-17	-51	3	-6	8	-11	0	-54
	w	-6	-25	-80	21	-3	-9	-6	-46	-154
15113 Bitterfeld	i	-409	-105	-517	-587	-154	-67	-32	-53	-1924
	m	-212	-41	-214	-283	-64	-22	-15	-9	-860
	w	-197	-64	-303	-304	-90	-45	-17	-44	-1064
15202 Halle (Stadt)	i	-1373	-334	-988	-1682	-748	-376	-90	-97	-5688
	m	-713	-153	-459	-717	-330	-198	-28	-53	-2651
	w	-660	-181	-529	-965	-418	-178	-62	-44	-3037
16001 Erfurt (Stadt)	i	-517	-103	-272	-366	-148	-76	-14	-7	-1503
	m	-267	-48	-107	-104	-51	-32	-14	-14	-637
	w	-250	-55	-165	-262	-97	-44	0	7	-866
16018 Erfurt (Land)	i	16	-29	-135	44	40	26	1	3	-34
	m	16	-12	-40	45	23	17	0	1	50
	w	0	-17	-95	-1	17	9	1	2	-84

Legende: i= insgesamt, m= männlich, w= weiblich

Tabelle 25: Wanderungssaldo nach Altersgruppen für das Jahr 1992

RKZ Name		unter 18 J.	18 - 25 J.	25 - 30 J.	30 - 50 J.	50 - 65 J.	über 65 J.	gesamt
11001 Berlin (West)	i	3638	7223	3002	2659	560	397	17479
	m	1951	2805	742	447	-44	128	6029
	w	1687	4418	2260	2212	604	269	11450
11002 Berlin (Ost)	i	-956	3766	1773	2159	319	888	7949
	m	-553	1875	1533	2570	229	160	5814
	w	-403	1891	240	-411	90	728	2135
12001 Brandenburg (Stadt)	i	-107	138	34	-13	-58	-29	-35
	m	-47	169	61	36	-12	-13	194
	w	-60	-31	-27	-49	-46	-16	-229
12017 Brandenburg (Land)	i	160	96	117	296	33	-23	679
	m	80	108	82	204	21	0	495
	w	80	-12	35	92	12	-23	184
13002 Neubrandenburg (Stadt)	i	-9	-65	40	-149	-2	56	-129
	m	-3	36	60	8	-1	5	105
	w	-6	-101	-20	-157	-1	51	-234
13003 Rostock (Stadt)	i	-1020	-599	-71	-645	-245	185	-2395
	m	-493	-242	38	-73	-102	21	-851
	w	-527	-357	-109	-572	-143	164	-1544
13025 Neubrandenburg (Land)	i	19	-14	21	88	24	-19	119
	m	12	17	35	53	15	0	132
	w	7	-31	-14	35	9	-19	-13
13031 Rostock (Land)	i	60	-35	-7	190	56	5	269
	m	62	15	18	117	37	7	256
	w	-2	-50	-25	73	19	-2	13
14001 Chemnitz (Stadt)	i	-715	-243	-89	-553	-115	-5	-1720
	m	-346	-5	31	-115	-37	2	-470
	w	-369	-238	-120	-438	-78	-7	-1250
14003 Goerlitz (Stadt)	i	-340	-174	-106	-222	-76	-49	-967
	m	-188	-49	-30	-92	-38	-10	-407
	w	-152	-125	-76	-130	-38	-39	-560
14006 Zwickau (Stadt)	i	-353	-239	-183	-198	-87	-62	-1122
	m	-182	-85	-84	-32	-32	-7	-422
	w	-171	-154	-99	-166	-55	-55	-700

Fortsetzung Tabelle 25: „Wanderungssaldo nach Altersgruppen für das Jahr 1992"

RKZ Name		unter 18 J.	18 - 25 J.	25 - 30 J.	30 - 50 J.	50 - 65 J.	über 65 J.	gesamt
14014 Bautzen (Land)	i	-214	-251	-89	-104	16	-12	-654
	m	-111	-100	-31	-51	24	0	-269
	w	-103	-151	-58	-53	-8	-12	-385
14018 Chemnitz (Land)	i	13	-126	-83	-32	32	-91	-287
	m	-29	-4	9	33	25	-22	12
	w	42	-122	-92	-65	7	-69	-299
14029 Goerlitz (Land)	i	46	-74	-16	-23	-16	-24	-107
	m	34	-27	-24	-40	-6	0	-63
	w	12	-47	8	17	-10	-24	-44
14058 Zwickau (Land)	i	138	51	114	178	34	-44	471
	m	89	72	92	121	31	-15	390
	w	49	-21	22	57	3	-29	81
15113 Bitterfeld	i	-3	17	83	163	21	-50	231
	m	25	87	103	201	26	-13	429
	w	-28	-70	-20	-38	-5	-37	-198
15202 Halle (Stadt)	i	-930	456	182	-635	-471	-119	-1517
	m	-456	557	296	-62	-224	-57	54
	w	-474	-101	-114	-573	-247	-62	-1571
15235 Saalkreis	i	125	-41	110	303	12	-93	416
	m	65	43	93	223	22	-23	423
	w	60	-84	17	80	-10	-70	-7
16001 Erfurt (Stadt)	i	-475	17	21	-193	-120	22	-728
	m	-222	68	87	61	-56	1	-61
	w	-253	-51	-66	-254	-64	21	-667
16018 Erfurt (Land)	i	•	•	•	•	•	•	•
	m	•	•	•	•	•	•	•
	w	•	•	•	•	•	•	•

Legende: i: insgesamt, m= männlich, w= weiblich

Quelle: Statistische Landesämter

Tabelle 26: Wanderungssaldo nach Altersgruppen für das Jahr 1993

Name		unter 18 J.	18 - 25 J.	25 - 30 J.	30 - 50 J.	50 - 65 J.	über 65 J.	Gesamt
Berlin (West)	i	1978	7075	4159	1485	-283	-180	14234
	m	963	3156	2173	888	-349	-21	6810
	w	1015	3919	1986	597	66	-159	7424
Berlin (Ost)	i	1039	5101	2513	-642	-519	467	7959
	m	487	2682	1858	-501	-398	103	4231
	w	552	2419	655	-141	-121	364	3728
Brandenburg (Stadt)	i	-134	-4	-31	-4	-8	54	-127
	m	-49	11	-4	54	1	17	30
	w	-85	-15	-27	-58	-9	37	-157
Brandenburg (Land)	i	99	27	81	207	19	-27	406
	m	63	35	50	134	11	0	293
	w	36	-8	31	73	8	-27	113
Neubrandenburg (Stadt)	i	-688	-398	-212	-648	-90	29	-2007
	m	-362	-183	-122	-347	-53	-1	-1068
	w	-326	-215	-90	-301	-37	30	-939
Rostock (Stadt)	i	-1060	-301	-171	-1187	-298	196	-2821
	m	-513	-126	-53	-571	-162	23	-1402
	w	-547	-175	-118	-616	-136	173	-1419
Neubrandenburg (Land)	i	110	53	36	203	24	14	440
	m	59	34	20	107	22	7	249
	w	51	19	16	96	2	7	191
Rostock (Land)	i	267	9	64	383	120	10	853
	m	148	33	36	188	73	9	487
	w	119	-24	28	195	47	1	366
Chemnitz (Stadt)	i	-784	-178	-81	-695	-259	16	-1981
	m	-383	-21	26	-185	-135	6	-692
	w	-401	-157	-107	-510	-124	10	-1289
Goerlitz (Stadt)	i	-229	-26	-44	-199	-81	-80	-659
	m	-137	-5	13	-80	-37	-18	-264
	w	-92	-21	-57	-119	-44	-62	-395
Zwickau (Stadt)	i	-527	-275	-278	-624	-80	-72	-1856
	m	-276	-183	-142	-380	-38	-32	-1051
	w	-251	-92	-136	-244	-42	-40	-805

Fortsetzung Tabelle 26: „Wanderungssaldo nach Altersgruppen für das Jahr 1993"

Name		unter 18 J.	18 - 25 J.	25 - 30 J.	30 - 50 J.	50 - 65 J.	über 65 J.	Gesamt
Bautzen (Land)	i	-114	-90	-61	111	46	22	-86
	m	-58	33	-27	85	31	12	76
	w	-56	-123	-34	26	15	10	-162
Chemnitz (Land)	i	266	8	106	416	69	-86	779
	m	146	39	65	225	64	-13	526
	w	120	-31	41	191	5	-73	253
Goerlitz (Land)	i	65	-40	44	110	13	14	206
	m	58	-4	23	64	11	6	158
	w	7	-36	21	46	2	8	48
Zwickau (Land)	i	272	92	128	339	82	21	934
	m	138	62	55	174	53	26	508
	w	134	30	73	165	29	-5	426
Bitterfeld	i	67	-22	55	18	-30	-31	57
	m	34	3	47	18	-3	-2	97
	w	33	-25	8	0	-27	-29	-40
Halle (Stadt)	i	-1015	-92	-56	-1212	-474	-108	-2957
	m	-531	14	51	-643	-267	-51	-1427
	w	-484	-106	-107	-569	-207	-57	-1530
Saalkreis	i	405	26	65	577	128	-34	1167
	m	222	39	13	306	84	-12	652
	w	103	-13	52	271	44	-22	435
Erfurt (Stadt)	i	-605	-54	-16	-378	-220	-71	-1344
	m	-282	41	46	-44	-98	-33	-370
	w	-323	-95	-62	-294	-122	-38	-934
Erfurt (Land)	i	234	1	107	404	79	62	887
	m	110	8	70	233	51	15	487
	w	114	-7	37	171	28	47	390

Legende: i: insgesamt, m= männlich, w= weiblich

Quelle: Statistische Landesämter

Kinder, Jugendliche, Ehe und Familie

Tabelle 27: Lebendgeborene und Gestorbene absolut für die Jahre 1989, 1990 und 1991

RKZ Name	89 Geborene	89 Gestorbene	90 Geborene	90 Gestorbene	91 Geborene	91 Gestorbene
11001 Berlin (West)	21159	30045	22150	30292	21850	29890
11002 Berlin (Ost)	16937	13395	15446	13774	8712	13764
12001 Brandenburg (Stadt)	1223	1077	1052	1087	622	1091
12017 Brandenburg (Land)	401	522	409	517	229	454
13002 Neubrandenburg (Stadt)	1228	542	1120	602	587	551
13003 Rostock (Stadt)	3256	2099	2894	2255	1610	2304
13025 Neubrandenburg (Land)	413	320	374	347	218	322
13031 Rostock (Land)	553	385	500	418	281	431
14001 Chemnitz (Stadt)	3248	4037	2837	3899	1753	3882
14003 Görlitz (Stadt)	905	1103	795	1035	517	1028
14006 Zwickau (Stadt)	•	•	1200	1631	762	1612
14014 Bautzen (Land)	1573	1532	1372	1538	896	1572
14018 Chemnitz (Land)	960	1659	889	1751	566	1550
14029 Görlitz (Land)	323	408	311	411	173	307
14058 Zwickau (Land)	•	•	721	1302	492	1233
15113 Bitterfeld	1505	1684	1314	1600	783	1629
15202 Halle (Stadt)	4022	3586	3426	3408	2131	3662
15235 Saalkreis	750	938	675	910	414	909
16001 Erfurt (Stadt)	2788	2378	2431	2370	1536	2315
16018 Erfurt (Land)	598	587	525	563	330	506

Quelle: KSPW-Regionaldaten

Tabelle 28: Lebendgeborene und Gestorbene absolut und je 1000 Einwohner für das Jahr 1993

RKZ Name	Lebendgeborene (absolut)	Lebendgeborene pro 1000 Einw.	Gestorbene (absolut)	Gestorbene pro 1000 Einwohner
11001 Berlin (West)	21202	9,74	28819	13,2
11002 Berlin (Ost)	7522	5,79	12454	9,6
12001 Brandenburg (Stadt)	490	5,49	1065	11,9
12017 Brandenburg (Land)	158	4,4	453	12,6
13002 Neubrandenburg (Stadt)	370	4,33	513	6
13003 Rostock (Stadt)	1174	4,95	2152	9,1
13025 Neubrandenburg (Land)	168	6,34	309	11,7
13031 Rostock (Land)	219	5,72	384	10
14001 Chemnitz (Stadt)	1311	4,69	3400	12,2
14003 Goerlitz (Stadt)	354	5,23	899	13,3
14006 Zwickau (Stadt)	572	5,3	1430	13,2
14014 Bautzen (Land)	604	5,18	1391	11,9
14018 Chemnitz (Land)	464	4,97	1292	13,9
14029 Goerlitz (Land)	152	5,73	334	12,6
14058 Zwickau (Land)	400	5,14	1103	14,2
15113 Bitterfeld	584	5,03	1469	12,7
15202 Halle (Stadt)	1610	5,45	3165	10,7
15235 Saalkreis	266	4,17	727	11,4
16001 Erfurt (Stadt)	1180	5,49	2331	10,8
16018 Erfurt (Land)	•	•	•	•

Hinweis: Angaben für Erfurt nach der Kreisstruktur vom 1.7.1994

Quelle: Statistische Landesämter

Tabelle 29: Lebendgeborene und Gestorbene je 1000 Einwohner für die Jahre 1989, 1990 und 1991

RKZ Name	1989 Geborene	1989 Gestorbene	1990 Geborene	1990 Gestorbene	1991 Geborene	1991 Gestorbene
11001 Berlin (West)	10,1	14,4	10,3	14,1	10,1	13,8
11002 Berlin (Ost)	13,2	10,4	12,1	10,8	6,8	10,8
12001 Brandenburg (Stadt)	12,9	11,4	11,6	12	7	12,2
12017 Brandenburg (Land)	10,9	14,2	11,4	14,4	6,4	12,7
13002 Neubrandenburg (Stadt)	13,5	6	12,5	6,7	6,6	6,2
13003 Rostock (Stadt)	12,8	8,3	11,6	9,1	6,5	9,4
13025 Neubrandenburg (Land)	15,2	11,8	14	13	8,3	12,2
13031 Rostock (Land)	14,2	9,9	13,2	11	7,5	11,5
14001 Chemnitz (Stadt)	10,5	13,1	9,6	13,2	6	13,3
14003 Görlitz (Stadt)	11,8	14,4	10,9	14,2	7,2	14,4
14006 Zwickau (Stadt)	•	•	10,4	14,1	6,7	14,2
14014 Bautzen (Land)	12,4	12,1	11,2	12,6	7,5	13,1
14018 Chemnitz (Land)	9,5	16,5	9,1	18	5,9	16,2
14029 Görlitz (Land)	11,2	14,2	11,2	14,8	6,4	11,3
14058 Zwickau (Land)	•	•	9,1	16,5	6,3	15,8
15113 Bitterfeld	11,8	13,2	11	13,3	6,6	13,7
15202 Halle (Stadt)	12,2	10,9	11	11	6,9	11,9
15235 Saalkreis	11,3	14,1	10,5	14,2	6,5	14,3
16001 Erfurt (Stadt)	12,7	10,8	11,6	11,3	7,4	11,2
16018 Erfurt (Land)	12,6	12,4	11,3	12,1	7,2	11

Quelle: KSPW-Regionaldaten

Tabelle 30: Fruchtbarkeitsrate 1989

RKZ Name	15 - 17 J.	18 - 21 J.	22 - 25 J.	26 - 29 J.	30 - 35 J.	36 - 40 J.	41 - 46 J.	Gesamt
11002 Berlin (Ost)	8,8	268,7	556,9	394,6	221,3	43	5,1	1498,4
12001 Brandenburg (Stadt)	4,5	200,6	596,4	480,7	235,7	50,1	3,8	1571,8
12017 Brandenburg (Land)	0	171,5	583,1	482,5	211	41,8	17,3	1507,2
13002 Neubrandenburg (Stadt)	1,7	208,9	560,3	550,5	259,3	46,9	9	1636,6
13003 Rostock (Stadt)	3	159,7	545,9	502,1	259,1	48,5	5,7	1524
13025 Neubrandenburg (Land)	7,8	275,9	806,6	512,7	272,3	85,9	7,2	1968,4
13031 Rostock (Land)	0	208	667,2	509,4	312,5	39,3	15,3	1751,7
14001 Chemnitz (Stadt)	1,3	151,6	470,9	458	250,4	53,4	13,1	1398,7
14003 Görlitz (Stadt)	2,7	199,2	519,8	492,5	246,9	40,2	23,7	1525
14006 Zwickau (Stadt)	•	•	•	•	•	•	•	•
14014 Bautzen	4,6	217,5	601,9	474	293,1	79,8	11,8	1682,7
14018 Chemnitz (Land)	2,2	139,9	479,3	403,2	264,6	52,9	15,1	1357,2
14029 Görlitz (Land)	5,6	173,6	591,4	430,8	328,2	73,3	16	1618,9
14058 Zwickau (Land)	•	•	•	•	•	•	•	•
15113 Bitterfeld	13,5	266,9	567,4	414,5	234	66,9	14,1	1577,3
15202 Halle	5,2	209,6	573,8	405,7	224,7	44,3	7,1	1470,4
15235 Saalekreis	2,9	238,4	569,1	445,3	294,4	56,4	13,1	1619,6
16001 Erfurt (Stadt)	10,8	200,8	500,4	472,3	268,9	57,5	10,4	1521,1
16018 Erfurt (Land)	7,6	222,8	562,5	478,5	288,8	71,2	15	1646,4

Hinweis: Fruchtbarkeitsrate = Anzahl der Kinder je 1000 Frauen im gebärfähigen Alter (15. bis 45. Lebensjahr)

Quelle: KSPW-Regionaldaten

Tabelle 31: Lebendgeborene nach Altersgruppen der Mütter 1991

RKZ	Name	u. 20 J.	20 - 25 J.	25 - 30 J.	30 - 35 J.	35 - 40 J.	ü. 35 J.	ü. 40 J.	Gesamt
11001	Berlin (West)	1256	5278	8096	4826	1935	2394	459	21850
11002	Berlin (Ost)	632	3490	3269	953	311	368	57	8712
12001	Brandenburg (Stadt)	55	257	208	72	24	30	6	622
12017	Brandenburg (Land)	16	106	67	33	5	7	2	229
13002	Neubrandenburg (Stadt)	41	235	209	81	14	21	7	587
13003	Rostock (Stadt)	92	667	592	185	63	74	11	1610
13025	Neubrandenburg (Land)	26	97	65	21	6	9	3	218
13031	Rostock (Land)	18	131	93	28	10	11	1	281
14001	Chemnitz (Stadt)	94	705	646	212	84	96	12	1753
14003	Görlitz (Stadt)	32	203	188	69	21	25	4	517
14006	Zwickau (Stadt)	42	335	243	94	37	48	11	762
14014	Bautzen (Land)	62	362	310	110	45	52	7	896
14018	Chemnitz (Land)	29	236	202	73	20	26	6	566
14029	Görlitz (Land)	11	65	65	24	8	8	0	173
14058	Zwickau (Land)	28	208	167	57	23	32	9	492
15113	Bitterfeld	69	344	217	111	35	42	7	783
15202	Halle (Stadt)	157	907	719	228	98	120	22	2131
15235	Saalkreis	33	194	119	48	14	20	6	414
16001	Erfurt (Stadt)	116	619	542	161	84	98	14	1536
16018	Erfurt (Land)	23	148	95	43	18	21	3	330

Quelle: DJI Regionaldatenbank

Tabelle 32: Lebendgeborene 1993 nach Alter der Mütter

RKZ	Name	u. 20 J.	20 - 25 J.	25 - 30 J.	30 - 35 J.	35 - 40 J.	ü. 40 J.	Gesamt
11001	Berlin (West)	1093	4522	7681	5505	1986	415	21202
11002	Berlin (Ost)	456	2417	3051	1249	292	57	7522
12001	Brandenburg (Stadt)	20	165	183	82	29	7	486
12017	Brandenburg (Land)	2	51	68	29	8	0	158
13002	Neubrandenburg (Stadt)	21	106	153	64	23	3	370
13003	Rostock (Stadt)	48	348	494	209	59	16	1174
13025	Neubrandenburg (Land)	13	70	53	22	10	0	168
13031	Rostock (Land)	10	81	79	40	6	3	219
14001	Chemnitz (Stadt)	55	402	537	242	61	14	1311
14003	Goerlitz (Stadt)	9	121	142	59	19	4	354
14006	Zwickau (Stadt)	24	177	221	103	40	7	572
14014	Bautzen (Land)	22	190	252	93	38	9	604
14018	Chemnitz (Land)	15	153	182	81	23	10	464
14029	Goerlitz (Land)	5	46	73	21	6	1	152
14058	Zwickau (Land)	7	133	153	79	26	2	400
15113	Bitterfeld	40	202	215	98	25	4	584
15202	Halle (Stadt)	88	568	626	237	76	15	1610
15235	Saalkreis	13	87	96	47	18	5	266
16001	Erfurt (Stadt)	90	374	401	187	50	4	1106
16018	Erfurt (Land)	13	80	97	38	15	1	244

Quelle: Statistische Landesämter

Tabelle 33: Anteil der Lebendgeborenen von Müttern nach Altersgruppen der Mütter 1991 in Prozent

RKZ	Name	u. 20 J.	20 - 25 J.	25 - 30 J.	30 - 35 J.	35 - 40 J.	ü. 40 J	ü. 35 J.
11001	Berlin(West)	5,75	24,16	37,05	22,09	8,86	2,1	10,96
11002	Berlin(Ost)	7,25	40,06	37,52	10,94	3,57	0,65	4,22
12001	Brandenburg (Stadt)	8,84	41,32	33,44	11,58	3,86	0,96	4,82
12017	Brandenburg (Land)	6,99	46,29	29,26	14,41	2,18	0,87	3,06
13002	Neubrandenburg (Stadt)	6,98	40,03	35,6	13,8	2,39	1,19	3,58
13003	Rostock (Stadt)	5,71	41,43	36,77	11,49	3,91	0,68	4,6
13025	Neubrandenburg (Land)	11,93	44,5	29,82	9,63	2,75	1,38	4,13
13031	Rostock (Land)	6,41	46,62	33,1	9,96	3,56	0,36	3,91
14001	Chemnitz (Stadt)	5,36	40,22	36,85	12,09	4,79	0,68	5,48
14003	Görlitz (Stadt)	6,19	39,26	36,36	13,35	4,06	0,77	4,84
14006	Zwickau (Stadt)	5,51	43,96	31,89	12,34	4,86	1,44	6,3
14014	Bautzen (Land)	6,92	40,4	34,6	12,28	5,02	0,78	5,8
14018	Chemnitz (Land)	5,12	41,7	35,69	12,9	3,53	1,06	4,59
14029	Görlitz (Land)	6,36	37,57	37,57	13,87	4,62	0	4,62
14058	Zwickau (Land)	5,69	42,28	33,94	11,59	4,67	1,83	6,5
15113	Bitterfeld	8,81	43,93	27,71	14,18	4,47	0,89	5,36
15202	Halle (Stadt)	7,37	42,56	33,74	10,7	4,6	1,03	5,63
15235	Saalkreis	7,97	46,86	28,74	11,59	3,38	1,45	4,83
16001	Erfurt (Stadt)	7,55	40,3	35,29	10,48	5,47	0,91	6,38
16018	Erfurt (Land)	6,97	44,85	28,79	13,03	5,45	0,91	6,36

Quelle: DJI Regionaldatenbank

Tabelle 34: Anteil der Lebendgeborenen von Müttern nach Altersgruppen der Mütter 1993 in Prozent

RKZ Name	u. 20 J.	20 - 25 J.	25 - 30 J.	30 - 35 J.	35 - 40 J.	ü. 40 J.
11001 Berlin (West)	5,16	21,33	36,23	25,96	9,37	1,96
11002 Berlin (Ost)	6,06	32,13	40,56	16,6	3,88	0,76
12001 Brandenburg (Stadt)	4,12	33,95	37,65	16,87	5,97	1,44
12017 Brandenburg (Land)	1,27	32,28	43,04	18,35	5,06	0
13002 Neubrandenburg (Stadt)	5,68	28,65	41,35	17,3	6,22	0,81
13003 Rostock (Stadt)	4,09	29,64	42,08	17,8	5,03	1,36
13025 Neubrandenburg (Land)	7,74	41,67	31,55	13,1	5,95	0
13031 Rostock (Land)	4,57	36,99	36,07	18,26	2,74	1,37
14001 Chemnitz (Stadt)	4,2	30,66	40,96	18,46	4,65	1,07
14003 Goerlitz (Stadt)	2,54	34,18	40,11	16,67	5,37	1,13
14006 Zwickau (Stadt)	4,2	30,94	38,64	18,01	6,99	1,22
14014 Bautzen (Land)	3,64	31,46	41,72	15,4	6,29	1,49
14018 Chemnitz (Land)	3,23	32,97	39,22	17,46	4,96	2,16
14029 Goerlitz (Land)	3,29	30,26	48,03	13,82	3,95	0,66
14058 Zwickau (Land)	1,75	33,25	38,25	19,75	6,5	0,5
15113 Bitterfeld	6,85	34,59	36,82	16,78	4,28	0,68
15202 Halle (Stadt)	5,47	35,28	38,88	14,72	4,72	0,93
15235 Saalkreis	4,89	32,71	36,09	17,67	6,77	1,88
16001 Erfurt (Stadt)	8,14	33,82	36,26	16,91	4,52	0,36
16018 Erfurt (Land)	5,33	32,79	39,75	15,57	6,15	0,41

Quelle: Statistische Landesämter

Tabelle 35: Kinder nach Altersgruppen für das Jahr 1989

RKZ	Name	0-1J.	1-2J.	2-3J.	3-4J.	4-5J.	5-6J.	6-7J.	7-8J.	8-9J.	9-10J.	10-11J.	11-12J.	12-13J.	13-14J.	14-15J.
11001	Berlin (West)	21446	21830	20475	19586	19043	19006	18634	19097	19098	19001	17545	17012	16673	17459	17206
11002	Berlin (Ost)	•	•	•	•	•	•	•	•	•	•	•	•	•	•	•
12001	Brandenburg (Stadt)	1193	1229	1254	1234	1290	1200	1230	1257	1238	1274	1180	1176	1087	967	906
12017	Brandenburg (Land)	395	475	510	448	524	534	443	519	521	531	484	497	474	424	385
13002	Neubrandenburg (Stadt)	1219	1321	1392	1432	1469	1526	1490	1578	1513	1702	1666	1736	1673	1490	1292
13003	Rostock (Stadt)	3231	3408	3662	3476	3572	3394	3659	3654	3705	3983	3842	3834	3624	3206	2999
13025	Neubrandenburg (Land)	406	417	425	430	384	449	455	416	467	414	432	452	368	323	300
13031	Rostock (Land)	532	599	637	645	703	653	670	680	649	680	613	602	611	511	506
14001	Chemnitz (Stadt)	3134	3298	3495	3365	3384	3461	3556	3692	3732	3852	3838	3851	3864	3344	3078
14003	Görlitz (Stadt)	871	958	1017	999	1015	1025	986	1029	986	1037	956	969	921	805	742
14006	Zwickau (Stadt)	1298	1368	1505	1485	1456	1418	1388	1484	1418	1472	1369	1285	1252	1115	1060
14014	Bautzen (Land)	1839	1643	1752	1787	1825	1738	1805	1928	1956	1938	1781	1824	1771	1618	1510
14018	Chemnitz (Land)	927	945	1038	975	1077	1034	999	1052	1121	1100	1073	1079	1029	1016	963
14029	Görlitz (Land)	315	361	389	360	382	393	385	419	386	432	377	385	419	354	332
14058	Zwickau (Land)	826	852	904	882	925	978	899	945	996	1090	1040	1000	903	848	749
15113	Bitterfeld	1468	1531	1671	1561	1551	1604	1655	1581	1633	1734	1571	1583	1461	1288	1168
15202	Halle (Stadt)	3935	4082	4241	4153	4202	4216	4383	4341	4258	4417	4405	4383	4303	3581	3426
15235	Saalkreis	736	793	826	740	841	886	886	890	926	989	923	920	818	702	708
16001	Erfurt (Stadt)	2773	2897	2958	2928	3010	2869	2903	2918	2957	3112	3003	2881	2834	2464	2190
16018	Erfurt (Land)	587	625	634	661	647	677	678	661	691	757	651	673	656	576	562

Quelle: KSPW-Regionaldaten

Tabelle 36: Anteil der Kinder an der Wohnbevölkerung nach Altersgruppen für das Jahr 1989 in Prozent

RKZ	Name	0-1J.	1-2J.	2-3J.	3-4J.	4-5J.	5-6J.	6-7J.	8-9J.	9-10J.	10-11J.	11-12J:	12-13J.	13-14J.	14-15J.
11001	Berlin (West)	1,01	1,02	0,96	0,92	0,89	0,89	0,87	0,9	0,89	0,82	0,8	0,78	0,82	0,81
11002	Berlin (Ost)	•	•	•	•	•	•	•	•	•	•	•	•	•	•
12001	Brandenburg (Stadt)	1,28	1,32	1,34	1,32	1,38	1,28	1,32	1,32	1,36	1,26	1,26	1,16	1,03	0,97
12017	Brandenburg (Land)	1,08	1,3	1,39	1,23	1,43	1,46	1,21	1,42	1,45	1,32	1,36	1,3	1,16	1,05
13002	Neubrandenburg (Stadt)	1,34	1,45	1,53	1,57	1,62	1,68	1,64	1,66	1,87	1,83	1,91	1,84	1,64	1,42
13003	Rostock (Stadt)	1,28	1,35	1,45	1,37	1,41	1,34	1,45	1,46	1,57	1,52	1,52	1,43	1,27	1,19
13025	Neubrandenburg (Land)	1,5	1,54	1,57	1,59	1,42	1,66	1,68	1,72	1,53	1,59	1,67	1,36	1,19	1,11
13031	Rostock (Land)	1,38	1,55	1,65	1,67	1,82	1,69	1,74	1,68	1,76	1,59	1,56	1,58	1,33	1,31
14001	Chemnitz (Stadt)	1,04	1,09	1,16	1,11	1,12	1,15	1,18	1,24	1,28	1,27	1,28	1,28	1,11	1,02
14003	Görlitz (Stadt)	1,16	1,28	1,36	1,34	1,36	1,37	1,32	1,32	1,39	1,28	1,3	1,23	1,08	0,99
14006	Zwickau (Stadt)	1,09	1,15	1,27	1,25	1,22	1,19	1,17	1,19	1,24	1,15	1,08	1,05	0,94	0,89
14014	Bautzen (Land)	1,47	1,31	1,4	1,43	1,46	1,39	1,44	1,57	1,55	1,43	1,46	1,42	1,29	1,21
14018	Chemnitz (Land)	0,94	0,95	1,05	0,98	1,09	1,04	1,01	1,13	1,11	1,08	1,09	1,04	1,02	0,97
14029	Görlitz (Land)	1,11	1,28	1,38	1,27	1,35	1,39	1,36	1,37	1,53	1,33	1,36	1,48	1,25	1,17
14058	Zwickau (Land)	1,03	1,06	1,13	1,1	1,15	1,22	1,12	1,24	1,36	1,3	1,25	1,13	1,06	0,93
15113	Bitterfeld	1,16	1,21	1,32	1,24	1,23	1,27	1,31	1,29	1,37	1,25	1,25	1,16	1,02	0,93
15202	Halle (Stadt)	1,22	1,27	1,32	1,29	1,31	1,31	1,36	1,32	1,37	1,37	1,36	1,34	1,11	1,07
15235	Saalkreis	1,11	1,2	1,25	1,12	1,27	1,34	1,34	1,4	1,5	1,4	1,39	1,24	1,06	1,07
16001	Erfurt (Stadt)	1,28	1,33	1,36	1,35	1,39	1,32	1,34	1,36	1,43	1,38	1,33	1,31	1,14	1,01
16018	Erfurt (Land)	1,25	1,33	1,35	1,4	1,37	1,44	1,44	1,47	1,61	1,38	1,43	1,39	1,22	1,19

Quelle: KSPW-Regionaldaten

Tabelle 37: Kinder nach Altersgruppen für das Jahr 1990

RKZ Name	0-1J.	1-2J.	2-3J.	3-4J.	4-5J.	5-6J.	6-7J.	7-8J.	8-9J.	9-10J.	10-11J.	11-12J.	12-13J.	13-14J.	14-15J.
11001 Berlin (West)	22150	21729	21943	20705	19863	19301	19262	18833	19399	19400	19364	17955	17372	17070	17925
11002 Berlin (Ost)	15389	16820	17736	18357	17982	17887	17319	17881	17812	17287	17654	16624	15932	15479	13651
12001 Brandenburg (Stadt)	1052	1152	1194	1212	1191	1250	1154	1197	1222	1202	1243	1153	1144	1072	953
12017 Brandenburg (Land)	409	393	467	513	441	512	538	447	509	512	527	480	495	469	417
13002 Neubrandenburg (Stadt)	608	1234	1305	1378	1413	1442	1511	1471	1563	1503	1690	1653	1726	1654	1490
13003 Rostock (Stadt)	1531	3199	3361	3627	3418	3499	3356	3596	3592	3649	3911	3799	3793	3572	3164
13025 Neubrandenburg (Land)	208	396	407	423	428	387	447	457	412	464	413	434	451	366	326
13031 Rostock (Land)	267	541	590	633	636	699	643	666	681	646	680	607	598	606	507
14001 Chemnitz (Stadt)	1430	3086	3268	3436	3320	3339	3424	3504	3640	3679	3807	3796	3810	3827	3312
14003 Görlitz (Stadt)	421	848	944	990	965	986	986	966	1001	965	1012	935	940	903	784
14006 Zwickau (Stadt)	•	•	•	•	•	•	•	•	•	•	•	•	•	•	•
14014 Bautzen (Land)	696	1556	1633	1741	1762	1800	1717	1779	1912	1937	1924	1765	1799	1751	1599
14018 Chemnitz (Land)	454	920	942	1017	964	1058	1021	988	1050	1117	1102	1062	1077	1026	1006
14029 Görlitz (Land)	176	311	362	384	360	374	387	381	420	385	428	373	386	419	355
14058 Zwickau (Land)	•	•	•	•	•	•	•	•	•	•	•	•	•	•	•
15113 Bitterfeld	1198	1425	1495	1626	1521	1508	1575	1602	1556	1597	1701	1543	1559	1447	1262
15202 Halle (Stadt)	3156	3854	3960	4125	4049	4083	4078	4286	4232	4145	4328	4294	4268	4226	3495
15235 Saalkreis	628	715	789	821	723	832	874	866	875	913	975	922	908	809	694
16001 Erfurt (Stadt)	2429	2744	2858	2924	2885	2971	2818	2859	2867	2909	3073	2966	2836	2797	2424
16018 Erfurt (Land)	530	577	616	634	662	638	666	669	658	686	750	647	670	657	570

Quelle: KSPW-Regionaldaten

Tabelle 38: Anteil der Kinder an der Wohnbevölkerung nach Altersgruppen für das Jahr 1990 in Prozent

RKZ	Name	0-1J.	1-2J.	2-3J.	3-4J.	4-5J.	5-6J.	6-7J.	7-8J.	8-9J.	9-10J.	10-11J.	11-12J.	12-13J.	13-14J.	14-15J.
11001	Berlin (West)	1,03	1,01	1,02	0,96	0,92	0,89	0,89	0,87	0,9	0,9	0,9	0,83	0,81	0,79	0,83
11002	Berlin (Ost)	1,21	1,32	1,39	1,44	1,41	1,4	1,36	1,4	1,4	1,36	1,38	1,3	1,25	1,21	1,07
12001	Brandenburg (Stadt)	1,17	1,28	1,33	1,35	1,32	1,39	1,28	1,33	1,36	1,34	1,38	1,28	1,27	1,19	1,06
12017	Brandenburg (Land)	1,14	1,1	1,3	1,43	1,23	1,43	1,5	1,25	1,42	1,43	1,47	1,34	1,38	1,31	1,16
13002	Neubrandenburg (Stadt)	0,68	1,38	1,46	1,54	1,58	1,62	1,69	1,65	1,75	1,68	1,89	1,85	1,93	1,85	1,67
13003	Rostock (Stadt)	0,62	1,29	1,35	1,46	1,38	1,41	1,35	1,45	1,45	1,47	1,58	1,53	1,53	1,44	1,28
13025	Neubrandenburg (Land)	0,78	1,49	1,53	1,59	1,61	1,46	1,68	1,72	1,55	1,74	1,55	1,63	1,7	1,38	1,23
13031	Rostock (Land)	0,7	1,43	1,56	1,67	1,68	1,84	1,69	1,76	1,79	1,7	1,79	1,6	1,58	1,6	1,34
14001	Chemnitz (Stadt)	0,49	1,05	1,11	1,17	1,13	1,13	1,16	1,19	1,24	1,25	1,29	1,29	1,29	1,3	1,13
14003	Görlitz (Stadt)	0,58	1,17	1,31	1,37	1,34	1,36	1,36	1,34	1,39	1,34	1,4	1,29	1,3	1,25	1,09
14006	Zwickau (Stadt)	•	•	•	•	•	•	•	•	•	•	•	•	•	•	•
14014	Bautzen (Land)	0,58	1,29	1,35	1,44	1,46	1,49	1,42	1,47	1,58	1,6	1,59	1,46	1,49	1,45	1,32
14018	Chemnitz (Land)	0,47	0,95	0,97	1,05	0,99	1,09	1,05	1,02	1,08	1,15	1,14	1,1	1,11	1,06	1,04
14029	Görlitz (Land)	0,64	1,13	1,32	1,4	1,31	1,36	1,41	1,39	1,53	1,4	1,56	1,36	1,41	1,53	1,29
14058	Zwickau (Land)	•	•	•	•	•	•	•	•	•	•	•	•	•	•	•
15113	Bitterfeld	1	1,19	1,25	1,36	1,27	1,26	1,31	1,34	1,3	1,33	1,42	1,29	1,3	1,21	1,05
15202	Halle (Stadt)	1,02	1,24	1,28	1,33	1,31	1,32	1,31	1,38	1,36	1,34	1,4	1,38	1,38	1,36	1,13
15235	Saalkreis	0,98	1,12	1,23	1,28	1,13	1,3	1,36	1,35	1,37	1,42	1,52	1,44	1,42	1,26	1,08
16001	Erfurt (Stadt)	0,81	0,92	0,96	0,98	0,96	0,99	0,94	0,96	0,96	0,97	1,03	0,99	0,95	0,94	0,81
16018	Erfurt (Land)	1,15	1,25	1,33	1,37	1,43	1,38	1,44	1,45	1,42	1,48	1,62	1,4	1,45	1,42	1,23

Quelle: KSPW-Regionaldaten

Tabelle 39: Kinder nach Altersgruppen für das Jahr 1991

RKZ	Name	0-1J.	1-2J.	2-3J.	3-4J.	4-5J.	5-6J.	6-7J.	7-8J.	8-9J.	9-10J.	10-11J.	11-12J.	12-13J.	13-14J.	14-15J.
11001	Berlin (West)	21922	22259	21767	21966	28811	20053	19430	19367	18993	19576	19629	19571	18136	17603	17345
11002	Berlin (Ost)	8749	15399	16768	17664	18277	17899	17769	17174	17788	17698	17206	17596	16528	15863	15391
12001	Brandenburg (Stadt)	611	1037	1135	1162	1185	1168	1215	1125	1178	1188	1157	1209	1133	1104	1058
12017	Brandenburg (Land)	220	383	390	474	512	440	504	539	443	510	499	526	479	490	465
13002	Neubrandenburg (Stadt)	583	1095	1229	1294	1329	1372	1416	1500	1437	1510	1451	1642	1604	1673	1621
13003	Rostock (Stadt)	1603	2877	3102	3318	3538	3315	3414	3276	3492	3524	3578	3844	3745	3714	3508
13025	Neubrandenburg (Land)	216	364	389	405	413	419	381	426	438	401	456	404	427	436	374
13031	Rostock (Land)	281	472	534	574	614	613	686	638	665	672	640	663	605	589	605
14001	Chemnitz (Stadt)	1725	2811	3006	3172	3341	3202	3246	3307	3425	3538	3592	3727	3709	3711	3765
14003	Görlitz (Stadt)	503	769	806	900	952	938	961	952	945	966	936	1006	917	916	877
14006	Zwickau (Stadt)	759	1171	1269	1284	1449	1424	1384	1353	1328	1408	1369	1429	1323	1243	1209
14014	Bautzen (Land)	886	1360	1526	1610	1701	1731	1764	1691	1748	1878	1904	1904	1755	1787	1735
14018	Chemnitz (Land)	573	887	910	932	1006	954	1051	1019	982	1042	1117	1103	1052	1080	1022
14029	Görlitz (Land)	171	300	308	355	379	349	368	394	383	420	383	425	368	378	420
14058	Zwickau (Land)	499	727	828	859	898	881	904	970	902	931	985	1082	1030	1001	905
15113	Bitterfeld	773	1280	1350	1446	1587	1451	1449	1525	1538	1512	1546	1640	1500	1529	1409
15202	Halle (Stadt)	2124	3417	3729	3749	3893	3881	3876	3870	4047	4007	3999	4131	4083	4103	4076
15235	Saalkreis	403	660	700	765	811	706	811	870	855	868	902	970	929	896	819
16001	Erfurt (Stadt)	1516	2371	2615	2706	2774	2755	2825	2678	2734	2770	2816	2969	2866	2730	2718
16018	Erfurt (Land)	327	537	571	611	647	663	625	674	674	648	687	759	649	671	655

Quelle: KSPW-Regionaldaten

Tabelle 40: **Anteil der Kinder an der Wohnbevölkerung nach Altersgruppen für das Jahr 1991 in Prozent**

RKZ Name	0-1J.	1-2J.	2-3J.	3-4J.	4-5J.	5-6J.	6-7J.	7-8J.	8-9J.	9-10J.	10-11J.	11-12J.	12-13J.	13-14J.	14-15J.
11001 Berlin (West)	1,01	1,03	1,01	1,01	1,33	0,93	0,9	0,89	0,88	0,9	0,91	0,9	0,84	0,81	0,8
11002 Berlin (Ost)	0,68	1,2	1,31	1,38	1,43	1,4	1,39	1,34	1,39	1,38	1,34	1,37	1,29	1,24	1,2
12001 Brandenburg (Stadt)	0,69	1,17	1,28	1,31	1,34	1,32	1,37	1,27	1,33	1,34	1,3	1,36	1,28	1,24	1,19
12017 Brandenburg (Land)	0,62	1,08	1,1	1,34	1,45	1,24	1,42	1,52	1,25	1,44	1,41	1,48	1,35	1,38	1,31
13002 Neubrandenburg (Stadt)	0,66	1,25	1,4	1,47	1,51	1,56	1,61	1,71	1,64	1,72	1,65	1,87	1,83	1,9	1,84
13003 Rostock (Stadt)	0,66	1,18	1,27	1,36	1,45	1,36	1,4	1,34	1,43	1,44	1,46	1,57	1,53	1,52	1,44
13025 Neubrandenburg (Land)	0,82	1,39	1,48	1,55	1,58	1,6	1,45	1,63	1,67	1,53	1,74	1,54	1,63	1,66	1,43
13031 Rostock (Land)	0,75	1,26	1,42	1,53	1,64	1,64	1,83	1,7	1,77	1,79	1,71	1,77	1,61	1,57	1,61
14001 Chemnitz (Stadt)	0,6	0,98	1,05	1,1	1,16	1,11	1,13	1,15	1,19	1,23	1,25	1,3	1,29	1,29	1,31
14003 Görlitz (Stadt)	0,71	1,09	1,14	1,28	1,35	1,33	1,36	1,35	1,34	1,37	1,33	1,43	1,3	1,3	1,24
14006 Zwickau (Stadt)	0,67	1,04	1,13	1,14	1,29	1,27	1,23	1,2	1,18	1,25	1,22	1,27	1,18	1,1	1,07
14014 Bautzen (Land)	0,75	1,15	1,28	1,36	1,43	1,46	1,49	1,42	1,47	1,58	1,6	1,6	1,48	1,5	1,46
14018 Chemnitz (Land)	0,61	0,94	0,96	0,99	1,06	1,01	1,11	1,08	1,04	1,1	1,18	1,17	1,11	1,14	1,08
14029 Görlitz (Land)	0,64	1,12	1,15	1,32	1,41	1,3	1,37	1,47	1,43	1,57	1,43	1,58	1,37	1,41	1,57
14058 Zwickau (Land)	0,64	0,93	1,06	1,1	1,15	1,13	1,16	1,25	1,16	1,2	1,27	1,39	1,32	1,29	1,16
15113 Bitterfeld	0,66	1,09	1,15	1,23	1,35	1,23	1,23	1,3	1,31	1,29	1,31	1,39	1,28	1,3	1,2
15202 Halle (Stadt)	0,7	1,13	1,23	1,24	1,28	1,28	1,28	1,28	1,34	1,32	1,32	1,36	1,35	1,35	1,35
15235 Saalkreis	0,64	1,04	1,11	1,21	1,28	1,12	1,28	1,38	1,35	1,37	1,43	1,53	1,47	1,42	1,3
16001 Erfurt (Stadt)	0,74	1,16	1,28	1,32	1,35	1,34	1,38	1,31	1,33	1,35	1,37	1,45	1,4	1,33	1,33
16018 Erfurt (Land)	0,71	1,16	1,24	1,33	1,4	1,44	1,36	1,46	1,46	1,41	1,49	1,65	1,41	1,46	1,42

Quelle: KSPW-Regionaldaten

Tabelle 41: Kinder nach Altersgruppen für das Jahr 1993

RKZ	Name	0-1J.	1-2J.	2-3J.	3-4J.	4-5J.	5-6J.	6-7J.	7-8J.	8-9J.	9-10J.	10-11J.	11-12J.	12-13J.	13-14J.	14-15J
11001	Berlin (West)	21152	21880	21744	22181	21849	22122	20920	20145	19561	19686	19268	19914	19901	19960	18566
11002	Berlin (Ost)	7533	8070	9191	15608	16875	17759	18401	17919	17821	17302	17799	17698	17208	17603	16508
12001	Brandenburg (Stadt)	493	464	629	1038	1153	1161	1180	1160	1210	1114	1177	1199	1177	1236	1143
12017	Brandenburg (Land)	157	169	234	413	402	488	541	463	516	562	465	519	514	527	511
13002	Neubrandenburg (Stadt)	367	471	566	1066	1206	1270	1299	1356	1376	1447	1401	1465	1404	1599	1549
13003	Rostock (Stadt)	1163	1227	1553	2804	2997	3217	3380	3203	3282	3146	3365	3363	3416	3694	3586
13025	Neubrandenburg (Land)	•	•	•	•	1344	•	•	•	•	2043	•	•	•	•	2165
13031	Rostock (Land)	•	•	•	•	1743	•	•	•	•	3249	•	•	•	•	3392
14001	Chemnitz (Stadt)	1295	1395	1667	2748	2935	3072	3244	3115	3157	3235	3342	3417	3518	3647	3624
14003	Goerlitz (Stadt)	345	361	480	738	798	845	926	897	910	904	930	926	907	994	876
14006	Zwickau (Stadt)	561	617	735	1119	1199	1228	1383	1343	1338	1249	1270	1355	1329	1384	1293
14014	Bautzen (Land)	599	696	864	1350	1494	1596	1699	1709	1745	1690	1751	1874	1894	1892	1755
14018	Chemnitz (Land)	464	498	571	912	909	960	1022	991	1069	1042	998	1068	1134	1130	1076
14029	Goerlitz (Land)	155	173	174	309	314	374	381	362	388	403	389	439	384	429	382
14058	Zwickau (Land)	399	449	520	766	856	896	944	919	927	998	925	958	1008	1107	1045
15113	Bitterfeld	584	660	788	1317	1366	1459	1581	1467	1468	1528	1551	1530	1532	1623	1494
15202	Halle (Stadt)	1584	1848	2110	3320	3642	3631	3765	3734	3716	3751	3888	3872	3905	3986	3992
15235	Saalkreis	283	351	411	681	726	790	858	755	848	902	895	888	938	998	962
16001	Erfurt (Stadt)	1094	1168	1473	2304	2564	2662	2697	2696	2751	2616	2658	2701	2757	2882	2800
16018	Erfurt (Land)	249	294	343	554	586	639	664	696	652	693	702	673	716	788	673

Hinweise: Für Rostock (Land) und Neubrandenburg (Land):
4 - 5 J. = unter 5 Jahre
9 - 10 J. = 5 bis unter 10 Jahre
14 - 15 J. = 10 bis unter 15 Jahre

Quelle: Statistische Landesämter

Tabelle 42: Anteil der Kinder an der Wohnbevölkerung nach Altersgruppen für das Jahr 1993 in Prozent

RKZ Name	0-1J.	1-2J.	2-3J.	3-4J.	4-5J.	5-6J.	6-7J.	7-8J.	8-9J.	9-10J.	10-11J.	11-12J.	12-13J.	13-14J.	14-15J.
11001 Berlin (West)	0,97	1,01	1	1,02	1	1,02	0,96	0,93	0,9	0,9	0,89	0,91	0,91	0,92	0,85
11002 Berlin (Ost)	0,58	0,62	0,71	1,2	1,3	1,37	1,42	1,38	1,37	1,33	1,37	1,36	1,32	1,36	1,27
12001 Brandenburg (Stadt)	0,55	0,52	0,71	1,16	1,29	1,3	1,32	1,3	1,36	1,25	1,32	1,34	1,32	1,39	1,28
12017 Brandenburg (Land)	0,44	0,47	0,65	1,15	1,12	1,36	1,51	1,29	1,44	1,57	1,3	1,45	1,43	1,47	1,42
13002 Neubrandenburg (Stadt)	0,43	0,55	0,66	1,25	1,41	1,48	1,52	1,59	1,61	1,69	1,64	1,71	1,64	1,87	1,81
13003 Rostock (Stadt)	0,49	0,52	0,65	1,18	1,26	1,36	1,42	1,35	1,38	1,33	1,42	1,42	1,44	1,56	1,51
13025 Neubrandenburg (Land)	•	•	•	•	5,07	•	•	•	•	7,71	•	•	•	•	8,17
13031 Rostock (Land)	•	•	•	•	4,55	•	•	•	•	8,49	•	•	•	•	8,86
14001 Chemnitz (Stadt)	0,46	0,5	0,6	0,98	1,05	1,1	1,16	1,11	1,13	1,16	1,2	1,22	1,26	1,3	1,3
14003 Goerlitz (Stadt)	0,51	0,53	0,71	1,09	1,18	1,25	1,37	1,33	1,35	1,34	1,37	1,37	1,34	1,47	1,29
14006 Zwickau (Stadt)	0,52	0,57	0,68	1,04	1,11	1,14	1,28	1,24	1,24	1,16	1,18	1,25	1,23	1,28	1,2
14014 Bautzen (Land)	0,51	0,6	0,74	1,16	1,28	1,37	1,46	1,47	1,5	1,45	1,5	1,61	1,63	1,62	1,51
14018 Chemnitz (Land)	0,5	0,53	0,61	0,98	0,97	1,03	1,1	1,06	1,15	1,12	1,07	1,14	1,22	1,21	1,15
14029 Goerlitz (Land)	0,58	0,65	0,66	1,16	1,18	1,41	1,44	1,36	1,46	1,52	1,47	1,65	1,45	1,62	1,44
14058 Zwickau (Land)	0,51	0,58	0,67	0,99	1,1	1,15	1,21	1,18	1,19	1,28	1,19	1,23	1,3	1,42	1,34
15113 Bitterfeld	0,5	0,57	0,68	1,13	1,18	1,26	1,36	1,26	1,26	1,32	1,34	1,32	1,32	1,4	1,29
15202 Halle (Stadt)	0,54	0,63	0,71	1,12	1,23	1,23	1,27	1,26	1,26	1,27	1,32	1,31	1,32	1,35	1,35
15235 Saalkreis	0,44	0,55	0,64	1,07	1,14	1,24	1,34	1,18	1,33	1,41	1,4	1,39	1,47	1,56	1,51
16001 Erfurt (Stadt)	0,54	0,58	0,73	1,15	1,28	1,33	1,34	1,34	1,37	1,3	1,32	1,35	1,37	1,44	1,39
16018 Erfurt (Land)	0,53	0,63	0,73	1,18	1,25	1,36	1,42	1,49	1,39	1,48	1,5	1,44	1,53	1,68	1,44

Hinweise: Für Rostock (Land) und Neubrandenburg (Land): 4-5J. = unter 5 Jahre
9-10J. = 5 bis unter 10 Jahre
14-15J. = 10 bis unter 15 Jahre

Quelle: Statistische Landesämter

Tabelle 43: Kinderkrippen, Kindergarten und Hortplätze für das Jahr 1991

RKZ Name	Kindergarten-plätze	Kinderkrippen-plätze	Kinderkrippen/Kinder-garten: Plätze	Kinderhort-plätze	KG-ähnliche-Einrichtungen	Plätze- Alters-gem- Gruppen
11001 Berlin (West)	34401	11180	45581	21339	199	6224
11002 Berlin (Ost)	57656	27088	84744	•	•	•
12001 Brandenburg (Stadt)	4334	1734	6068	2742	0	•
12017 Brandenburg (Land)	1214	479	1693	1247	0	•
13002 Neubrandenburg (Stadt)	1546	1766	3312	2665	•	•
13003 Rostock (Stadt)	5829	1625	7454	4979	•	•
13025 Neubrandenburg (Land)	509	175	684	752	•	•
13031 Rostock (Land)	335	112	447	1263	•	•
14001 Chemnitz (Stadt)	2674	671	3345	3721	•	•
14003 Görlitz (Stadt)	3276	1030	4306	3117	•	•
14006 Zwickau (Stadt)	4091	1191	5282	3720	•	•
14014 Bautzen (Land)	3091	1372	4463	3463	•	•
14018 Chemnitz (Land)	2536	743	3279	1667	•	•
14029 Görlitz (Land)	1118	478	1596	751	•	•
14058 Zwickau (Land)	1921	693	2614	1523	•	•
15113 Bitterfeld	3404	820	4224	•	•	•
15202 Halle (Stadt)	10943	5471	16414	•	•	•
15235 Saalkreis	579	238	817	•	•	•
16001 Erfurt (Stadt)	8933	3895	12828	•	0	•
16018 Erfurt (Land)	1975	656	2631	•	0	•

Quelle: DJI-Regionaldatenbank

Hinweis: Berlin (West) = 1990

Tabelle 44: **Eheschließungen/Ehescheidungen absolut und auf 1000 Einwohner am 31.12. 1989**

RKZ Name	Eheschließungen	Ehescheidungen	Eheschl/ 1000 EW	Ehescheid/ 1000 EW
11001 Berlin (West)	12743	6158	6	2,9
11002 Berlin (Ost)	11689	5397	9,1	4,2
12001 Brandenburg (Stadt)	865	434	9,3	4,6
12017 Brandenburg (Land)	229	70	6,3	1,9
13002 Neubrandenburg (Stadt)	807	303	8,9	3,3
13003 Rostock (Stadt)	2317	953	9,2	3,8
13025 Neubrandenburg (Land)	125	86	4,6	3,2
13031 Rostock (Land)	177	90	4,6	2,3
14001 Chemnitz (Stadt)	1826	984	6	3,3
14003 Görlitz (Stadt)	638	221	8,5	3
14006 Zwickau (Stadt)	1160	375	9,8	3,2
14014 Bautzen (Land)	1017	289	8,1	2,3
14018 Chemnitz (Land)	650	250	6,6	2,5
14029 Görlitz (Land)	151	34	5,3	1,2
14058 Zwickau (Land)	392	196	4,9	2,4
15113 Bitterfeld	873	404	6,9	3,2
15202 Halle (Stadt)	2691	1002	8,4	3,1
15235 Saalkreis	398	147	6	2,2
16001 Erfurt (Stadt)	1784	851	8,2	3,9
16018 Erfurt (Land)	416	101	8,8	2,1

Hinweis: Für die Berechnung auf 1000 Einwohner wurde die Bevölkerung am 31.12.1989 verwandt

Quelle: Statistische Landesämter

Tabelle 45: **Eheschließungen/Ehescheidungen absolut und auf 1000 Einwohner am 31.12.1993**

RKZ Name	Ehescheidungen pro 1000 Einw.	Eheschließungen pro 1000 Einw.	Ehescheidungen (absolut)	Eheschließungen (absolut)
11001 Berlin (West)	2,5	5,4	5461	11835
11002 Berlin (Ost)	0,8	4,1	1093	5276
12001 Brandenburg (Stadt)	1,9	3,4	173	303
12017 Brandenburg (Land)	0,5	3,5	19	126
13002 Neubrandenburg (Stadt)	1,6	3,5	133	296
13003 Rostock (Stadt)	1,5	3,3	350	775
13025 Neubrandenburg (Land)	1,1	1,6	28	43
13031 Rostock (Land)	0	1,2	0	45
14001 Chemnitz (Stadt)	•	2,6	•	729
14003 Goerlitz (Stadt)	•	3,6	•	242
14006 Zwickau (Stadt)	•	3,1	•	333
14014 Bautzen (Land)	•	3	•	349
14018 Chemnitz (Land)	•	2,8	•	262
14029 Goerlitz (Land)	•	2,1	•	56
14058 Zwickau (Land)	•	2,7	•	208
15113 Bitterfeld	2	2,8	232	325
15202 Halle (Stadt)	1,5	3,3	442	977
15235 Saalkreis	1,5	3,1	95	196
16001 Erfurt (Stadt)	1,5	4,3	311	869
16018 Erfurt (Land)	•	•	•	•

Hinweise: Angaben für Erfurt nach der Kreisstruktur vom 1.7.1994. Für Sachsen wurden für 1993 keine Scheidungszahlen erhoben.

Quelle: Statistische Landesämter

Tabelle 46: **Eheschließungen/Ehescheidungen auf 1000 Einwohner für die Jahre 1989, 1991 und 1993 am 31.12. des jeweiligen Jahres**

RKZ Name	1989 Eheschl./ Tsd. EW	1989 Scheid./ Tsd. EW	1991 Eheschl./ Tsd. EW	1991 Scheid./ Tsd. EW	1993 Eheschl./ Tsd. EW	1993 Scheid./ Tsd. EW
11001 Berlin (West)	6	2,9	5,88	2,43	5,4	2,5
11002 Berlin (Ost)	9,1	4,2	4,21	0,66	4,1	0,8
12001 Brandenburg (Stadt)	9,3	4,6	3,8	0,79	3,4	1,9
12017 Brandenburg (Land)	6,3	1,9	2,31	1,98	3,5	0,5
13002 Neubrandenburg (Stadt)	8,9	8,9	3,41	0,61	3,5	1,6
13003 Rostock (Stadt)	9,2	3,8	3,31	0,52	3,3	1,5
13025 Neubrandenburg (Land)	4,6	4,6	1,3	0,27	1,6	1,1
13031 Rostock (Land)	4,6	2,3	1,23	0	1,2	0
14001 Chemnitz (Stadt)	6	3,3	2,69	0,94	2,6	•
14003 Görlitz (Stadt)	8,5	3	3,31	0,94	3,6	•
14006 Zwickau (Stadt)	9,8	3,2	3,28	1,55	3,1	•
14014 Bautzen (Land)	8,1	2,3	3,16	0,44	3	•
14018 Chemnitz (Land)	6,6	2,5	3,09	0,4	2,8	•
14029 Görlitz (Land)	5,3	1,2	1,94	1,12	2,1	•
14058 Zwickau (Land)	4,9	2,4	2,44	0,01	2,7	•
15113 Bitterfeld	6,9	3,2	2,51	1,02	2,8	•
15202 Halle (Stadt)	8,4	1,7	3,07	0,24	3,3	1,5
15235 Saalkreis	6	2,2	2,52	0,3	3,1	1,5
16001 Erfurt (Stadt)	8,2	3,9	3,84	1,03	4,3	1,5
16018 Erfurt (Land)	8,8	2,1	2,69	0,59	•	•

Hinweise: Für Thüringen gilt für das Jahr 1993 bereits der neue Gebietsstand

Für Sachsen wurden für 1993 keine Scheidungszahlen ermittelt

Quelle: Statistische Landesämter

Tabelle 47: **Anteil der Eheschließungen / Ehescheidungen auf 1000 Einwohner am 31.12.1991**

RKZ	Name	Ehescheidungen	Eheschließungen
11001	Berlin (West)	2,43	5,88
11002	Berlin (Ost)	0,66	4,21
12001	Brandenburg (Stadt)	0,79	3,8
12017	Brandenburg (Land)	1,98	2,31
13002	Neubrandenburg(Stadt)	0,61	3,41
13003	Rostock (Stadt)	0,52	3,31
13025	Neubrandenburg (Land)	0,27	1,3
13031	Rostock (Land)	0	1,23
14001	Chemnitz (Stadt)	0,94	2,69
14003	Görlitz (Stadt)	0,94	3,31
14006	Zwickau (Stadt)	1,55	3,28
14014	Bautzen (Land)	0,44	3,16
14018	Chemnitz (Land)	0,4	3,09
14029	Görlitz (Land)	1,12	1,94
14058	Zwickau (Land)	0,01	2,44
15113	Bitterfeld	1,02	2,51
15202	Halle (Stadt)	0,24	3,07
15235	Saalkreis	0,3	2,52
16001	Erfurt (Stadt)	1,03	3,84
16018	Erfurt (Land)	0,59	2,69

Quelle: DJI Regionaldatenbank

Bildung

Tabelle 48: **Schulentlassene (männlich) 1991/92 nach Schulabschlüssen**

RKZ Name	Schulent-lassene	o. Haupt-schulabs.	Haupt-schulabs.	Real-schulreife	Fachreife	Hoch-schulreife
11001 Berlin (West)	9342	1606	2282	2677	2	2407
11002 Berlin (Ost)	4876	1000	742	2070	•	1064
12001 Brandenburg (Stadt)	290	9	15	192	0	74
12017 Brandenburg (Land)	179	8	5	146	0	20
13002 Neubrandenburg (Stadt)	520	61	60	305	0	94
13003 Rostock (Stadt)	1044	99	141	605	0	199
13025 Neubrandenburg (Land)	113	11	29	73	0	0
13031 Rostock (Land)	209	34	67	108	0	0
14001 Chemnitz (Stadt)	•	•	•	•	0	•
14003 Goerlitz (Stadt)	•	•	•	•	0	•
14006 Zwickau (Stadt)	•	•	•	•	0	•
14014 Bautzen (Land)	•	•	•	•	0	•
14018 Chemnitz (Land)	•	•	•	•	0	•
14029 Goerlitz (Land)	•	•	•	•	0	•
14058 Zwickau (Land)	•	•	•	•	•	•
15113 Bitterfeld	432	67	32	273	0	60
15202 Halle (Stadt)	1664	225	146	750	4	539
15235 Saalkreis	263	44	39	160	0	20
16001 Erfurt (Stadt)	1025	121	278	424	0	202
16018 Erfurt (Land)	243	21	79	128	0	15

Quelle: DJI Regionaldatenbank

Tabelle 49: Schulentlassene (männlich) 1991/92 nach Schulabschlüssen, in%

RKZ Kreise	o. Haupt-schulabs.	Haupt-schulabs.	Real-schulreife	Fachreife	Hoch-schulreife
11001 Berlin (West)	17,19	24,43	28,66	0,02	25,77
11002 Berlin (Ost)	20,51	15,22	42,45	•	21,82
12017 Brandenburg (Land)	4,47	2,79	81,56	0	11,17
12001 Brandenburg (Stadt)	3,1	5,17	66,21	0	25,52
13002 Neubrandenburg (Stadt)	11,73	11,54	58,65	0	18,08
13025 Neubrandenburg (Land)	9,73	25,66	64,6	0	0
13003 Rostock (Stadt)	9,48	13,51	57,95	0	19,06
13031 Rostock (Land)	16,27	32,06	51,67	0	0
14001 Chemnitz (Stadt)	•	•	•	•	•
14018 Chemnitz (Land)	•	•	•	•	•
14003 Goerlitz (Stadt)	•	•	•	•	•
14029 Goerlitz (Land)	•	•	•	•	•
14006 Zwickau (Stadt)	•	•	•	•	•
14058 Zwickau (Land)	•	•	•	•	•
14014 Bautzen (Land)	•	•	•	•	•
15113 Bitterfeld	15,51	7,41	63,19	0	13,89
15202 Halle (Stadt)	13,52	8,77	45,07	0,24	32,39
15235 Saalkreis	16,73	14,83	60,84	0	7,6
16001 Erfurt (Stadt)	11,8	27,12	41,37	0	19,71
16018 Erfurt (Land)	8,64	32,51	52,67	0	6,17

Quelle: DJI Regionaldatenbank

Tabelle 50: Schulentlassene (weiblich) 1991/92 nach Schulabschlüssen

RKZ Name	Schulent-lassene	o. Haupt-schulabs.	Haupt-schulabs.	Real-schulreife	Fach-reife	Hoch-schulreife
11001 Berlin (West)	9062	2088	2254	2992	0	3099
11002 Berlin (Ost)	4306	457	450	2034	•	1365
12001 Brandenburg (Stadt)	297	2	14	201	0	80
12017 Brandenburg (Land)	155	2	2	134	0	17
13002 Neubrandenburg (Stadt)	543	26	24	323	0	170
13003 Rostock (Stadt)	944	56	52	543	0	293
13025 Neubrandenburg (Land)	82	0	13	69	0	0
13031 Rostock (Land)	163	18	38	107	0	0
14001 Chemnitz (Stadt)	•	•	•	•	0	•
14003 Goerlitz (Stadt)	•	•	•	•	0	•
14006 Zwickau (Stadt)	•	•	•	•	0	•
14014 Bautzen (Land)	•	•	•	•	0	•
14018 Chemnitz (Land)	•	•	•	•	0	•
14029 Goerlitz (Land)	•	•	•	•	0	•
14058 Zwickau (Land)	•	•	•	•	•	•
15113 Bitterfeld	409	40	17	265	0	87
15202 Halle (Stadt)	1639	97	91	684	3	764
15235 Saalkreis	277	20	22	199	0	36
16001 Erfurt (Stadt)	880	43	203	417	0	217
16018 Erfurt (Land)	227	11	53	135	0	28

Quelle: DJI Regionaldatenbank

Tabelle 51: Schulentlassene (weiblich) 1991/92 nach Schulabschlüssen, in%

RKZ Name	o. Haupt-schulabs.	Haupt-schulabs.	Real-schulreife	Fachreife	Hoch-schulreife
11001 Berlin (West)	23,04	24,87	33,02	0	34,2
11002 Berlin (Ost)	10,61	10,45	47,24	•	31,7
12001 Brandenburg (Stadt)	0,67	4,71	67,68	0	26,94
12017 Brandenburg (Land)	1,29	1,29	86,45	0	10,97
13002 Neubrandenburg (Stadt)	4,79	4,42	59,48	0	31,31
13003 Rostock (Stadt)	5,93	5,51	57,52	0	31,04
13025 Neubrandenburg (Land)	0	15,85	84,15	0	0
13031 Rostock (Land)	11,04	23,31	65,64	0	0
14001 Chemnitz (Stadt)	•	•	•	•	•
14003 Goerlitz (Stadt)	•	•	•	•	•
14006 Zwickau (Stadt)	•	•	•	•	•
14014 Bautzen (Land)	•	•	•	•	•
14018 Chemnitz (Land)	•	•	•	•	•
14029 Goerlitz (Land)	•	•	•	•	•
14058 Zwickau (Land)	•	•	•	•	•
15113 Bitterfeld	9,78	4,16	64,79	0	21,27
15202 Halle (Stadt)	5,92	5,55	41,73	0,18	46,61
15235 Saalkreis	7,22	7,94	71,84	0	13
16001 Erfurt (Stadt)	4,89	23,07	47,39	0	24,66
16018 Erfurt (Land)	4,85	23,35	59,47	0	12,33

Quelle: DJI Regionaldatenbank

Tabelle 52: **Schulentlassene 1991/92 nach Schulabschlüssen**

RKZ Name	Schulent-lassene	o. Haupt-schulabs.	Haupt-schulabs.	Real-schulreife	Fachreife	Hoch-schulreife
11001 Berlin (West)	18404	3694	4536	5669	2	5506
11002 Berlin (Ost)	9182	1457	1192	4104	•	2429
12001 Brandenburg (Stadt)	587	11	29	393	0	154
12017 Brandenburg (Land)	334	10	7	280	0	37
13002 Neubrandenburg (Stadt)	1063	87	84	628	0	264
13003 Rostock (Stadt)	1988	155	193	1148	0	492
13025 Neubrandenburg (Land)	195	11	42	142	0	0
13031 Rostock (Land)	372	52	105	215	0	0
14001 Chemnitz (Stadt)	•	•	•	•	0	•
14003 Goerlitz (Stadt)	•	•	•	•	0	•
14006 Zwickau (Stadt)	•	•	•	•	0	•
14014 Bautzen (Land)	•	•	•	•	0	•
14018 Chemnitz (Land)	•	•	•	•	0	•
14029 Goerlitz (Land)	•	•	•	•	0	•
14058 Zwickau (Land)	•	•	•	•	•	•
15113 Bitterfeld	841	107	49	538	0	147
15202 Halle (Stadt)	3303	322	237	1434	7	1303
15235 Saalkreis	540	64	61	359	0	56
16001 Erfurt (Stadt)	1905	164	481	841	0	419
16018 Erfurt (Land)	470	32	132	263	0	43

Quelle: DJI Regionaldatenbank

Tabelle 53: Schulentlassene 1991/92 nach Schulabschlüssen, in%

RKZ Name	o. Haupt-schulabs.	Haupt-schulabs.	Real-schulreife	Fachreife	Hoch-schulreife
11001 Berlin (West)	20,07	24,65	30,8	0,01	29,92
11002 Berlin (Ost)	15,87	12,98	44,7	•	26,45
12001 Brandenburg (Stadt)	1,87	4,94	66,95	0	26,24
12017 Brandenburg (Land)	2,99	2,1	83,83	0	11,08
13002 Neubrandenburg (Stadt)	8,18	7,9	59,08	0	24,84
13003 Rostock (Stadt)	7,8	9,71	57,75	0	24,75
13025 Neubrandenburg (Land)	5,64	21,54	72,82	0	0
13031 Rostock (Land)	13,98	28,23	57,8	0	0
14001 Chemnitz (Stadt)	•	•	•	•	•
14003 Goerlitz (Stadt)	•	•	•	•	•
14006 Zwickau (Stadt)	•	•	•	•	•
14014 Bautzen (Land)	•	•	•	•	•
14018 Chemnitz (Land)	•	•	•	•	•
14029 Goerlitz (Land)	•	•	•	•	•
14058 Zwickau (Land)	•	•	•	•	•
15113 Bitterfeld	12,72	5,83	63,97	0	17,48
15202 Halle (Stadt)	9,75	7,18	43,42	0,21	39,45
15235 Saalkreis	11,85	11,3	66,48	0	10,37
16001 Erfurt (Stadt)	8,61	25,25	44,15	0	21,99
16018 Erfurt (Land)	6,81	28,09	55,96	0	9,15

Quelle: DJI-Datenbank

Sozialhilfe

Tabelle 54: **Haushalte die Sozialhilfe empfangen, nach Ursachen für Sozialhilfe 2. Halbjahr 1990**

RKZ Name	HHG	Kran	Tod	Ausf	Unwi	Arbe	Unzu	Erwer	sons
11001 Berlin (West)	134985	9009	471	4747	512	46157	16496	7922	49671
11002 Berlin (Ost)	•	•	•	•	•	•	•	•	•
12001 Brandenburg (Stadt)	426	0	0	0	1	17	56	341	11
12017 Brandenburg (Land)	127	1	0	0	1	4	47	58	16
13002 Neubrandenburg (Stadt)	431	11	0	1	1	384	0	29	5
13003 Rostock (Stadt)	1147	17	4	6	7	914	35	138	26
13025 Neubrandenburg (Land)	247	6	0	2	3	158	13	57	8
13031 Rostock (Land)	144	1	0	6	9	69	10	39	10
14001 Chemnitz (Stadt)	687	21	2	14	0	398	4	132	116
14003 Görlitz (Stadt)	412	7	2	1	0	350	6	22	24
14006 Zwickau (Stadt)	151	5	0	0	1	88	1	32	24
14014 Bautzen (Land)	323	3	4	5	4	242	3	33	29
14018 Chemnitz (Land)	101	7	0	4	0	63	2	18	7
14029 Görlitz (Land)	39	1	0	0	0	25	0	9	4
14058 Zwickau (Land)	96	2	1	0	0	37	2	40	14
15113 Bitterfeld	391	•	•	•	•	•	•	•	•
15202 Halle (Stadt)	1129	•	•	•	•	•	•	•	•
15235 Saalkreis	113	•	•	•	•	•	•	•	•
16001 Erfurt (Stadt)	762	12	3	0	0	455	28	148	116
16018 Erfurt (Land)	70	2	0	0	0	35	1	25	7

Quelle: KSPW-Regionaldaten

Hinweise: HHG: ...... Gesamtzahl der Empfänger-Haushalte
Kran: .... Krankheit
Ausf: .... Ausfall des Ernähreres
Unwi: ...... unwirtschaftliches Verhalten
Arbe: .... Arbeitslosigkeit
Unzu: ...... unzureichende Versicherungs- oder Versorgungsansprüche
Ewer: ...... unzureichendes Erwerbseinkommen

Berlin (West): 1990; Rostock: 31.12.1990

Tabelle 55: Haushalte, die von Sozialhilfe betroffen sind

RKZ Name	90 Haushalte Gesamt	90 Haushalte ohne Einkommen	90 Haushalte mit Einkommen	91 Haushalte Gesamt	91 Haushalte ohne Einkommen	91 Haushalte mit Einkommen
12001 Brandenburg (Stadt)	426	153	273	2825	1294	1531
12017 Brandenburg (Land)	127	27	100	786	452	334
13002 Neubrandenburg (Stadt)	431	193	238	737	280	457
13003 Rostock (Stadt)	1147	505	642	3315	1102	2213
13025 Neubrandenburg (Land)	247	74	173	485	96	389
13031 Rostock (Land)	144	19	125	469	78	391
14001 Chemnitz (Stadt)	687	275	412	1942	744	1198
14003 Görlitz (Stadt)	412	222	190	950	374	376
14006 Zwickau (Stadt)	151	35	116	483	74	409
14014 Bautzen (Land)	323	136	187	384	89	295
14018 Chemnitz (Land)	101	28	73	446	139	307
14029 Görlitz (Land)	39	3	36	124	14	110
14058 Zwickau (Land)	96	13	83	182	22	160
15113 Bitterfeld	391	140	251	1485	429	1056
15202 Halle (Stadt)	1129	318	811	5249	1550	3699
15235 Saalkreis	113	34	79	214	53	161
16001 Erfurt (Stadt)	762	152	610	3139	407	2732
16018 Erfurt (Land)	70	18	52	533	98	435

Quelle: KSPW-Regionaldaten

Hinweise: Die Angaben von 1990 gelten für das 2.Halbjahr 1990 außer Rostock am 31.12.1990.

Tabelle 56: **Haushalte die Sozialhilfe empfangen, nach Ursachen für Sozialhilfe 1991**

RKZ Name	HHG	Kran	Tod	Ausf	Unwi	Arbe	Unzu	Erwer	sons
11001 Berlin (West)	108613	8693	352	4303	411	42231	15649	6512	30462
11002 Berlin (Ost)	29515	797	33	176	60	17535	4728	2189	3997
12001 Brandenburg (Stadt)	1361	9		1	7	993	31	85	235
12017 Brandenburg (Land)	395	7	4	8	1	174	3	53	145
13002 Neubrandenburg (Stadt)	737	9	1	1	2	544	3	51	126
13003 Rostock (Stadt)	3315	41	8	7	9	2467	163	326	294
13025 Neubrandenburg (Land)	485	4	0	2	6	286	32	118	37
13031 Rostock (Land)	469	2	1	7	3	98	251	23	84
14001 Chemnitz (Stadt)	1942	38	7	20	10	1336	63	211	257
14003 Görlitz (Stadt)	950	4	0	0	0	753	19	86	88
14006 Zwickau (Stadt)	483	24	0	5	0	253	15	71	115
14014 Bautzen (Land)	384	4	0	4	0	205	5	4	162
14018 Chemnitz (Land)	446	6	3	13	0	283	4	74	63
14029 Görlitz (Land)	124	0	0	4	0	76	3	21	20
14058 Zwickau (Land)	182	3	0	0	0	98	12	46	23
15113 Bitterfeld	1485	10	5	16	6	695	219	220	314
15202 Halle (Stadt)	5249	60	15	26	16	3034	538	642	918
15235 Saalkreis	214	1	0	1	1	91	10	48	62
16001 Erfurt (Stadt)	3139	21	0	0	0	820	1510	207	581
16018 Erfurt (Land)	533	10	0	0	0	136	238	55	94

Quelle: KSPW-Regionaldaten

Hinweise: HHG: ...... Gesamtzahl der Empfänger-Haushalte
Kran: .... Krankheit
Ausf: .... Ausfall des Ernähreres
Unwi: ...... unwirtschaftliches Verhalten
Arbe: .... Arbeitslosigkeit
Unzu: ...... unzureichende Versicherungs- oder Versorgungsansprüche
Ewer: ...... unzureichendes Erwerbseinkommen

Tabelle 57: **Haushalte die laufende Hilfe zum Lebensunterhalt empfangen, nach Ursachen für Sozialhilfe für das Jahr 1993**

RKZ Name	HHG	Kran	Tod	Ausf	Unwi	Arbe	Unzu	Erwer	sons
11001 Berlin (West)	94170	•	•	4250	•	38288	14717	•	36915
11002 Berlin (Ost)	38364	•	•	181	•	19871	4823	•	13489
12001 Brandenburg (Stadt)	2463	10	•	11	7	1077	41	90	1227
12017 Brandenburg (Land)	800	5	5	2	1	254	74	17	442
13002 Neubrandenburg (Stadt)	918	10	•	•	•	583	23	111	191
13003 Rostock (Stadt)	4305	114	•	•	•	2972	128	245	846
13025 Neubrandenburg (Land)	285	5	•	•	•	136	6	28	110
13031 Rostock (Land)	424	30	•	•	•	187	18	31	158
14001 Chemnitz (Stadt)	2599	123	3	13	10	1632	238	140	440
14003 Goerlitz (Stadt)	1124	18	•	•	•	896	7	58	145
14006 Zwickau (Stadt)	1078	32	3	10	35	632	39	71	256
14014 Bautzen (Land)	884	8	3	11	28	545	85	64	140
14018 Chemnitz (Land)	683	23	•	13	10	339	132	59	107
14029 Goerlitz (Land)	196	•	•	•	•	132	19	15	30
14058 Zwickau (Land)	212	•	•	7	•	72	•	29	104
15113 Bitterfeld	2128	•	•	•	•	1167	238	159	564
15202 Halle (Stadt)	8698	•	•	•	•	3581	228	469	4420
15235 Saalkreis	668	•	•	•	•	133	56	19	460
16001 Erfurt (Stadt)	2857	52	•	•	•	1794	327	116	568
16018 Erfurt (Land)	580	9	•	•	•	166	16	61	328

Quelle: KSPW-Regionaldaten

Hinweise: HHG: ...... Gesamtzahl der Empfänger-Haushalte
Kran: .... Krankheit
Ausf: .... Ausfall des Ernähreres
Unwi: ...... unwirtschaftliches Verhalten
Arbe: .... Arbeitslosigkeit
Unzu: ...... unzureichende Versicherungs- oder Versorgungsansprüche
Ewer: ...... unzureichendes Erwerbseinkommen

Tabelle 58: **Anzahl Sozialhilfeempfänger 2. Halbjahr 1990,1991 und 1993 nach Geschlecht**

RKZ Name	2/90 insges.	2/90 männl.	2/90 weibl.	91 insges.	91 männl.	91 weibl.	93 insges.	93 männl.	93 weibl.	90/1000 EW.	91/1000 EW.	93/1000 EW.
11001 Berlin (West)	225926	113889	112037	200794	96264	104530	206490	97684	108806	105	98	94,9
11002 Berlin (Ost)	16598	•	•	62024	25021	37003	86916	38455	48461	•	49	66,9
12001 Brandenburg (Stadt)	907	•	•	2474	•	•	5110	•	•	9,9	28	57,3
12017 Brandenburg (Land)	343	•	•	735	•	•	1559	•	•	9,5	21	43,4
13002 Neubrandenburg (Stadt)	764	449	315	1533	•	•	2838	1256	1582	8,5	17,3	33,2
13003 Rostock (Stadt)	1996	1055	941	8734	•	•	11912	5432	6480	8	35,4	50,2
13025 Neubrandenburg (Land)	651	319	332	1665	•	•	1043	475	568	24,1	63,1	39,4
13031 Rostock (Land)	372	171	201	890	•	•	1415	643	772	9,7	23,7	37
14001 Chemnitz (Stadt)	1506	•	•	4413	•	•	7774	•	•	5	15	27,8
14003 Görlitz (Stadt)	769	•	•	1913	•	•	3704	•	•	10,5	27	54,8
14006 Zwickau (Stadt)	431	•	•	1213	•	•	3506	•	•	3,7	11	32,5
14014 Bautzen (Land)	778	•	•	1881	•	•	3485	•	•	6,3	16	29,9
14018 Chemnitz (Land)	253	•	•	1061	•	•	2162	•	•	2,6	11	23,2
14029 Görlitz (Land)	175	•	•	349	•	•	756	•	•	6,2	13	28,5
14058 Zwickau (Land)	282	•	•	642	•	•	1101	•	•	3,5	8	14,2
15113 Bitterfeld	844	•	•	3674	•	•	5884	•	•	6,8	31,2	50,7
15202 Halle (Stadt)	2718	•	•	13208	•	•	19569	•	•	8,6	43,6	66,3
15235 Saalkreis	295	•	•	1047	•	•	1724	•	•	4,5	16,6	27
16001 Erfurt (Stadt)	1943	827	1116	8060	2649	5411	10189	4021	6168	9,1	38,9	50,7
16018 Erfurt (Land)	199	94	105	1062	473	589	1494	711	783	4,3	23	31,9

Quelle: Statistische Landesämter der jeweiligen Bundesländer

Hinweise: Für die Angaben auf 1.000 EW. wurde zur Berechnung die durchschnittliche Bevölkerung für 1990 vom 30.6.1990 und für das Jahr 1991 verwandt. Für das Jahr 1993 erfolgte die Berechnung auf der Grundlage der Bevölkerung am 31.12.1993.

Tabelle 59: **Anteil der Sozialhilfeempfänger an der Wohnbevölkerung 2. Halbjahr 1990, für 1991 und 1993 in Prozent**

RKZ	Name	1990	1991	1993
11001	Berlin (West)	10,47	9,27	9,49
11002	Berlin (Ost)	1,3	4,84	6,69
12001	Brandenburg (Stadt)	1,01	2,79	5,73
12017	Brandenburg (Land)	0,93	2,07	4,34
13002	Neubrandenburg (Stadt)	0,84	1,74	3,32
13003	Rostock (Stadt)	0,8	3,57	5,02
13025	Neubrandenburg (Land)	2,43	6,35	3,94
13031	Rostock (Land)	0,97	2,37	3,7
14001	Chemnitz (Stadt)	0,51	1,53	2,78
14003	Görlitz (Stadt)	1,03	2,72	5,48
14006	Zwickau (Stadt)	0,33	1,08	3,25
14014	Bautzen (Land)	0,58	1,58	2,99
14018	Chemnitz (Land)	0,26	1,12	2,32
14029	Görlitz (Land)	0,64	1,3	2,85
14058	Zwickau (Land)	0,32	0,83	1,42
15113	Bitterfeld	0,63	3,12	5,07
15202	Halle (Stadt)	0,87	4,36	6,63
15235	Saalkreis	0,44	1,66	2,7
16001	Erfurt (Stadt)	0,93	3,93	5,07
16018	Erfurt (Land)	0,43	2,3	3,19

Quelle: KSPW Regionaldaten, Statistische Landesämter

Hinweis: Zur Berechnung wurde die Wohnbevölkerung per 31.12. des jeweiligen Jahres genommen.

Tabelle 60: Sozialhilfeempfänger 2. Halbjahr 1990 nach Altersgruppen (absolut)

RKZ Name	u. 7 J.	7-11 J.	11-15 J.	15-18 J.	18-21 J.	21-25 J.	25-50 J.	50-60 J.	60-65 J.	65-70 J.	70-75 J.	ü. 75 J.	Gesamt
11001 Berlin (West)	24822	12200	10325	6845	10981	22623	87910	14584	5248	3979	3264	23145	225926
11002 Berlin (Ost)	4803	•	•	2955	•	•	6864	1382	594	•	•	•	16598
12001 Brandenburg (Stadt)	173	78	59	43	35	67	366	64	8	5	1	8	907
12017 Brandenburg (Land)	72	38	26	11	15	14	113	29	10	0	0	7	335
13002 Neubrandenburg (Stadt)	114	46	43	23	54	70	344	51	5	0	0	0	750
13003 Rostock (Stadt)	308	143	117	61	84	155	894	192	15	3	2	15	1989
13025 Neubrandenburg (Land)	132	66	39	25	32	48	228	50	12	3	1	9	645
13031 Rostock (Land)	59	34	30	27	17	23	128	42	6	0	0	1	367
14001 Chemnitz (Stadt)	319	142	106	63	83	112	542	98	17	6	4	10	1502
14003 Görlitz (Stadt)	99	62	50	30	31	34	347	75	7	0	2	9	746
14006 Zwickau (Stadt)	89	35	32	16	13	15	135	25	10	1	1	5	377
14014 Bautzen (Land)	126	84	64	28	31	32	278	51	2	0	1	1	698
14018 Chemnitz (Land)	38	33	28	16	8	5	104	13	4	0	0	0	249
14029 Görlitz (Land)	20	10	13	6	2	7	39	4	1	1	0	0	103
14058 Zwickau (Land)	56	27	25	11	10	10	98	10	3	0	1	2	253
15113 Bitterfeld	148	81	74	41	36	41	260	59	3	0	1	6	750
15202 Halle (Stadt)	599	275	207	125	152	171	940	155	23	7	5	25	2684
15235 Saalkreis	54	32	31	17	13	8	89	21	11	1	1	2	280
16001 Erfurt (Stadt)	498	469	•	•	84	862	•	•	30	•	•	•	1943
16018 Erfurt (Land)	44	59	•	•	5	90	•	•	1	•	•	•	199

Quelle: KSPW-Regionaldaten

Hinweise: u. 7 J. Berlin(Ost)= unter 15 Jahre; 7-11 J. Erfurt= 7 bis unter 18 Jahre; 65 J. Berlin (Ost) = über 60 Jahre.
Bei Brandenburg, Mecklenburg-Vorpommern, Sachsen-Anhalt und Sachsen beziehen sich die Angaben auf Empfänger(innen) von laufender Hilfe zum Lebensunterhalt außerhalb von Einrichtungen.

Tabelle 61: Anteil der Sozialhilfeempfänger an der Wohnbevölkerung 2. Halbjahr 1990 nach Altersgruppen in Prozent

RKZ	Name	u. 7 J.	7-11 J.	11-15 J.	15-18 J.	18-21 J.	21-25 J.	25-50 J.	50-60 J.	60-65 J.	65-70 J.	70-75 J.	ü. 75 J.	Gesamt
11001	Berlin (West)	1,15	0,57	0,48	0,32	0,51	1,05	4,07	0,68	0,24	0,18	0,15	1,07	10,47
11002	Berlin (Ost)	0,38	•	•	0,23	•	•	0,54	0,11	0,05	•	•	•	1,3
12001	Brandenburg (Stadt)	0,19	0,09	0,07	0,05	0,04	0,07	0,41	0,07	0,01	0,01	0	0,01	1,01
12017	Brandenburg (Land)	0,2	0,11	0,07	0,03	0,04	0,04	0,32	0,08	0,03	0	0	0,02	0,93
13002	Neubrandenburg (Stadt)	0,13	0,05	0,05	0,03	0,06	0,08	0,39	0,06	0,01	0	0	0	0,84
13003	Rostock (Stadt)	0,12	0,06	0,05	0,02	0,03	0,06	0,36	0,08	0,01	0	0	0,01	0,8
13025	Neubrandenburg (Land)	0,5	0,25	0,15	0,09	0,12	0,18	0,86	0,19	0,05	0,01	0	0,03	2,43
13031	Rostock (Land)	0,16	0,09	0,08	0,07	0,04	0,06	0,34	0,11	0,02	0	0	0	0,97
14001	Chemnitz (Stadt)	0,11	0,05	0,04	0,02	0,03	0,04	0,18	0,03	0,01	0	0	0	0,51
14003	Görlitz (Stadt)	0,14	0,09	0,07	0,04	0,04	0,05	0,48	0,1	0,01	0	0	0,01	1,03
14006	Zwickau (Stadt)	0,08	0,03	0,03	0,01	0,01	0,01	0,12	0,02	0,01	0	0	0	0,33
14014	Bautzen (Land)	0,1	0,07	0,05	0,02	0,03	0,03	0,23	0,04	0	0	0	0	0,58
14018	Chemnitz (Land)	0,04	0,03	0,03	0,02	0,01	0,01	0,11	0,01	0	0	0	0	0,26
14029	Görlitz (Land)	0,07	0,04	0,05	0,02	0,01	0,03	0,14	0,01	0	0	0	0	0,38
14058	Zwickau (Land)	0,07	0,03	0,03	0,01	0,01	0,01	0,12	0,01	0	0	0	0	0,32
15113	Bitterfeld	0,12	0,07	0,06	0,03	0,03	0,03	0,22	0,05	0	0	0	0,01	0,63
15202	Halle (Stadt)	0,19	0,09	0,07	0,04	0,05	0,06	0,3	0,05	0,01	0	0	0,01	0,87
15235	Saalkreis	0,08	0,05	0,05	0,03	0,02	0,01	0,14	0,03	0,02	0	0	0	0,44
16001	Erfurt (Stadt)	0,17	0,16	•	•	0,03	0,29	•	•	0,01	•	•	•	0,65
16018	Erfurt (Land)	0,1	0,13	•	•	0,01	0,19	•	•	0	•	•	•	0,43

Quelle: KSPW-Regionaldaten

Hinweise: u. 7 J. Berlin(Ost)= unter 15 Jahre; 7-11 J. Erfurt= 7 bis unter 18 Jahre; 65 J. Berlin (Ost) = über 60 Jahre.
Bei Brandenburg, Mecklenburg-Vorpommern, Sachsen-Anhalt und Sachsen beziehen sich die Angaben auf Empfänger(innen) von laufender Hilfe zum Lebensunterhalt außerhalb von Einrichtungen.

Tabelle 62: Sozialhilfeempfänger 1991 nach Altersgruppen (absolut)

RKZ	Name	u. 7 J.	7-11 J.	11-15 J.	15-18 J.	18-21 J.	21-25 J.	25-50 J.	50-60 J.	60-65 J.	65-70 J.	70-75 J.	ü. 75 J.	Gesamt
11001	Berlin (West)	24745	11283	9386	6908	8580	15998	74100	14724	5132	3806	3351	22781	200794
11002	Berlin (Ost)	8970	3601	2702	1492	2781	4831	19072	3786	962	814	1173	11840	62024
12001	Brandenburg (Stadt)	486	240	173	91	123	220	1121	173	23	7	1	10	2668
12017	Brandenburg (Land)	181	86	76	31	59	64	337	63	16	3	1	9	926
13002	Neubrandenburg (Stadt)	275	109	91	61	91	139	609	84	20	8	5	41	1533
13003	Rostock (Stadt)	1431	605	460	240	350	606	2803	581	136	111	131	1280	8734
13025	Neubrandenburg (Land)	294	169	96	62	60	95	538	120	30	16	20	165	1665
13031	Rostock (Land)	134	50	32	20	23	33	196	82	30	32	42	216	890
14001	Chemnitz (Stadt)	769	346	256	153	188	351	1573	239	55	24	13	52	4019
14003	Görlitz (Stadt)	327	138	120	61	100	144	737	103	22	4	4	12	1772
14006	Zwickau (Stadt)	254	100	89	42	49	73	388	71	12	5	4	16	1103
14014	Bautzen (Land)	265	109	103	48	63	69	379	69	17	3	2	7	1134
14018	Chemnitz (Land)	198	71	67	51	43	95	363	52	13	4	6	4	967
14029	Görlitz (Land)	79	25	22	12	14	35	101	23	0	0	0	1	312
14058	Zwickau (Land)	114	47	36	18	18	38	158	18	1	0	1	2	451
15113	Bitterfeld	603	252	202	93	152	276	983	179	23	3	3	10	2779
15202	Halle (Stadt)	2170	867	718	370	676	904	3607	468	77	24	13	38	9932
15235	Saalkreis	117	50	40	24	26	26	163	39	9	3	2	3	502
16001	Erfurt (Stadt)	1068	391	301	142	223	329	1219	203	51	•	•	•	3927
16018	Erfurt (Land)	187	54	69	33	39	60	231	49	17	•	•	•	739

Quelle: KSPW-Regionaldaten

Hinweise: Bei Brandenburg, Thüringen, Sachsen-Anhalt und Sachsen beziehen sich die Angaben auf Empfänger(innen) von laufender Hilfe zum Lebensunterhalt außerhalb von Einrichtungen.

Tabelle 63: Anteil der Sozialhilfeempfänger an der Wohnbevölkerung 1991 nach Altersgruppen in Prozent

RKZ Name	u. 7 J.	7-11 J.	11-15 J.	15-18 J.	18-21 J.	21-25 J.	25-50 J.	50-60 J.	60-65 J.	65-70 J.	70-75 J.	ü. 75 J.	Gesamt
11001 Berlin (West)	1,14	0,52	0,43	0,32	0,4	0,74	3,42	0,68	0,24	0,18	0,15	1,05	9,27
11002 Berlin (Ost)	0,7	0,28	0,21	0,12	0,22	0,38	1,49	0,3	0,08	0,06	0,09	0,92	4,84
12001 Brandenburg (Stadt)	0,79	0,35	0,29	0,15	0,24	0,54	1,93	0,21	0,04	0,01	0	0,01	4,58
12017 Brandenburg (Land)	0,53	0,29	0,28	0,13	0,22	0,44	1,45	0,19	0,05	0,03	0	0,01	3,6
13002 Neubrandenburg (Stadt)	0,31	0,12	0,1	0,07	0,1	0,16	0,69	0,1	0,02	0,01	0,01	0,05	1,74
13003 Rostock (Stadt)	0,59	0,25	0,19	0,1	0,14	0,25	1,15	0,24	0,06	0,05	0,05	0,52	3,57
13025 Neubrandenburg (Land)	1,12	0,65	0,37	0,24	0,23	0,36	2,05	0,46	0,11	0,06	0,08	0,63	6,35
13031 Rostock (Land)	0,36	0,13	0,09	0,05	0,06	0,09	0,52	0,22	0,08	0,09	0,11	0,58	2,37
14001 Chemnitz (Stadt)	0,27	0,12	0,09	0,05	0,07	0,12	0,55	0,08	0,02	0,01	0	0,02	1,4
14003 Görlitz (Stadt)	0,46	0,2	0,17	0,09	0,14	0,2	1,05	0,15	0,03	0,01	0,01	0,02	2,52
14006 Zwickau (Stadt)	0,23	0,09	0,08	0,04	0,04	0,06	0,34	0,06	0,01	0	0	0,01	0,98
14014 Bautzen (Land)	0,22	0,09	0,09	0,04	0,05	0,06	0,32	0,06	0,01	0	0	0,01	0,95
14018 Chemnitz (Land)	0,21	0,08	0,07	0,05	0,05	0,1	0,38	0,06	0,01	0	0,01	0	1,02
14029 Görlitz (Land)	0,29	0,09	0,08	0,04	0,05	0,13	0,38	0,09	0	0	0	0	1,16
14058 Zwickau (Land)	0,15	0,06	0,05	0,02	0,02	0,05	0,2	0,02	0	0	0	0	0,58
15113 Bitterfeld	0,51	0,21	0,17	0,08	0,13	0,23	0,84	0,15	0,02	0	0	0,01	2,36
15202 Halle (Stadt)	0,72	0,29	0,24	0,12	0,22	0,3	1,19	0,15	0,03	0,01	0	0,01	3,28
15235 Saalkreis	0,19	0,08	0,06	0,04	0,04	0,04	0,26	0,06	0,01	0	0	0	0,79
16001 Erfurt (Stadt)	0,52	0,19	0,15	0,07	0,11	0,16	0,59	0,1	0,02	•	•	•	1,92
16018 Erfurt (Land)	0,37	0,51	0,34	0,07	0,08	0,13	0,5	0,11	0,04	•	•	•	2,15

Quelle: KSPW-Regionaldaten

Hinweise: Bei Brandenburg, Thüringen, Sachsen-Anhalt und Sachsen beziehen sich die Angaben auf Empfänger(innen) von laufender Hilfe zum Lebensunterhalt außerhalb von Einrichtungen.

Tabelle 64: **Sozialhilfeempfänger insgesamt und nach Geschlecht; absolut und auf 1000 Einwohner für das Jahr 1993**

RKZ Name	Insgesamt	Männlich	Weiblich	Insgesamt/ 1000 EW	Männlich/ 1000 EW	Weiblich/ 1000EW
11001 Berlin (West)	206490	97684	108806	94,87	44,88	49,99
11002 Berlin (Ost)	86916	38455	48461	66,91	29,61	37,31
12001 Brandenburg (Stadt)	5110	•	•	57,28	•	•
12017 Brandenburg (Land)	1559	•	•	43,44	•	•
13002 Neubrandenburg (Stadt)	2838	1256	1582	33,18	14,68	18,49
13003 Rostock (Stadt)	11912	5432	6480	50,2	22,89	27,31
13025 Neubrandenburg (Land)	1043	475	568	39,37	17,93	21,44
13031 Rostock (Land)	1415	643	772	36,96	16,8	20,17
14001 Chemnitz (Stadt)	7774	•	•	27,81	•	•
14003 Goerlitz (Stadt)	3704	•	•	54,75	•	•
14006 Zwickau (Stadt)	3506	•	•	32,47	•	•
14014 Bautzen (Land)	3485	•	•	29,9	•	•
14018 Chemnitz (Land)	2162	•	•	23,18	•	•
14029 Goerlitz (Land)	756	•	•	28,49	•	•
14058 Zwickau (Land)	1101	•	•	14,16	•	•
15113 Bitterfeld	5884	•	•	50,7	•	•
15202 Halle (Stadt)	19569	•	•	66,25	•	•
15235 Saalkreis	1724	•	•	27,02	•	•
16001 Erfurt (Stadt)	10189	4021	6168	50,74	20,03	30,72
16018 Erfurt (Land)	1494	711	783	31,9	15,18	16,72

Hinweis: Für die Berechnung der Sozialhilfeempfänger auf 1000 Einwohner wurde die Wohnbevölkerung am Stichtag 31.12.1993 genommen.

Quelle: Statistische Landesämter

Tabelle 65: Empfänger laufender Hilfe zum Lebensunterhalt außerhalb von Einrichtungen nach Altersgruppen für das Jahr 1993

RKZ	Name	u. 7 J.	7-11 J.	11-15 J.	15-18 J.	18-21 J.	21-25 J.	25-50 J.	50-60 J.	ü. 60 J.	60-65 J.	65-70 J.	70-75 J.	ü. 75 J.	Gesamt
11001	Berlin (West)	24363	9730	8353	5362	6806	12185	63350	12887	•	4318	3110	1983	5903	158350
11002	Berlin (Ost)	13113	4974	3970	2395	3368	6669	25852	3456	•	890	484	265	910	66346
12001	Brandenburg (Stadt)	728	335	304	174	201	520	1940	192	•	52	37	14	19	4516
12017	Brandenburg (Land)	189	93	109	65	71	153	587	72	•	23	13	2	13	1390
13002	Neubrandenburg (Stadt)	481	396	•	•	275	•	744	102	20	•	•	•	•	2018
13003	Rostock (Stadt)	1642	1472	•	•	1069	•	3236	558	148	•	•	•	•	8125
13025	Neubrandenburg (Land)	128	120	•	•	71	•	207	45	7	•	•	•	•	578
13031	Rostock (Land)	203	190	•	•	94	•	363	80	20	•	•	•	•	950
14001	Chemnitz (Stadt)	1055	434	327	216	198	479	1810	249	•	71	71	34	46	4990
14003	Goerlitz (Stadt)	489	196	150	108	106	226	902	114	•	22	0	0	9	2322
14006	Zwickau (Stadt)	486	182	146	95	112	213	861	112	•	22	14	7	11	2261
14014	Bautzen (Land)	473	177	154	94	85	170	742	88	•	33	26	10	6	2058
14018	Chemnitz (Land)	258	99	106	67	67	107	436	60	•	19	25	10	28	1282
14029	Goerlitz (Land)	79	27	19	23	19	37	151	32	•	0	0	0	0	387
14058	Zwickau (Land)	130	50	43	19	25	34	171	14	•	9	8	4	10	517
15113	Bitterfeld	•	1373	•	510	•	640	1452	273	127	•	•	•	•	4375
15202	Halle (Stadt)	•	4158	•	1604	•	2505	6120	810	125	•	•	•	•	15322
15235	Saalkreis	•	300	•	117	•	204	454	76	17	•	•	•	•	1168
16001	Erfurt (Stadt)	1579	546	383	261	259	556	1982	204	123	•	•	•	•	5893
16018	Erfurt (Land)	215	86	76	37	34	70	296	32	17	•	•	•	•	863

Quelle: Statistische Landesämter

Hinweise: 7-11 J. Sachsen-Anhalt = unter 11 Jahre; 7-11 J. Rostock und Neubrandenburg = 7 bis unter 18Jahre; 15-18 J. Sachsen-Anhalt = 11-18 Jahre; 18-21 J. Rostock und Neubrandenburg = 18 bis unter 25 Jahre; 21-25 J. Sachsen-Anhalt = 18-25 Jahre; 50-60 J. Rostock und Neubrandenburg, Sachsen-Anhalt = 50 bis unter 65 Jahre; über 60 J. Rostock und Neubrandenburg, Sachsen-Anhalt = über 65 Jahre

Tabelle 66: Empfänger laufender Hilfe zum Lebensunterhalt außerhalb von Einrichtungen nach Altersgruppen für das Jahr 1993 (Anteil an der Wohnbevölkerung in Prozent)

RKZ Name	u. 7 J.	7-11 J.	11-15 J.	15-18 J.	18-21 J.	21-25 J.	25-50 J.	50-60 J.	ü. 60 J.	60-65 J.	65-70 J.	70-75 J.	ü. 75 J.	Gesamt
11001 Berlin (West)	1,12	0,45	0,38	0,25	0,31	0,56	2,91	0,59	•	0,2	0,14	0,09	0,27	7,28
11002 Berlin (Ost)	1,01	0,38	0,31	0,18	0,26	0,51	1,99	0,27	•	0,07	0,04	0,02	0,07	5,11
12001 Brandenburg (Stadt)	0,82	0,38	0,34	0,2	0,23	0,58	2,17	0,22	•	0,06	0,04	0,02	0,02	5,06
12017 Brandenburg (Land)	0,53	0,26	0,3	0,18	0,2	0,43	1,64	0,2	•	0,06	0,04	0,01	0,04	3,87
13002 Neubrandenburg (Stadt)	0,56	0,46	•	•	0,32	•	0,87	0,12	0,02	•	•	•	•	2,36
13003 Rostock (Stadt)	0,69	0,62	•	•	0,45	•	1,36	0,24	0,06	•	•	•	•	3,42
13025 Neubrandenburg (Land)	0,48	0,45	•	•	0,27	•	0,78	0,17	0,03	•	•	•	•	2,18
13031 Rostock (Land)	0,53	0,5	•	•	0,25	•	0,95	0,21	0,05	•	•	•	•	2,48
14001 Chemnitz (Stadt)	0,38	0,16	0,12	0,08	0,07	0,17	0,65	0,09	•	0,03	0,03	0,01	0,02	1,79
14003 Goerlitz (Stadt)	0,72	0,29	0,22	0,16	0,16	0,33	1,33	0,17	•	0,03	0	0	0,01	3,43
14006 Zwickau (Stadt)	0,45	0,17	0,14	0,09	0,1	0,2	0,8	0,1	•	0,02	0,01	0,01	0,01	2,09
14014 Bautzen (Land)	0,41	0,15	0,13	0,08	0,07	0,15	0,64	0,08	•	0,03	0,02	0,01	0,01	1,77
14018 Chemnitz (Land)	0,28	0,11	0,11	0,07	0,07	0,11	0,47	0,06	•	0,02	0,03	0,01	0,03	1,37
14029 Goerlitz (Land)	0,3	0,1	0,07	0,09	0,07	0,14	0,57	0,12	•	0	0	0	0	1,46
14058 Zwickau (Land)	0,17	0,06	0,06	0,02	0,03	0,04	0,22	0,02	•	0,01	0,01	0,01	0,01	0,66
15113 Bitterfeld	•	1,18	•	0,44	•	0,55	1,25	0,24	0,11	•	•	•	•	3,77
15202 Halle (Stadt)	•	1,41	•	0,54	•	0,85	2,07	0,27	0,04	•	•	•	•	5,19
15235 Saalkreis	•	0,47	•	0,18	•	0,32	0,71	0,12	0,03	•	•	•	•	1,83
16001 Erfurt (Stadt)	0,79	0,27	0,19	0,13	0,13	0,28	0,99	0,1	0,06	•	•	•	•	2,93
16018 Erfurt (Land)	0,46	0,18	0,16	0,08	0,07	0,15	0,63	0,07	0,04	•	•	•	•	1,84

Quelle: Statistische Landesämter

Hinweise: 7-11 J. Sachsen-Anhalt = unter 11 Jahre; 7-11 J. Rostock und Neubrandenburg = 7 bis unter 18Jahre; 15-18 J. Sachsen-Anhalt = 11-18 Jahre; 18-21 J. Rostock und Neubrandenburg = 18 bis unter 25 Jahre; 21-25 J. Sachsen-Anhalt = 18-25 Jahre; 50-60 J. Rostock und Neubrandenburg, Sachsen-Anhalt = 50 bis unter 65 Jahre; über 60 J. Rostock und Neubrandenburg, Sachsen-Anhalt = über 65 Jahre

Kaufkraft

Tabelle 67: Kaufkraftindex 1993-94 (Bezugsgröße: Deutschland = 100)

RKZ	Name	1993	1994
11001	Berlin (West)	123	111,8
11002	Berlin (Ost)	79,4	84,1
12001	Brandenburg (Stadt)	65,4	71,8
12017	Brandenburg (Land)	64,4	67
13002	Neubrandenburg (Stadt)	66,3	71,4
13003	Rostock (Stadt)	65,8	73,1
13025	Neubrandenburg (Land)	58,3	61,3
13031	Rostock (Land)	65,3	66,6
14001	Chemnitz (Stadt)	68,8	74,4
14003	Görlitz (Stadt)	60,1	66,4
14006	Zwickau (Stadt)	68,8	74,1
14014	Bautzen (Land)	63	65,5
14018	Chemnitz (Land)	67,1	71,2
14029	Görlitz (Land)	56,9	63,3
14058	Zwickau (Land)	63,5	70,5
15113	Bitterfeld (Land)	68,5	71,9
15202	Halle (Stadt)	68,3	74,4
15235	Saalkreis	66,5	70,7
16001	Erfurt (Stadt)	72,1	77,2
16018	Erfurt (Land)	68,1	69,8

Quelle: Gesellschaft für Konsumforschung (GfK)

Arbeitsmarkt

Tabelle 68: Arbeitslosenquote in den Jahren 1991-1993 (nach Arbeitsamtsbezirken/bereichen) im Monat Januar

RKZ	Name	1991	1992	1993
11001	Berlin (West)	9,3	10,7	12,4
11002	Berlin (Ost)	10,1	17,2	15,4
	Brandenburg	7,8	16,4	14,5
	Neubrandenburg	9,4	14,8	12,5
	Rostock	9,7	14,5	11,8
	Chemnitz	6,1	12,6	11
	Görlitz	6,7	13,1	11,9
	Zwickau	7,5	15,1	12,5
	Bautzen	7,4	17,1	13,2
	Bitterfeld	4,8	11,4	10
	Halle	8,5	18,4	13,8
	Erfurt	8	12,2	11,8

Quelle: KSPW-Regionaldatenbank; Statistische Landesämter

Tabelle 69: Arbeitslose in den Jahren 1991-1993 (nach Arbeitsamtsbezirken/-bereichen) im Monat Januar

RKZ	Name	1991	1992	1993
11001	Berlin (West)	92510	104923	121985
11002	Berlin (Ost)	71926	117357	93536
	Brandenburg	5541	9457	8359
	Neubrandenburg	6221	10441	8871
	Rostock	16821	24821	20282
	Chemnitz	14432	26711	23285
	Görlitz	3707	6929	6258
	Zwickau	7956	14276	11830
	Bautzen	5171	10242	7939
	Bitterfeld	3710	8343	7254
	Halle	16380	32745	24619
	Erfurt	12185	16658	16414

Quelle: KSPW-Regionaldatenbank; Statistische Landesämter

Tabelle 70: **Anteil weiblicher Arbeitsloser an Arbeitslosen insgesamt (in %) in den Jahren 1991-1993 (nach Arbeitsamtsbezirken/bereichen) im Monat Januar**

RKZ	Name	1991	1992	1993
11001	Berlin (West)	41	41,6	41,4
11002	Berlin (Ost)	53	53,2	53,9
	Brandenburg	55,3	65,3	67,3
	Neubrandenburg	45,2	54,4	58,4
	Rostock	51,4	55,3	57,5
	Chemnitz	60,1	63	62,6
	Görlitz	56,4	66,4	67,5
	Zwickau	63	69,8	67,7
	Bautzen	54,3	61,7	65,4
	Bitterfeld	54,2	69	65,7
	Halle	53,8	60,4	60,2
	Erfurt	58	60,5	61,2

Quelle: KSPW-Regionaldatenbank, Statistische Landesämter

Tabelle 71: **Defizit an "normaler Beschäftigung" (in %) und Personen in arbeitsmarktpolitischen Maßnahmen je 100 Arbeitslose 1991-1993 (Arbeitsamtsbezirke)**

RKZ	Name	1991	1992	1993	1991	1992	1993
11002	Berlin (Ost)	33,3	27,1	25,1	88	76	45
	Neubrandenburg	26,9	35,3	35,8	134	73	48
	Rostock	24,9	29,4	30,3	99	72	50
	Chemnitz	24,2	29,5	30,1	151	98	58
	Zwickau	21,7	35,5	33	118	82	58
	Bautzen	25,4	32,7	33,2	122	78	53
	Halle	23	28,8	27,8	111	85	51
	Erfurt	24,9	29,3	28,4	138	89	43

1991: Dezember

1992/93: September

Defizit an „normaler Beschäftigung“: Arbeitslose, Personen in arbeitsmarktpolitischen Maßnahmen und Bezieher von Vorruhestandsgeld bezogen auf die abhängigen Erwerbspersonen zuzüglich Teilnehmer in Fortbildungs- und Umschulungsmaßnahmen (Vollzeit) und Bezieher von Vorruhestansgeld (1991 ohne letztere).

Quelle: KSPW-Regionaldatenbank, Statistische Landesämter

Wirtschaftsstruktur

Tabelle 72: **Erwerbstätige 1991-1993**

RKZ	Name	1991	1992	1993
11001	Berlin (West)	1035800	1062900	1048000
11002	Berlin (Ost)	635900	560700	533300
12001	Brandenburg (Stadt)	47039	38848	37055
12017	Brandenburg (Land)	•	8002	•
13002	Neubrandenburg (Stadt)	•	•	47900
13003	Rostock (Stadt)	•	•	122300
13025	Neubrandenburg (Land)	•	•	5929
13031	Rostock (Land)	•	•	11276
14001	Chemnitz (Stadt)	•	171693	148870
14003	Görlitz (Stadt)	•	26245	23907
14006	Zwickau (Stadt)	•	52574	50222
14014	Bautzen (Land)	•	42688	43526
14018	Chemnitz (Land)	•	27648	30523
14029	Görlitz (Land)	•	7658	7729
14058	Zwickau (Land)	•	20386	21179
15113	Bitterfeld (Land)	65977	56333	51653
15202	Halle (Stadt)	151869	147980	145115
15235	Saalkreis	16855	17548	17427
16001	Erfurt (Stadt)	134313	125704	126410
16018	Erfurt (Land)	•	9689	•

Berlin, Neubrandenburg (Stadt), Rostock (Land) sowie Regionen in Sachsen-Anhalt: Erwerbstätige (Jahresdurchschnitt); übrige Regionen: Sozialversicherungspflichtig beschäftigte Arbeitnehmer (Arbeitsortprinzip)

Quelle: KSPW-Regionaldatenbank, Statistische Landesämter

Tabelle 73: **Erwerbstätige nach Stellung im Beruf 1990**

RKZ Name	Insgesamt	Selbständige	Arbeiter	Angestellte/ Beamte
11001 Berlin (West)	1033900	91400	349200	593300
11002 Berlin (Ost)	639331	15544	240944	382843
12001 Brandenburg (Stadt)	44462	626	22914	20992
12017 Brandenburg (Land)	9513	747	6293	2473
13002 Neubrandenburg (Stadt)	55492	837	27064	27591
13003 Rostock (Stadt)	144161	1739	70102	72320
13025 Neubrandenburg (Land)	10977	327	6762	3888
13031 Rostock (Land)	14089	507	8114	5468
14001 Chemnitz (Stadt)	165079	3657	83212	78210
14003 Görlitz (Stadt)	34518	846	17087	16585
14006 Zwickau (Stadt)	62959	1515	35293	26151
14014 Bautzen (Land)	57738	1963	33921	21854
14018 Chemnitz (Land)	39790	2446	23306	14038
14029 Görlitz (Land)	16491	441	10474	5576
14058 Zwickau (Land)	27608	1570	17182	8856
15113 Bitterfeld (Land)	71358	1717	42619	27022
15202 Halle (Stadt)	149463	4165	64517	80781
15235 Saalkreis	20624	1530	12406	6688
16001 Erfurt (Stadt)	117784	2071	57128	58585
16018 Erfurt (Land)	11090	1073	6704	3313

Ergebnisse der Berufstätigenerhebung 30.11.1990

Berlin (West): Angaben lt. Mikrozensus April 1990

Selbständige einschl. mithelfender Familienangehöriger

Quelle: KSPW-Regionaldatenbank

Tabelle 74: **Erwerbstätige nach Stellung im Beruf 1990 (in %)**

RKZ Name	Insgesamt	Selbständige	Arbeiter	Angestellte/ Beamte
11001 Berlin (West)	100	8,8	33,8	57,4
11002 Berlin (Ost)	100	2,4	37,7	59,9
12001 Brandenburg (Stadt)	100	1,4	51,5	47,1
12017 Brandenburg (Land)	100	7,8	66,2	26
13002 Neubrandenburg (Stadt)	100	1,5	48,8	49,7
13003 Rostock (Stadt)	100	1,2	48,6	50,2
13025 Neubrandenburg (Land)	100	3	61,6	35,4
13031 Rostock (Land)	100	3,6	57,6	38,8
14001 Chemnitz (Stadt)	100	2,2	50,4	47,4
14003 Görlitz (Stadt)	100	2,4	49,5	48,1
14006 Zwickau (Stadt)	100	2,4	56	41,6
14014 Bautzen (Land)	100	3,4	58,7	37,9
14018 Chemnitz (Land)	100	6,1	58,6	35,3
14029 Görlitz (Land)	100	2,7	63,5	33,8
14058 Zwickau (Land)	100	5,7	62,2	32,1
15113 Bitterfeld (Land)	100	2,4	59,7	37,9
15202 Halle (Stadt)	100	2,8	43,2	54
15235 Saalkreis	100	7,4	60,2	32,4
16001 Erfurt (Stadt)	100	1,8	48,5	49,7
16018 Erfurt (Land)	100	9,7	60,4	29,9

Quelle: KSPW-Regionaldatenbank

Tabelle 75: **Anteil weiblicher Erwerbstätiger nach Stellung im Beruf 1990 (in %)**

RKZ Name	Selbständige	Arbeiter	Angestellte/ Beamte
11001 Berlin (West)	26,1	32,5	52,4
11002 Berlin (Ost)	32,8	26,7	61,5
12001 Brandenburg (Stadt)	40,1	29	68,8
12017 Brandenburg (Land)	37,9	31,4	73
13002 Neubrandenburg (Stadt)	32,6	24,2	66,5
13003 Rostock (Stadt)	31,2	25,2	63,9
13025 Neubrandenburg (Land)	36,1	44,5	59
13031 Rostock (Land)	31,6	34,1	71,3
15113 Bitterfeld (Land)	37	32,5	62,3
15202 Halle (Stadt)	35,5	32,4	63
15235 Saalkreis	35,8	29,5	71,4
16001 Erfurt (Stadt)	33,9	32,9	63,8
16018 Erfurt (Land)	38,4	36,4	72,5

Quelle: KSPW-Regionaldatenbank

Tabelle 76: Erwerbstätige nach Wirtschaftsbereichen 1990

RKZ	Name	Insgesamt	Land- u. Forstwirtschaft	Industrie	Baugewerbe	Handel/ Verkehr	Dienst-leistungen	Staat/private Organisa-tionen
11001	Berlin (West)	974400	6200	293200	•	179200	221800	264000
11002	Berlin (Ost)	762000	6200	240600	•	164500	107400	243400
12001	Brandenburg (Stadt)	44462	463	16211	5098	10627	2098	9965
12017	Brandenburg (Land)	9513	3483	2063	1453	590	447	1477
13002	Neubrandenburg (Stadt)	55492	339	18046	8845	9959	6164	12139
13003	Rostock (Stadt)	144161	4277	42069	•	48366	49449	•
13025	Neubrandenburg (Land)	10977	4396	1310	1238	1477	697	1859
13031	Rostock (Land)	14089	5813	2327	•	1528	4421	•
14001	Chemnitz (Stadt)	165079	722	69326	11927	28495	20454	34155
14003	Görlitz (Stadt)	34518	197	14644	1793	7401	2000	8483
14006	Zwickau (Stadt)	62959	105	25233	5520	16631	4698	10772
14014	Bautzen (Land)	57738	5248	25337	5772	8876	2077	10428
14018	Chemnitz (Land)	39790	3644	22990	3065	4050	1643	4398
14029	Görlitz (Land)	16491	2846	9906	717	1124	232	1666
14058	Zwickau (Land)	27608	2611	15721	1990	2137	1002	4147
15113	Bitterfeld (Land)	71358	2633	45800	4314	8446	2012	8153
15202	Halle (Stadt)	149463	1950	39228	12063	35113	16803	44306
15235	Saalkreis	20624	5711	6929	1433	2068	647	3836
16001	Erfurt (Stadt)	117784	3275	40189	7302	25992	11551	29475
16018	Erfurt (Land)	11090	3730	1884	989	1357	660	2470

Ergebnisse der Berufstätigenerhebung 30.11. 1990 (außer Berlin)
Berlin: Jahresdurchschnitt
Berlin/Rostock: Industrie (einschl. Baugewerbe)
Rostock: Dienstleistungen (einschl. Staat/private Organisationen)
Quelle: KSPW-Regionaldatenbank

Tabelle 77: Erwerbstätige nach Wirtschaftsbereichen 1990 (in %)

RKZ	Name	Insgesamt	Land- u. Forstwirtschaft	Industrie	Baugewerbe	Handel/ Verkehr	Dienstleistungen	Staat/private Organisationen
11001	Berlin (West)	100	0,6	30,1	•	18,4	22,8	28,1
11002	Berlin (Ost)	100	0,8	31,6	•	21,6	14,1	31,9
12001	Brandenburg (Stadt)	100	1	36,5	11,5	23,9	4,7	22,4
12017	Brandenburg (Land)	100	36,6	21,7	15,3	6,2	4,7	15,5
13002	Neubrandenburg (Stadt)	100	0,6	32,5	15,9	17,9	11,1	22
13003	Rostock (Stadt)	100	3	29,2	•	33,5	34,3	•
13025	Neubrandenburg (Land)	100	40	11,9	11,3	13,4	6,3	17,1
13031	Rostock (Land)	100	41,2	16,5	•	10,8	31,5	•
14001	Chemnitz (Stadt)	100	0,4	42	7,2	17,3	12,4	20,7
14003	Görlitz (Stadt)	100	0,6	42,4	5,2	21,4	5,8	24,6
14006	Zwickau (Stadt)	100	0,2	40,2	8,8	26,4	7,5	16,9
14014	Bautzen (Land)	100	9,1	43,9	10	15,4	3,6	18
14018	Chemnitz (Land)	100	9,2	57,8	8,1	10,1	4	10,9
14029	Görlitz (Land)	100	17,2	60,1	4,3	6,8	1,4	10,2
14058	Zwickau (Land)	100	9,4	56,9	7,2	7,7	3,6	15,2
15113	Bitterfeld (Land)	100	3,7	64,2	6	11,8	2,8	11,5
15202	Halle (Stadt)	100	1,3	26,2	8,1	23,5	11,2	29,7
15235	Saalkreis	100	27,7	33,6	6,9	10	3,1	18,7
16001	Erfurt (Stadt)	100	2,8	34,1	6,2	22,1	9,8	25
16018	Erfurt (Land)	100	33,6	17	8,9	12,2	6	22,3

Quelle: KSPW-Regionaldatenbank

Tabelle 78: Anteil weiblicher Erwerbstätiger nach Wirtschaftsbereichen 1990 (in %)

RKZ	Name	Insgesamt	Land- u. Forstwirtschaft	Industrie	Baugewerbe	Handel/ Verkehr	Dienstleistungen	Staat/private Organisationen
11001	Berlin (West)	43,5	33,3	31,4	10,5	44,2	55,5	44,7
11002	Berlin (Ost)	47,7	49,2	35,4	13,3	50,8	54,8	60,7
12001	Brandenburg (Stadt)	48	56,8	38,6	14	53,2	66,5	74,9
12017	Brandenburg (Land)	42,8	36,7	40,4	14,1	57,8	52,3	79,3
13002	Neubrandenburg (Stadt)	44,9	49	32,2	19,2	52,3	59,3	69
13003	Rostock (Stadt)	44,7	9,9	28,7	•	37,5	68,3	•
13025	Neubrandenburg (Land)	49,3	36,2	32	13,6	85,9	69,2	81,5
13031	Rostock (Land)	48,5	35,8	21,2	•	68,4	72,5	•
14001	Chemnitz (Stadt)	44,4	52,4	36,5	13,5	42	59,8	64,3
14003	Görlitz (Stadt)	51,7	60,9	45,2	10,9	53	57,6	67,1
14006	Zwickau (Stadt)	45,1	24,8	37,1	17,4	48,8	68,8	62,5
14014	Bautzen (Land)	44,5	36,7	36,8	12,3	54,8	66,4	73,3
14018	Chemnitz (Land)	49,6	39,8	49	13	59,2	61,5	73,2
14029	Görlitz (Land)	32,3	34,8	20,8	14,5	61,3	67,2	80,4
14058	Zwickau (Land)	45,6	37,1	41,1	13,5	53,7	53,4	75,3
15113	Bitterfeld (Land)	43,9	40,6	38,4	10,9	55,7	58,6	77,7
15202	Halle (Stadt)	49	59,1	37,6	16,3	51,4	56,1	62,9
15235	Saalkreis	43,5	38,5	29,3	10,5	59,1	49,9	79,7
16001	Erfurt (Stadt)	48,3	56,3	39,7	11,1	48,4	63,4	68
16018	Erfurt (Land)	47,4	42,6	38,3	12,6	61,2	50,4	77,5

Ergebnisse der Berufstätigenerhebung 30.11.1990

Quelle: KSPW-Regionaldatenbank

Berlin (West): Angaben lt. Mikrozensus April 1990

Tabelle 79: Anteil weiblicher Erwerbstätiger nach Wirtschaftsbereichen 1993 (in %)

RKZ	Name	Insgesamt	Land- u. Forstwirtschaft	Industrie	Baugewerbe	Handel/ Verkehr	Dienstleistungen	Staat/private Organisationen
11001	Berlin (West)	44,1	0	28,4	11,1	43,7	55	53,1
11002	Berlin (Ost)	46,3	0	23,2	11,6	47,1	62,8	56,9
12001	Brandenburg (Stadt)	46,8	40,4	24,3	9,4	48,3	74,1	62,1
14001	Chemnitz (Stadt)	46,7	39,6	29,8	15,3	47,2	58,7	64,3
14003	Görlitz (Stadt)	50,5	71,6	28	7,9	53,9	74,4	69,3
14006	Zwickau (Stadt)	47,8	37	34	9,6	45,6	63,2	70,2
14014	Bautzen (Land)	44,7	37,6	31,2	9,6	50,1	65,9	66,7
14018	Chemnitz (Land)	43,2	43,5	38,4	9,1	48,3	66,1	61,2
14029	Görlitz (Land)	33,2	33,3	23,2	6,9	39,4	75,9	64,9
14058	Zwickau (Land)	35,1	41,9	23,3	8,9	43,2	67,4	73,4

Quelle: Statistische Landesämter

Berlin: Angaben lt. Mikrozensus April 1993

Tabelle 80: Erwerbstätige nach Wirtschaftsbereichen 1993

RKZ	Name	Insgesamt	Land- u. Forstwirtschaft	Industrie	Baugewerbe	Handel/ Verkehr	Dienstleistungen	Staat/private Organisationen
11001	Berlin (West)	1048000	7700	280500	•	211800	277700	270300
11002	Berlin (Ost)	533300	2500	123000	•	102300	127500	178000
12001	Brandenburg (Stadt)	37055	245	8138	5062	7027	8847	7736
13002	Neubrandenburg (Stadt)	47900	400	13200	•	8200	11600	14500
13003	Rostock (Stadt)	122300	1500	33300	•	29300	24800	33500
13025	Neubrandenburg (Land)	6100	800	1500	•	900	700	2200
13031	Rostock (Land)	12700	1200	3500	•	2200	2100	3800
14001	Chemnitz (Stadt)	148870	432	30332	16277	32537	38622	30670
14003	Görlitz (Stadt)	23907	134	6205	2310	5157	5950	4151
14006	Zwickau (Stadt)	50222	170	11807	4974	11999	13515	7757
14014	Bautzen (Land)	43526	1613	11219	6908	6817	8819	8150
14018	Chemnitz (Land)	30523	1006	10859	4271	6717	4942	2728
14029	Görlitz (Land)	7729	1015	2736	1480	878	823	797
14058	Zwickau (Land)	21179	754	8504	3832	3171	3109	1809
15113	Bitterfeld (Land)	51653	1048	24460	•	6762	12566	6817
15202	Halle (Stadt)	145115	724	43781	•	31489	28132	40989
15235	Saalkreis	17427	967	6802	•	4137	2335	3186
16001	Erfurt (Stadt)	126410	1926	36226	•	26500	29204	32554
16018	Erfurt (Land)	11610	2976	2435	•	2253	1306	2641

Außer Brandenburg/Sachsen Erwerbstätige (Jahresdurchschnitt)
Brandenburg (30.9.), Sachsen (30.6.): Sozialversicherungsplichtig beschäftigte Arbeitnehmer
Berlin, Neubrandenburg, Rostock, Bitterfeld, Halle, Saalkreis, Erfurt: Industrie (einschl. Baugewerbe)
Erfurt (Land): 1991
Quelle: Statistische Landesämter

Tabelle 81: Erwerbstätige nach Wirtschaftsbereichen 1993 (in %)

RKZ	Name	Insgesamt	Land- u. Forstwirtschaft	Industrie	Baugewerbe	Handel/ Verkehr	Dienstleistungen	Staat/private Organisationen
11001	Berlin (West)	100	0,7	26,8	•	20,2	26,5	25,8
11002	Berlin (Ost)	100	0,5	23,1	•	19,2	23,9	33,3
12001	Brandenburg (Stadt)	100	0,7	22	13,7	19	22	22,6
13002	Neubrandenburg (Stadt)	100	0,8	27,6	•	17,1	24,2	30,3
13003	Rostock (Stadt)	100	1,2	27,2	•	24	20,3	27,3
13025	Neubrandenburg (Land)	100	13,1	24,6	•	14,8	11,5	36
13031	Rostock (Land)	100	9,4	27,5	•	17,3	16,5	29,3
14001	Chemnitz (Stadt)	100	0,3	20,4	10,9	21,8	25,9	20,7
14003	Görlitz (Stadt)	100	0,6	26	9,7	21,6	24,9	17,2
14006	Zwickau (Stadt)	100	0,3	23,5	9,9	23,9	26,9	15,5
14014	Bautzen (Land)	100	3,7	25,8	15,9	15,7	20,3	18,6
14018	Chemnitz (Land)	100	3,3	35,6	14	22	16,2	8,9
14029	Görlitz (Land)	100	13,1	35,4	19,1	11,4	10,6	10,4
14058	Zwickau (Land)	100	3,6	40,2	18,1	15	14,7	8,4
15113	Bitterfeld (Land)	100	2	47,4	•	13,1	24,3	13,2
15202	Halle (Stadt)	100	0,5	30,2	•	21,7	19,4	28,2
15235	Saalkreis	100	5,5	39	•	23,7	13,4	18,4
16001	Erfurt (Stadt)	100	1,5	28,6	•	21	23,1	25,8
16018	Erfurt (Land)	100	25,6	21	•	19,4	11,2	22,8

Quelle: Statistische Landesämter

Tabelle 82: **Erwerbstätige nach Wirtschaftssektoren 1990 (in %)**

RKZ Name	primärer Sektor	sekundärer Sektor	tertiärer Sektor	dar.: ohne Staat
11001 Berlin (West)	0,6	30,1	69,3	41,2
11002 Berlin (Ost)	0,8	31,6	67,6	35,7
12001 Brandenburg (Stadt)	1	48	51	28,6
12017 Brandenburg (Land)	36,6	37	26,4	10,9
13002 Neubrandenburg (Stadt)	0,6	48,4	51	29
13003 Rostock (Stadt)	3	29,2	67,8	•
13025 Neubrandenburg (Land)	40	23,2	36,8	19,3
13031 Rostock (Land)	41,2	16,5	42,3	•
14001 Chemnitz (Stadt)	0,4	49,2	50,4	29,7
14003 Görlitz (Stadt)	0,6	47,9	51,5	27,2
14006 Zwickau (Stadt)	0,2	49	50,8	33,9
14014 Bautzen (Land)	9,1	53,9	37	19
14018 Chemnitz (Land)	9,2	65,9	24,9	14,1
14029 Görlitz (Land)	17,2	64,4	18,4	8,2
14058 Zwickau (Land)	9,4	64,1	26,5	11,3
15113 Bitterfeld (Land)	3,7	70,2	26,1	14,6
15202 Halle (Stadt)	1,3	34,3	64,4	34,7
15235 Saalkreis	27,7	40,5	31,8	13,1
16001 Erfurt (Stadt)	2,8	40,3	56,9	31,9
16018 Erfurt (Land)	33,6	25,9	40,5	18,2

Primärer Sektor: Land- und Forstwirtschaft, Tierhaltung und Fischerei;

sekundärer Sektor: Produzierendes Gewerbe;

tertiärer Sektor: übrige Wirtschaftsbereiche

Quelle: KSPW-Regionaldatenbank

Tabelle 83: **Erwerbstätige nach Wirtschaftssektoren 1993 (in %)**

RKZ Name	primärer Sektor	sekundärer Sektor	tertiärer Sektor	dar.: ohne Staat
11001 Berlin (West)	0,7	26,8	72,5	45,7
11002 Berlin (Ost)	0,5	23,1	76,4	43,1
12001 Brandenburg (Stadt)	0,7	35,7	63,6	41
13002 Neubrandenburg (Stadt)	0,8	27,6	71,6	41,3
13003 Rostock (Stadt)	1,2	27,2	71,6	44,3
13025 Neubrandenburg (Land)	13,1	24,6	62,3	26,3
13031 Rostock (Land)	9,4	27,5	63,1	33,8
14001 Chemnitz (Stadt)	0,3	31,3	68,4	47,7
14003 Görlitz (Stadt)	0,6	35,7	63,7	46,5
14006 Zwickau (Stadt)	0,3	33,4	66,3	50,8
14014 Bautzen (Land)	3,7	41,7	54,6	36
14018 Chemnitz (Land)	3,3	49,6	47,1	38,2
14029 Görlitz (Land)	13,1	54,5	32,4	22
14058 Zwickau (Land)	3,6	58,3	38,1	29,7
15113 Bitterfeld (Land)	2	47,4	50,6	37,4
15202 Halle (Stadt)	0,5	30,2	69,3	41,1
15235 Saalkreis	5,5	39	55,5	37,1
16001 Erfurt (Stadt)	1,5	28,6	69,9	44,1
16018 Erfurt (Land)	25,6	21	53,4	30,6

Erfurt (Land): 1991

Quelle: Statistische Landesämter

Tabelle 84: Erwerbstätige nach Wirtschaftssektoren pro 1.000 Einwohner 1990

RKZ Name	primärer Sektor	sekundärer Sektor	tertiärer Sektor	dar.: ohne Staat	insgesamt
11001 Berlin (West)	3	136	313	186	452
11002 Berlin (Ost)	5	188	404	213	597
12001 Brandenburg (Stadt)	5	237	253	141	495
12017 Brandenburg (Land)	97	98	70	29	265
13002 Neubrandenburg (Stadt)	4	301	317	180	622
13003 Rostock (Stadt)	17	170	394		581
13025 Neubrandenburg (Land)	165	96	152	82	413
13031 Rostock (Land)	153	61	157		371
14001 Chemnitz (Stadt)	2	276	283	166	561
14003 Görlitz (Stadt)	3	228	247	130	478
14006 Zwickau (Stadt)	1	268	277	186	546
14014 Bautzen (Land)	43	257	178	91	478
14018 Chemnitz (Land)	38	269	103	59	410
14029 Görlitz (Land)	104	387	110	49	601
14058 Zwickau (Land)	33	225	93	40	351
15113 Bitterfeld (Land)	22	418	155	87	595
15202 Halle (Stadt)	6	165	311	167	482
15235 Saalkreis	89	130	103	42	322
16001 Erfurt (Stadt)	16	227	320	180	563
16018 Erfurt (Land)	81	62	97	44	240

Quelle: KSPW-Regionaldatenbank

Tabelle 85: Erwerbstätige nach Wirtschaftssektoren pro 1.000 Einwohner 1993

RKZ Name	primärer Sektor	sekundärer Sektor	tertiärer Sektor	dar.: ohne Staat	insgesamt
11001 Berlin (West)	4	129	349	225	482
11002 Berlin (Ost)	2	95	313	177	410
12001 Brandenburg (Stadt)	3	148	265	178	416
13002 Neubrandenburg (Stadt)	5	154	401	231	560
13003 Rostock (Stadt)	6	140	369	228	515
13025 Neubrandenburg (Land)	30	57	143	60	230
13031 Rostock (Land)	31	91	210	112	332
14001 Chemnitz (Stadt)	2	166	362	253	530
14003 Görlitz (Stadt)	2	122	220	160	344
14006 Zwickau (Stadt)	2	155	308	236	465
14014 Bautzen (Land)	10	111	146	96	267
14018 Chemnitz (Land)	7	100	95	77	202
14058 Zwickau (Land)	5	85	57	44	147
15113 Bitterfeld (Land)	9	205	219	162	433
15202 Halle (Stadt)	2	148	341	202	491
15235 Saalkreis	15	105	150	100	270
16001 Erfurt (Stadt)	9	178	435	274	622
16018 Erfurt (Land)	64	53	135	77	252

Erfurt (Land): 1991

Quelle: KSPW-Regionaldatenbank

Tabelle 86: **Frauenanteil an Erwerbstätigen insgesamt (in %)**

RKZ	Name	1990	1993
11001	Berlin (West)	43,5	44,2
11002	Berlin (Ost)	47,7	46,8
12001	Brandenburg (Stadt)	48	46,8
13002	Neubrandenburg (Stadt)	44,9	47,5
13003	Rostock (Stadt)	44,7	46,7
13025	Neubrandenburg (Land)	49,3	35,6
13031	Rostock (Land)	48,5	38,1
14001	Chemnitz (Stadt)	44,4	46,7
14003	Görlitz (Stadt)	51,7	50,6
14006	Zwickau (Stadt)	45,1	47,8
14014	Bautzen (Land)	44,5	44,7
14018	Chemnitz (Land)	49,6	43,2
14029	Görlitz (Land)	32,3	33,2
14058	Zwickau (Land)	45,6	35,1
16001	Erfurt (Stadt)	48,3	47,5
16018	Erfurt (Land)	47,4	34,1

1990: Relationen lt. Berufstätigenerhebung (Berlin-West: Mikrozensus)

1993: Berlin lt. Mikrozensus
Neubrandenburg (Stadt)/Rostock (Stadt): Erwerbstätige (Jahresdurchschnitt)
übrige Regionen: Sozialversicherungspflichtig beschäftigte Arbeitnehmer (Arbeitsortsprinzip)
Erfurt 1992

Quelle: KPW-Regionaldatenbank, Statistische Landesämter

Tabelle 87: Saldo der Gewerbean- und -abmeldungen pro 1.000 Einwohner und absolut sowie nach Sektoren (in %) 1991

RKZ	Name	Saldo pro 1.000 Einw.	Saldo (absolut)	Industrie	Handwerk	Handel	Sonstige	gesamt
11001	Berlin (West)	2,6	5713	•	•	•	•	•
11002	Berlin (Ost)	10,6	13603	•	•	•	•	•
12001	Brandenburg (Stadt)	11,1	981	8	3,6	36,7	51,7	100
12017	Brandenburg (Land)	13,3	471	6,8	5,3	40,6	47,3	100
13002	Neubrandenburg (Stadt)	11,8	1033	2	9,7	43,5	44,8	100
13003	Rostock (Stadt)	11,8	2886	1,6	7,9	46,4	44,1	100
13025	Neubrandenburg (Land)	15,3	400	0,8	12,5	50,2	36,5	100
13031	Rostock (Land)	13,6	511	1,8	12,1	47,4	38,7	100
14001	Chemnitz (Stadt)	15,3	4397	4,1	5,5	37,8	52,6	100
14003	Görlitz (Stadt)	12,4	877	3,1	9,2	48,2	39,5	100
14006	Zwickau (Stadt)	9,4	1062	3	7,1	45,3	44,6	100
14014	Bautzen (Land)	11,4	1356	2,6	6,8	44,9	45,7	100
14018	Chemnitz (Land)	13,4	1270	6,4	2,8	51,7	39,1	100
14029	Görlitz (Land)	12,7	342	5	4,4	49,4	41,2	100
14058	Zwickau (Land)	10,3	924	7,6	3,9	47	41,5	100
15113	Bitterfeld (Land)	11,4	1338	1,8	13,5	40,7	44	100
15202	Halle (Stadt)	10,7	3238	2,2	6,2	41,7	49,9	100
15235	Saalkreis	12,8	808	2	13,4	44,7	39,9	100
16001	Erfurt (Stadt)	12,9	2650	2,1	12,4	30,3	55,2	100
16018	Erfurt (Land)	15,1	696	3,3	15,9	41,7	39,1	100

Quelle: KSPW-Regionaldatenbank

Tabelle 88: Saldo der Gewerbean- und -abmeldungen pro 1.000 Einwohner und absolut sowie nach Sektoren (in %) 1992

RKZ	Name	Saldo pro 1.000 Einw.	Saldo (absolut)	Industrie	Handwerk	Handel	Sonstige	gesamt
11001	Berlin (West)	2,2	4723	•	•	•	•	•
11002	Berlin (Ost)	7,2	9171	3,5	18,6	37,7	40,2	100
12001	Brandenburg (Stadt)	6,7	598	7,7	9,4	38	44,9	100
12017	Brandenburg (Land)	7,4	262	13	11,8	46,9	28,3	100
13002	Neubrandenburg (Stadt)	4,4	390	6,2	14,9	59	19,9	100
13003	Rostock (Stadt)	8,6	2108	3,1	12	43,4	41,5	100
13025	Neubrandenburg (Land)	5,8	151	4,6	21,8	38,4	35,2	100
13031	Rostock (Land)	7,3	275	1,8	27,6	37,8	32,8	100
14001	Chemnitz (Stadt)	6,7	1935	11,5	5,5	35,9	47,1	100
14003	Görlitz (Stadt)	5,6	392	7,1	12,8	73,2	6,9	100
14006	Zwickau (Stadt)	6,9	772	10,4	8,8	39,5	41,3	100
14014	Bautzen (Land)	4,5	532	8,6	15,4	29,7	46,3	100
14018	Chemnitz (Land)	7,3	687	6,6	15,4	37	41	100
14029	Görlitz (Land)	4,8	130	1,5	12,3	36,2	50	100
14058	Zwickau (Land)	6,1	474	12	15,6	36,1	36,3	100
15113	Bitterfeld (Land)	8,3	977	3,6	20,2	32,8	43,4	100
15202	Halle (Stadt)	7,8	2376	2,6	11,5	37,6	48,3	100
15235	Saalkreis	8,5	535	6	19,4	26,9	47,7	100
16001	Erfurt (Stadt)	4,8	981	6,2	5,6	33,2	55	100
16018	Erfurt (Land)	8,7	400	10,5	6,2	30,2	53,1	100

Quelle: KSPW-Regionaldatenbank

Tabelle 89: Saldo der Gewerbean- und -abmeldungen pro 1.000 Einwohner und absolut sowie nach Sektoren (in %) 1993

RKZ	Name	Saldo pro 1.000 Einw.	Saldo (absolut)	Industrie	Handwerk	Handel	Sonstige	gesamt
11001	Berlin (West)	2,2	4865	•	•	•	•	•
11002	Berlin (Ost)	6,9	9002	•	•	•	•	•
12001	Brandenburg (Stadt)	3,2	289	2,4	17,3	48,1	32,2	100
12017	Brandenburg (Land)	2,1	188	•	•	•	•	•
13002	Neubrandenburg (Stadt)	5	430	5,8	12,1	51,6	30,5	100
13003	Rostock (Stadt)	6,7	1581	3,5	16,2	46,9	33,4	100
13025	Neubrandenburg (Land)	4,6	121	•	•	•	•	•
13031	Rostock (Land)	5,2	199	•	•	•	•	•
14001	Chemnitz (Stadt)	5,5	1548	5,9	6,3	39,4	48,4	100
14003	Görlitz (Stadt)	4,4	294	11,2	10,2	34,4	44,2	100
14006	Zwickau (Stadt)	5,1	546	12,1	12,3	32,6	43	100
14014	Bautzen (Land)	5	588	12,2	6	38,1	43,7	100
14018	Chemnitz (Land)	8,4	787	10,4	5,7	40,3	43,6	100
14029	Görlitz (Land)	3,4	91	16,5	14,3	44	25,2	100
14058	Zwickau (Land)	6,9	534	21,2	10,9	29	38,9	100
15113	Bitterfeld (Land)	6,8	791	9,6	17,7	32,7	40	100
15202	Halle (Stadt)	3,6	1058	3	21,7	24	51,3	100
15235	Saalkreis	5,8	367	4,4	20,4	25,9	49,3	100
16001	Erfurt (Stadt)	4,5	911	7,4	9,8	26,3	56,5	100
16018	Erfurt (Land)	4,8	227	4,4	4,4	44	47,2	100

Quelle: KSPW-Regionaldatenbank

Ausgewählte Wirtschaftsindikatoren

Tabelle 90: **Ausgewählte Wirtschaftsindikatoren für das Bauhauptgewerbe 1991**

RKZ Name	Anzahl Betriebe	Beschäftige je Betrieb	Umsatz (Mio. DM)	Umsatz je Betrieb (Mio. DM)	Umsatz je Beschäftigten (TDM)
11001 Berlin (West)	2458	16	565	0,2	14,8
11002 Berlin (Ost)	286	78	155	0,5	7
12001 Brandenburg (Stadt)	20	185	16	0,8	4,3
12017 Brandenburg (Land)	34	29	4	0,1	4
13002 Neubrandenburg (Stadt)	16	327	308	19,2	58,8
13003 Rostock (Stadt)	20	184	394	19,7	107,1
13025 Neubrandenburg (Land)	5	139	32	6,4	46
13031 Rostock (Land)	6	71	29	4,8	68,1
14001 Chemnitz (Stadt)	31	166	490	15,8	95,5
14003 Görlitz (Stadt)	4	234	128	32	136,4
14006 Zwickau (Stadt)	10	337	195	19,4	57,7
14014 Bautzen (Land)	21	156	284	13,5	86,3
14018 Chemnitz (Land)	11	70	54	4,9	69,9
14029 Görlitz (Land)	7	64	30	4,3	67,6
14058 Zwickau (Land)	8	122	79	9,9	80,5
15113 Bitterfeld (Land)	18	182	•	•	•
15202 Halle (Stadt)	24	232	•	•	•
15235 Saalkreis	7	62	•	•	•
16001 Erfurt (Stadt)	23	125	•	•	•
16018 Erfurt (Land)	1	•	•	•	•

Betriebe mit mehr als 20 Beschäftigten

Berlin (West): einschl. Arbeitsstätten

Quelle: KSPW-Regionaldatenbank

Tabelle 91: **Ausgewählte Wirtschaftsindikatoren für das Bauhauptgewerbe 1992**

RKZ Name	Anzahl Betriebe	Beschäftige je Betrieb	Umsatz (Mio. DM)	Umsatz je Betrieb (Mio. DM)	Umsatz je Beschäftigten (TDM)
11001 Berlin (West)	2657	17	735	0,3	17,4
11002 Berlin (Ost)	545	40	232	0,4	10,6
12001 Brandenburg (Stadt)	25	202	34	1,4	6,7
12017 Brandenburg (Land)	36	28	10	0,3	9,8
13002 Neubrandenburg (Stadt)	18	196	374	20,8	105,8
13003 Rostock (Stadt)	32	111	696	21,8	196
13025 Neubrandenburg (Land)	6	94	51	8,5	90,1
13031 Rostock (Land)	11	42	76	6,9	165,6
14001 Chemnitz (Stadt)	44	103	541	12,3	11,9
14003 Görlitz (Stadt)	5	192	91	18,1	94,1
14006 Zwickau (Stadt)	15	160	199	13,3	83,2
14014 Bautzen (Land)	28	109	320	11,4	105,3
14018 Chemnitz (Land)	20	54	132	6,6	121,8
14029 Görlitz (Land)	9	60	50	5,5	90,8
14058 Zwickau (Land)	20	62	159	7,9	128,3
15113 Bitterfeld (Land)	34	105	•	•	•
15202 Halle (Stadt)	53	114	•	•	•
15235 Saalkreis	13	68	•	•	•
16001 Erfurt (Stadt)	41	102	552	13,5	131,2
16018 Erfurt (Land)	7	45	58	8,3	184,7

Betriebe mit mehr als 20 Beschäftigten

Berlin (West): einschl. Arbeitsstätten

Quelle: KSPW-Regionaldatenbank

Tabelle 92: **Bruttolohn- und -gehaltssumme je Beschäftigten (in DM) und Anteil der Bruttolohn- und -gehaltssumme am Umsatz (in %) im Bauhauptgewerbe 1991-1993**

RKZ Name	1991	1992	1993	1991	1992	1993
11001 Berlin (West)	46104	50112	52920	25,9	24	25,3
11002 Berlin (Ost)	30396	40872	43776	36,4	32,1	31
12001 Brandenburg (Stadt)	22414	27807	32194	52,2	41,2	24,6
12017 Brandenburg (Land)	18480	25172	•	45,3	26,3	•
14001 Chemnitz (Stadt)	26524	36240	37785	27,8	30,4	27,2
14003 Görlitz (Stadt)	22287	32817	33448	20	34,9	32,1
14006 Zwickau (Stadt)	25662	31879	36577	44,5	38,3	31,2
14014 Bautzen (Land)	24590	31746	33769	28,5	30,2	28,2
14018 Chemnitz (Land)	25234	34926	33840	36,1	28,6	27,4
14029 Görlitz (Land)	28101	33508	•	41,7	37	•
14058 Zwickau (Land)	28162	34380	34310	35	26,8	23,8
15113 Bitterfeld (Land)	•	•	37027	•	•	28,2
15202 Halle (Stadt)	•	•	39065	•	•	26,6
15235 Saalkreis	•	•	42237	•	•	26
16001 Erfurt (Stadt)	•	37959	41811	•	28,8	22,3
16018 Erfurt (Land)	•	37997	39692	•	20,6	22,3

Werte für Berlin basieren auf Angaben für Monat Juni des jeweiligen Jahres

Quelle: KSPW-Regionaldatenbank

Tabelle 93: **Ausgewählte Wirtschaftsindikatoren für die Industrie 1991**

RKZ	Name	Anzahl Betriebe	Beschäftige je Betrieb	Umsatz (in Mio. DM)	Exportquote (in %)	Umsatz je Betrieb (in Mio. DM)	Umsatz je Beschäftigten (in TDM)
11001	Berlin (West)	1141	155	61579	10,1	54	348,8
11002	Berlin (Ost)	384	251	5257	13,7	13,7	54,5
12001	Brandenburg (Stadt)	33	429	895	14,8	27,1	63,2
12017	Brandenburg (Land)	9	57	24	0	2,7	56,6
13002	Neubrandenburg (Stadt)	29	298	389	•	13,4	45,1
13003	Rostock (Stadt)	31	835	1202	•	38,8	46,4
13025	Neubrandenburg (Land)	8	56	37	•	4,6	82,4
13031	Rostock (Land)	7	235	237	•	33,8	144,2
14001	Chemnitz (Stadt)	142	338	1905	16,1	13,4	39,7
14003	Görlitz (Stadt)	33	295	599	28,5	18,2	61,6
14006	Zwickau (Stadt)	49	343	963	7,3	19,6	57,2
14014	Bautzen (Land)	57	319	934	11,7	16,4	51,3
14018	Chemnitz (Land)	89	161	502	25,1	5,6	35
14029	Görlitz (Land)	6	538	222	0	37	68,8
14058	Zwickau (Land)	40	224	354	37,3	8,8	39,5
15113	Bitterfeld (Land)	34	1016	1494	18	43,9	43,2
15202	Halle (Stadt)	101	221	1828	45,1	18,1	81,9
15235	Saalkreis	36	142	306	2,3	8,5	59,8
16001	Erfurt (Stadt)	79	348	1184	19,4	15	43,1
16018	Erfurt (Land)	11	42	37	0,7	3,4	81

Betriebe mit mehr als 20 Beschäftigten

Berlin: Verarbeitendes Gewerbe

Quelle: KSPW-Regionaldatenbank

Tabelle 94: Ausgewählte Wirtschaftsindikatoren für die Industrie 1992

RKZ Name	Anzahl Betriebe	Beschäftige je Betrieb	Umsatz (in Mio. DM)	Exportquote (in %)	Umsatz je Betrieb (in Mio. DM)	Umsatz je Beschäftigten (in TDM)
11001 Berlin (West)	1139	148	59824	10,9	52,5	354,1
11002 Berlin (Ost)	374	139	4974	10,2	13,3	95,6
12001 Brandenburg (Stadt)	35	237	802	11,9	22,9	96,7
12017 Brandenburg (Land)	10	38	32	0,1	3,2	83,6
13002 Neubrandenburg (Stadt)	16	139	329	•	20,6	148,1
13003 Rostock (Stadt)	37	321	1372	•	37,1	115,6
13025 Neubrandenburg (Land)	8	34	32	•	4	117,6
13031 Rostock (Land)	7	109	213	•	30,4	279,5
14001 Chemnitz (Stadt)	112	223	1930	11,9	17,2	77,2
14003 Görlitz (Stadt)	25	226	598	52,2	23,9	105,9
14006 Zwickau (Stadt)	46	221	886	5,2	19,3	87,2
14014 Bautzen (Land)	51	182	901	12,3	17,7	96,9
14018 Chemnitz (Land)	73	104	560	22,8	7,7	73,7
14029 Görlitz (Land)	4	64	41	0	10,2	160,2
14058 Zwickau (Land)	25	242	1374	30,8	55	227,3
15113 Bitterfeld (Land)	32	432	1012	18	31,6	73,3
15202 Halle (Stadt)	102	155	2286	•	22,4	144,7
15235 Saalkreis	38	89	289	10,8	7,6	85,2
16001 Erfurt (Stadt)	59	214	1011	8,6	17,1	80,1
16018 Erfurt (Land)	9	27	43	0,4	4,8	179,2

Betriebe mit mehr als 20 Beschäftigten

Berlin: Verarbeitendes Gewerbe

Quelle: KSPW-Regionaldatenbank

Tabelle 95: **Ausgewählte Wirtschaftsindikatoren für die Industrie 1993**

RKZ Name	Anzahl Betriebe	Beschäftige je Betrieb	Umsatz (in Mio. DM)	Exportquote (in %)	Umsatz je Betrieb (in Mio. DM)	Umsatz je Beschäftigten (in TDM)
11001 Berlin (West)	1071	142	56013	11,9	52,3	369,2
11002 Berlin (Ost)	353	113	4918	14,1	13,9	122,9
12001 Brandenburg (Stadt)	35	194	885	5,1	25,3	130
13002 Neubrandenburg (Stadt)	21	94	325	•	15,5	164,6
13003 Rostock (Stadt)	44	234	1494	•	34	145,2
13025 Neubrandenburg (Land)	8	36	35	•	4,4	120,7
13031 Rostock (Land)	6	103	271	•	45,2	438,5
14001 Chemnitz (Stadt)	116	151	2287	24,7	19,7	130,3
14003 Görlitz (Stadt)	22	202	629	15,7	28,6	141,5
14006 Zwickau (Stadt)	46	173	643	8,2	14	80,7
14014 Bautzen (Land)	81	113	1268	16,1	15,6	138,3
14018 Chemnitz (Land)	88	79	685	9,5	7,8	98,4
14058 Zwickau (Land)	50	176	2110	36,2	42,2	240,4
15113 Bitterfeld (Land)	46	238	1070	9,4	23,3	97,8
15202 Halle (Stadt)	103	149	2247	•	21,8	146,7
15235 Saalkreis	35	65	289	2,6	8,2	127
16001 Erfurt (Stadt)	64	144	1235	17	19,3	134,4
16018 Erfurt (Land)	13	33	92	0,4	7,1	216

Betriebe mit mehr als 20 Beschäftigten

Berlin: Verarbeitendes Gewerbe

Quelle: Statistische Landesämter

Tabelle 96: **Beschäftigte in der Industrie pro 1.000 Einwohner 1991-1993**

RKZ	Name	1991	1992	1993
11001	Berlin (West)	82	78	70
11002	Berlin (Ost)	75	40	31
12001	Brandenburg (Stadt)	159	94	76
12017	Brandenburg (Land)	14	11	•
13002	Neubrandenburg (Stadt)	98	25	23
13003	Rostock (Stadt)	106	49	43
13025	Neubrandenburg (Land)	17	10	11
13031	Rostock (Land)	44	20	16
14001	Chemnitz (Stadt)	167	88	62
14003	Görlitz (Stadt)	138	82	64
14006	Zwickau (Stadt)	149	92	74
14014	Bautzen (Land)	153	79	56
14018	Chemnitz (Land)	152	81	46
14029	Görlitz (Land)	120	10	•
14058	Zwickau (Land)	115	78	61
15113	Bitterfeld (Land)	294	118	92
15202	Halle (Stadt)	74	53	52
15235	Saalkreis	81	54	35
16001	Erfurt (Stadt)	136	62	45
16018	Erfurt (Land)	10	5	9

Betriebe mit mehr als 20 Beschäftigten (Arbeitnehmer)

Quelle: KSPW-Regionaldatenbank, Statistische Landesämter

Tabelle 97: **Bruttoanlageinvestitionen in der Industrie pro Einwohner (in DM)**

RKZ	Name	1991	1992	1993
12001	Brandenburg (Stadt)	784	2147	2621
12017	Brandenburg (Land)	149	•	•
13002	Neubrandenburg (Stadt)	306	754	1583
13003	Rostock (Stadt)	624	600	580
13025	Neubrandenburg (Land)	130	63	•
14001	Chemnitz (Stadt)	592	832	1074
14003	Görlitz (Stadt)	525	646	1439
14006	Zwickau (Stadt)	870	1070	1238
14014	Bautzen (Land)	610	1540	1811
14018	Chemnitz (Land)	1387	645	357
14029	Görlitz (Land)	641	•	•
14058	Zwickau (Land)	6797	7929	1055
15113	Bitterfeld (Land)	1146	1512	•
15202	Halle (Stadt)	806	1064	•
15235	Saalkreis	1047	513	•
16001	Erfurt (Stadt)	•	•	3470

Quelle: KSPW-Regionaldatenbank, Statistische Landesämter

Tabelle 98: **Bruttolohn- und -gehaltssumme je Beschäftigten (in DM) und Anteil der Bruttolohn- und -gehaltssumme am Umsatz (in %) in der Industrie 1991-1993**

RKZ Name	1991	1992	1993	1991	1992	1993
11001 Berlin (West)	51455	55280	58515	14,8	15,6	15,8
11002 Berlin (Ost)	19286	31301	39085	35,4	32,8	31,8
12001 Brandenburg (Stadt)	15205	24868	33106	24,1	25,7	25,5
12017 Brandenburg (Land)	14869	25170	•	31,2	29,9	•
13002 Neubrandenburg (Stadt)	11495	29742	35032	25,5	20,1	21,3
13003 Rostock (Stadt)	17555	30006	37226	37,8	26	25,6
13025 Neubrandenburg (Land)	20891	25456	26538	25,3	21,2	21,8
13031 Rostock (Land)	19044	33727	38437	13,2	12,1	8,8
14001 Chemnitz (Stadt)	16300	26004	32963	41	33,7	25,3
14003 Görlitz (Stadt)	17183	27584	31868	27,9	26	22,5
14006 Zwickau (Stadt)	17422	25946	29788	30,4	29,7	36,8
14014 Bautzen (Land)	16483	24893	30814	32,1	25,7	22,3
14018 Chemnitz (Land)	14108	21506	26900	40,3	29,2	27,3
14029 Görlitz (Land)	24330	27859	•	35,4	17,3	•
14058 Zwickau (Land)	16157	26938	30518	40,9	11,8	12,7
15113 Bitterfeld (Land)	17040	28627	34794	39,4	39	35,6
15202 Halle (Stadt)	19280	29478	34012	23,5	20,4	23,2
15235 Saalkreis	17258	25257	30638	28,9	29,6	24,1
16001 Erfurt (Stadt)	16230	25450	33213	37,6	31,8	24,7
16018 Erfurt (Land)	19969	33538	38460	24,5	18,7	17,8

Quelle: KSPW-Regionaldatenbank

Tabelle 99: Wirtschaftliches Regionalprofil ausgewählter KSPW-Berichtsregionen nach Beschäftigte pro 1000 Einwohner, Sektorenanteile der Beschäftigten (in %) sowie Beschäftigte in der Industrie pro 1000 Einwohner im Jahre 1989

RKZ Name	Beschäftigte/ 1000 Einwohner	primärer Sektor	sekundärer Sektor	tertiärer Sektor	Industriebesatz
12001 Brandenburg (Stadt)	o	0,8	53,6	45,6	o
13002 Neubrandenburg (Stadt)	o	2,2	44,6	53,2	-
13003 Rostock (Stadt)	+	0,2	37,2	62,6	-
13025 Neubrandenburg (Land)	o	39,6	33,1	27,3	--
13031 Rostock (Land)	o	42,6	17,5	39,9	--
14001 Chemnitz (Stadt)	+	0,4	52	47,6	+
14006 Zwickau (Stadt)	+	0,1	53,6	46,3	+
15113 Bitterfeld	+	5,1	69,3	25,6	++
15202 Halle (Stadt)	+	0,6	41,9	57,5	-
15235 Saalkreis	-	35,8	37,8	26,4	-
16001 Erfurt (Stadt)	+	2,6	46,5	50,9	+
16018 Erfurt (Land)	-	40,3	24,6	35,1	--
DDR	100	10,4	47,4	42,2	100

++ stark überdurchschnittlich (Abw. zw. 50 und 100% nach oben)
+ überdurchschnittlich (Abw. zw. 10 und 50% nach oben)
o durchschnittlich (Abw. um bis zu 10% nach oben/unten)
- unterdurchschnittlich (Abw. zw. 10 und 50% nach unten)
-- stark unterdurchschnittlich (Abw. zw. 50 und 100 % nach unten)

Tabelle 100: **Wirtschaftliches Regionalprofil ausgewählter KSPW-Berichtsregionen nach Beschäftigte pro 1000 Einwohner, Sektorenanteile der Beschäftigten (in %) sowie Beschäftigte in der Industrie pro 1000 Einwohner im Jahre 1993**

RKZ Name	Beschäftigte/ 1000 Einwohner	primärer Sektor	sekundärer Sektor	tertiärer Sektor	Industriebesatz
12001 Brandenburg (Stadt)	o	0,7	35,7	63,6	++
13002 Neubrandenburg (Stadt)	+	0,8	27,6	71,6	--
13003 Rostock (Stadt)	+	1,2	27,2	71,6	o
13025 Neubrandenburg (Land)	-				--
13031 Rostock (Land)	-				--
14001 Chemnitz (Stadt)	+	0,3	31,3	68,4	o
14006 Zwickau (Stadt)	+	0,3	33,4	66,3	++
15113 Bitterfeld	o	2	47,4	50,6	++
15202 Halle (Stadt)	+	0,5	30,2	69,3	+
15235 Saalkreis	-	5,5	39	55,5	-
16001 Erfurt (Stadt)	++	1,5	28,6	69,9	o
16018 Erfurt (Land)	-				--
NBL	100	4,2	37,6	58,2	100

Erfurt (Land): 1992

++	stark überdurchschnittlich	(Abw. zw. 50 und 100% nach oben)
+	überdurchschnittlich	(Abw. zw. 10 und 50% nach oben)
o	durchschnittlich	(Abw. um bis zu 10% nach oben/unten)
-	unterdurchschnittlich	(Abw. zw. 10 und 50% nach unten)
--	stark unterdurchschnittlich	(Abw. zw. 50 und 100 % nach unten)

Tabelle 101: Die räumliche Ausgangssituation bezgl. Agglomerationsgrad, Beschäftigungsgrad und Wirtschaftsstruktur 1990 im Vergleich zu Westdeutschland (gleich 100)

RKZ Name	Einwohner/ qm	Beschäftigte/ 1000 EW.	davon: primärer Sektor	sekundärer Sektor	tertiärer Sektor	Regionstyp
12001 Brandenburg (Stadt)*	+++	o	--	+	o	Ländlicher Raum
13002 Neubrandenburg (Stadt)**	+++	+	--	++	+	Ländlicher Raum
13003 Rostock (Stadt)**	+++	+	o	o	++	Verstädterter Raum
13025 Neubrandenburg (Land)	--	-	+++	-	-	
13031 Rostock (Land)	--	-	+++	--	-	
14001 Chemnitz (Stadt)**	+++	+	--	+	o	Verstädterter Raum
14006 Zwickau (Stadt)	+++	+	--	+	o	Randlage
15113 Bitterfeld (Land)***	o	+	+	+++	-	Agglomeration
15202 Halle (Stadt)**	+++	o	--	-	+	Agglomeration
16001 Erfurt (Stadt)**	+++	+	o	+	+	Verstädterter Raum
16018 Erfurt (Land)	--	-	+++	--	--	

* .... Oberzentrum
** ..... Oberzentren als Hauptorte von Entwicklungsregionen
*** ... zugehörig zur Entwicklungsregion Halle/Leipzig

+++ .... weit überdurchschnittlich ...... (Abw. um mindestens 100% nach oben)
++ .... stark überdurchschnittlich ..... (Abw. zw. 50 und 100% nach oben)
+.......... überdurchschnittlich .... (Abw. zw. 10 und 50% nach oben)
o.............. durchschnittlich .... (Abw. um bis zu 10% nach oben/unten)
- ....unterdurchschnittlich .... (Abw. zw. 10 und 50% nach unten)
-- .....stark unterdurchschnittlich .... (Abw. zw. 50 und 100 % nach unten)

Tabelle 102: Die Veränderung des Landwirtschafts-, Industrie- und Dienstleistungsbesatzes sowie der Beschäftigungsquote insgesamt im Zeitraum 1989 - 1993 (1989 = 100)

RKZ	Name	Beschäftigte/ 1000 Einwohner	davon: primärer Sektor	sekundärer Sektor	tertiärer Sektor	Industriebesatz
12001	Brandenburg (Stadt)	73,4	75	48,7	102,3	33,8
13002	Neubrandenburg (Stadt)	101,1	41,7	62,3	135,9	13,7
13003	Rostock (Stadt)	89,1		65,1	101,9	25,6
13025	Neubrandenburg (Land)	46,3				12,2
13031	Rostock (Land)	59,8				32,6
14001	Chemnitz (Stadt)	89,7	100	54,1	128,4	23,7
14006	Zwickau (Stadt)	77,2	200	48	110,8	21,9
15113	Bitterfeld	73,4	30	50,1	145	23,9
15202	Halle (Stadt)	78,7	50	56,5	95,2	32,3
15235	Saalkreis	64,9	10,1	66,9	110	27,8
16001	Erfurt (Stadt)	102,1	56,2	62,9	140,3	19,1
16018	Erfurt (Land)	60,6				15,2
	NBL	76,9	33,3	64,6	111,9	22,8

Erfurt (Land): 1992

Tabelle 103: Stimmenanteil - Zweitstimmen an der Bundestagswahl 1990 in Prozent

RKZ	Name	SPD	CDU/CSU	FDP	Grüne	PDS	Sonstige
11001	Berlin (West)	30,24	47,83	9,91	5,36	1,27	6,66
11002	Berlin (Ost)	31,30	24,29	7,75	1,38	24,80	35,28
12001	Brandenburg (Stadt)	37,52	33,66	9,99	•	10,08	18,83
12017	Brandenburg (Land)	36,50	38,81	10,95	•	5,67	13,74
13002	Neubrandenburg (Stadt)	23,75	33,40	8,23	•	22,91	34,62
13003	Rostock (Stadt)	28,57	30,18	10,43	•	19,15	30,81
13025	Neubrandenburg (Land)	24,11	49,92	6,35	•	11,44	19,63
13031	Rostock (Land)	26,96	41,01	10,24	•	12,08	21,79
14001	Chemnitz (Stadt)	19,85	40,36	15,61	•	13,18	24,17
14003	Görlitz (Stadt)	15,81	52,86	8,61	•	9,85	22,72
14006	Zwickau (Stadt)	20,72	47,38	13,32	•	8,76	18,57
14014	Bautzen (Land)	13,86	58,18	8,43	•	8,48	19,53
14018	Chemnitz (Land)	17,82	52,12	15,67	•	5,98	14,39
14029	Görlitz (Land)	14,28	60,35	7,02	•	6,22	18,34
14058	Zwickau (Land	17,84	53,45	14,23	•	5,73	14,48
15113	Bitterfeld	23,65	39,00	22,56	•	8,19	14,79
15202	Halle (Stadt)	19,70	23,91	33,84	•	13,56	22,55
15235	Saalkreis	20,58	37,73	29,30	•	6,62	12,39
16001	Erfurt (Stadt)	23,60	35,95	14,38	•	13,22	26,07
16018	Erfurt (Land)	19,19	52,39	14,40	•	4,90	14,02

Quelle: DJI Regionaldatenbank

Zu den Autoren

Hans Bertram

geb. 1946. Prof. Dr.; Studium der Soziologie, Sozialpsychologie und Psychologie in Mannheim; Dipl.-Soziologe 1973; Promotion 1976 in Düsseldorf; Habilitation 1979 in Heidelberg; von 1984 bis 1993 Direktor des Deutschen Jugendinstituts in München; seit 1992 Inhaber des Lehrstuhls für Mikrosoziologie ab der Humboldt-Universität zu Berlin. Arbeitsschwerpunkte: Jugend- und Familiensoziologie, politischer und sozialer Wandel in den neuen Bundesländern. Neuere Veröffentlichungen: Familien-Atlas: Lebenslagen und Regionen in Deutschland, Opladen 1993; Das Individuum und seine Familie, Opladen 1995; gemeinsam mit Bernhard Nauck: Kinder in Deutschland, Opladen 1995.

Kimberly Crow

geb. 1963. Dipl.-Soziologin, 1986-1992 Studium der Soziologie, Sozialpsychologie und Psychologie an der Universität Mannheim. Danach 1993 wissenschaftliche Mitarbeiterin an der Technischen Universität Chemnitz-Zwickau. 1994-1995 wissenschaftliche Mitarbeiterin bei der KSPW (Kommission zur Erforschung des sozialen und politischen Wandels in den neuen Bundesländern). Seit 1996 am Institut für Wirtschaftsforschung Halle (IWH), Abt. Regional- und Kommunalforschung. Arbeitsschwerpunkte: Regional- und Arbeitsmarktforschung.

Vera Dahms

geb. 1953. Dr. oec., 1972-1977 Studium der ökonomischen Kybernetik an der Lomonossow-Universität Moskau, danach Mitarbeiterin am Zentralinstitut für Wirtschaftswissenschaften der Akademie für Wissenschaften. Seit 1992 Mitarbeiterin bei SÖSTRA e.V., Sozialökonomische Strukturanalysen, FG Arbeitsmarkt. Arbeitsschwerpunkte: Der ostdeutsche Arbeitsmarkt im Transformationsprozeß von der Plan- zur Marktwirtschaft (Beschäftigungsstrukturen, gesamtwirtschaftliche und regionale Arbeitsmarktprognosen, betriebliche Weiterbildung).

Dietmar Dathe

geb. 1953. Dr. oec., Studium der Wirtschaftswissenschaften an der Universität Leipzig, Promotion 1983. Von 1981 bis 1991 wissenschaftlicher Mitarbeiter am Institut für Wirtschaftswissenschaften der Akademie der Wissenschaften der DDR, 1992/93 KAI e.V. (Wissenschaftler-Integrations-Programm), seit 1994 wissenschaftlicher Mitarbeiter am Fakultätsinstitut Sozialwissenschaften der Humboldt-Universität zu Berlin. Arbeitsschwerpunkt: Wirtschaftlicher Wandel in den neuen Bundesländern.

Thomas Kunath

geb. 1964. Dipl.-Wirtschaftsinformatiker, 1968-1991 Studium der Wirtschaftsinformatik an der Hochschule für Ökonomie Berlin, ab 1990 Geschäftsführer der I&T Software GmbH Berlin. Arbeitsschwerpunkte: Erhebung, Analyse sowie Präsentation von arbeitsmarktpolitischen und wirtschaftswissenschaftlichen Daten der neuen Bundesländer. Entwicklung und Realisierung moderner DV-gestützter Statistik-Methoden.

Monika Putzing

Dr. oec., nach Beendigung des Studiums 1982 vorrangige Forschung zur Entwicklung der internationalen Wirtschaftsbeziehungen. 1991 Dissertation. Arbeitsschwerpunkte seit Anfang der 90er Jahre : Fragen des Transformationsprozesses in Ostdeutschland.

Anita Sternitzsky

Dr. paed., Diplomsoziologin, 1981 Promotion auf dem Gebiet der Pädagogik. Bis 1991 Schwerpunkt auf dem Gebiet der Bildungssoziologie des Hochschulwesens. Seit 1991 Analyse sozialökonomischer Entwicklungen in den neuen Bundesländern mit besonderer Berücksichtigung regionaler Spezifika.

GPSR Compliance

The European Union's (EU) General Product Safety Regulation (GPSR) is a set of rules that requires consumer products to be safe and our obligations to ensure this.

If you have any concerns about our products, you can contact us on ProductSafety@springernature.com

In case Publisher is established outside the EU, the EU authorized representative is:

Springer Nature Customer Service Center GmbH
Europaplatz 3
69115 Heidelberg, Germany

Batch number: 10809464

Printed by Printforce, the Netherlands